Antireligiöse bzw. antikirchliche Gemeinschaften
als Weltanschauungsgemeinschaften im Sinne des
Religionsverfassungsrechts des Grundgesetzes

Europäische Hochschulschriften Recht

European University Studies in Law

Publications Universitaires Européennes de Droit

Band/Volume 6787

Alexander Pleh

Antireligiöse bzw. antikirchliche Gemeinschaften als Weltanschauungsgemeinschaften im Sinne des Religionsverfassungsrechts des Grundgesetzes

Dargestellt am Beispiel der „Kirche des Fliegenden Spaghettimonsters Deutschland e.V."

PETER LANG

Berlin - Bruxelles - Chennai - Lausanne - New York- Oxford

Bibliografische Information der Deutschen Nationalbibliothek
Die Deutsche Nationalbibliothek verzeichnet diese Publikation in der Deutschen Nationalbibliografie; detaillierte bibliografische Daten sind im Internet über http://dnb.d-nb.de abrufbar.

Zugl.: Köln, Univ., Diss., 2024

D 38
ISSN 0531-7312
ISBN 978-3-631-91816-6
EBOOK 978-3-631-91820-3
E-PUB 978-3-631-91821-0
DOI 10.3726/b21784

Verlegt durch: Peter Lang GmbH, Berlin, Deutschland

info@peterlang.com http://www.peterlang.com

Diese Publikation wurde begutachtet.

Für meine Ehefrau Cornelia und meine Töchter Victoria und Emilia

Vorwort

Die vorliegende Arbeit wurde im Wintersemester 2023 von der Rechtswissenschaftlichen Fakultät der Universität zu Köln als Dissertation angenommen. Das Manuskript wurde im September 2023 abgeschlossen.

Ich bedanke mich herzlich bei meinem Doktorvater Herrn Universitätsprofessor Dr. Stefan Muckel, der mir jederzeit für den fachlichen Austausch zur Verfügung stand, mich kontinuierlich motivierte und mich auch in beruflich besonders arbeitsintensiven Zeiten stets zu inspirieren wusste. Von ihm durfte ich sehr viel lernen – fachlich wie menschlich. Herrn Prof. Dr. Stephan Rixen danke ich sehr für die zügige Erstellung des Zweitgutachtens. Schließlich bedanke ich mich sehr bei Herrn akademischen Oberrat Dr. Christian Deckenbrock für seine wertvollen Tipps in allen organisatorischen Fragen.

Mein besonderer und grenzenloser Dank gilt jedoch meiner Ehefrau Cornelia, ohne die dieses Projekt nicht möglich gewesen wäre. Nur ihrem Rückhalt und ihrer Geduld ist es zu verdanken, dass ich eine Selbständigkeit auf- und ausbauen und zudem diese Dissertation fertigen konnte.

Inhaltsverzeichnis

Vorwort 7

Abkürzungsverzeichnis 17

A. Einführung und Problemübersicht 21

I. Aktuelle Entwicklung der Religions- und Weltanschauungsvielfalt in Deutschland 21

1. Entwicklung einer pluralistischen Gesellschaft 21
2. Herausforderungen der religiösen und weltanschaulichen Pluralität 27

II. Kurzdarstellung der „Kirche des Fliegenden Spaghettimonsters“ 31

1. Die Lehren der „Kirche des Fliegenden Spaghettimonsters“ 31
2. Die „Kirche des Fliegenden Spaghettimonsters Deutschland e.V.“ in der Rechtsprechung 33

B. Die „Kirche des Fliegenden Spaghettimonsters“ – Entstehung und Inhalte 39

I. Entstehung 39

1. Auftreten in den USA 41
2. Entwicklung in Deutschland 42
3. Einzelne Aspekte der „Kirche des Fliegenden Spaghettimonsters“ in ausgewählten weiteren Ländern 45
   a) Österreich 45
   b) Niederlande 46
   c) Neuseeland 47
   d) Internationale Gruppierungen 48

II. Inhalte 48

1. Die vordergründige, satirische Ebene 50
   a) Hintergründe des „Pastafarianismus“ 50

aa) Satire zur Ursache der Schwerkraft 51
bb) Satire zur empirischen Belegbarkeit und Wissenschaftlichkeit des Intelligent Design“ 52
b) Grundsätze und Lehren des „Pastafarianismus“ 53
aa) Die Entstehung und Entwicklung des Menschen 53
(1) Schöpfungsgeschichte 53
(2) Der Olivengarten Eden 55
(3) Die Sintflut 57
(4) Der Turmbau zu Döner 57
(5) Moses 58
(6) Die Bedeutung der Piraterie 61
(7) Die „8 Am Liebsten Wäre Mir's“ 62
(8) Fazit zu den Parodien der biblischen Schöpfungsgeschichte 64
bb) Jenseitsvorstellungen 65
cc) Die Antworten auf die „WWEPT-Frage“ (Was würde ein Pirat tun?) 65
dd) Antworten auf die „Großen Fragen“ 66
ee) Riten und Gebräuche 67
(1) Das „Monsterunser“ 67
(2) Der „Pastafarigruß“ 68
(3) Das Glaubensbekenntnis der „Pastafari“ 69
(4) Die „Nudelmessen“ 69
(5) Feiertage der „Pastafari“ 70
(a) Der Freitag 71
(b) Das „Passtahfest“ 71
(c) „Ramendan“ 72
(d) Der internationale „Sprich wie ein Pirat“-Tag 72
(e) Sonstige Feiertage 73
c) Abspaltungen 74
2. Die Motivationsebene 74
a) Generelle Ablehnung alles Transzendentalen 75
b) Naturalismus 76

c) Satzungsgemäße Ziele der „Kirche des Fliegenden Spaghettimonsters Deutschland e.V." und deren Umsetzung . 77
aa) Förderung religiöser Zwecke in ihrer Gleichbehandlung mit wissenschaftlich orientierten Weltanschauungen und einem besonderen Schwerpunkt auf dem „evolutionären Humanismus" der Giordano-Bruno-Stiftung 77
(1) „Evolutionärer Humanismus" 80
(a) Humanismus 81
(b) Entstehung und Inhalte des „evolutionären Humanismus" 83
(2) Die Giordano-Bruno-Stiftung 85
bb) Bildung und Erziehung 90
cc) Kunst und Kultur 90
d) Fazit 91

C. Der Schutz von Religion und Weltanschauung im GG 93
I. Entstehungsgeschichte des Grundrechts der Religionsfreiheit in Deutschland 93
II. Abgrenzung einzelner Freiheitsrechte des Art. 4 Abs. 1 und 2 GG .. 96
1. Religionsfreiheit als einheitliches Grundrecht 97
2. Abgrenzung einzelner Gewährleistungen religiöser Freiheit 101
3. Stellungnahme 103
4. Bedeutung für die vorliegende Untersuchung 105
III. Unterscheidung zwischen Religion und Weltanschauung 106
1. Notwendigkeit der Abgrenzung 107
a) Keine praktische Relevanz 107
b) Kein staatliches Definitionsverbot 108
c) Weltanschauung als Oberbegriff 108
2. Möglichkeiten der Abgrenzung 109
a) Merkmale der Transzendenz und der Immanenz 110
b) Einordnung nach dem Selbstverständnis 112
c) Negative Abgrenzung zur Religion 113

3. Fazit 114

IV. Garantien und Ziele der Religions- und Weltanschauungsfreiheit aus Art. 4 Abs. 1 und 2 GG 114

1. Der Schutz des Einzelnen 114

a) Glaubensfreiheit 115

aa) Weltanschauliche Glaubensfreiheit 116

bb) Negative Glaubensfreiheit 117

b) Gewissensfreiheit 119

c) Freiheit des religiösen und weltanschaulichen Bekenntnisses 120

aa) Positive Bekenntnisfreiheit 120

bb) Negative Bekenntnisfreiheit 121

d) Religionsausübungsfreiheit 122

aa) Umfang der Religionsausübungsfreiheit 123

bb) Bedeutung für die vorliegende Untersuchung 125

2. Der Schutz der gemeinschaftlichen Ausübung des Grundrechts 125

a) Religiöse Vereinigungsfreiheit – kein Recht aus Art. 4 Abs. 1 und 2 GG 126

b) Kollektive Religions- und Weltanschauungsfreiheit 127

aa) Kollektive Bekenntnisfreiheit 128

bb) Kollektive Ausübungsfreiheit von Religion und Weltanschauung 128

c) Korporative Religions- und Weltanschauungsfreiheit 129

d) Das Selbstbestimmungsrecht der Religions- und Weltanschauungsgemeinschaften 131

aa) Abgrenzung des Selbstbestimmungsrechts von der Religionsfreiheit 131

bb) Materieller Schutzbereich des Selbstbestimmungsrechts 132

D. Voraussetzungen für den grundrechtlichen Schutz aus Art. 4 Abs. 1 und 2 GG als Religions- bzw. Weltanschauungsgemeinschaft 135

I. Staatliche Definitionskompetenz 135

II. Untersuchung der Begrifflichkeiten „Religion“ und „Weltanschauung“ 138

1. Religion und Weltanschauung außerhalb der Rechtswissenschaften 139
2. Religion und Weltanschauung in den Rechtswissenschaften 140
3. Religion und Weltanschauung in der Bundesrechtsprechung 140
4. Religion und Weltanschauung in der Literatur 142
   a) Der Begriff der Religion in der Literatur 143
   b) Der Begriff der Weltanschauung in der Literatur 144
5. Fazit 145

III. Entwicklung des Begriffs „Weltanschauung“ in der Verfassung 146

1. Eingang des Begriffs „Weltanschauung“ in die Weimarer Reichsverfassung 146
2. Entwicklung und Bedeutung der Freidenkerbewegung 147
3. Humanismus als Weltanschauung 149

IV. Die Lehren der „Kirche des Fliegenden Spaghettimonsters Deutschland e.V.“ als Religion oder Weltanschauung 149

1. Die vordergründige, satirische Ebene 150
2. Die Motivationsebene 154
   a) Naturalismus 154
      aa) Abgrenzung zwischen Weltanschauung und Wissenschaft 155
         (1) Die Kategorien „richtig“ und „falsch“ 155
         (2) Möglichkeit der Falsifikation von Weltanschauungen 156
         (3) Anwendung beider Grundrechte 157
      bb) Fazit 157
   b) Förderung religiöser Zwecke in ihrer Gleichbehandlung mit wissenschaftlich orientierten Weltanschauungen 158

c) Der „evolutionäre Humanismus“ der Giordano-Bruno-Stiftung 159
aa) „Neuer Atheismus“ 159
bb) „Neuer Humanismus“ 161
cc) „Evolutionärer Humanismus“ 161
(1) Julian Huxley: Der Begründer des „evolutionären Humanismus“ 162
(2) „Evolutionärer Humanismus“ nach Gerhard Engel 163
(3) „Evolutionärer Humanismus“ nach Schmidt-Salomon 166
(aa) „Manifest des evolutionären Humanismus“ 166
(bb) „Hoffnung Mensch – Eine bessere Welt ist möglich“ 171
(cc) Fazit 172
V. Die Begriffe „antikirchlich“ und „antireligiös“ 172
VI. Merkmale von Religions- bzw. Weltanschauungsgemeinschaft 173
1. Der Begriff der Religionsgemeinschaft in der Rechtsordnung ... 173
2. Der Begriff der Religionsgemeinschaft des Grundgesetzes 174
a) Personeller Zusammenschluss 177
b) Religiöser Konsens (Homogenität) 179
c) Umfassende Glaubensverwirklichung (Totalität) 182
d) Zentrale Bedeutung des Bekenntnisses (Zentralität) 183
e) Glaubensverwirklichung als Zielsetzung (Konsistenz) 184
3. Fazit 186

E. Fazit und Thesen 187
I. Fazit 187
II. Thesen 191

F. Literaturverzeichnis ... 193

Anlage 1: Interview mit Rüdiger Weida (I) vom 01.03.2021 ... 203

Anlage 2: Offener Brief von Bobby Henderson an das Kansas School Board ... 213

Anlage 3: Freistellungsbescheid zur Körperschaftssteuer für die „Kirche des Fliegenden Spaghettimonsters Deutschland e.V.“ ... 217

Anlage 4: Interview mit Rüdiger Weida (II) vom 26.04.2023 ... 219

Abkürzungsverzeichnis

a. a. O.	am angegebenen Ort
a.A.	andere Auffassung
Abs.	Absatz
AEUV	Vertrag über die Arbeitsweise der Europäischen Union
AGG	Allgemeines Gleichbehandlungsgesetz
AO	Abgabenordnung
ArbGG	Arbeitsgerichtsgesetz
Art.	Artikel
BAG	Bundesarbeitsgericht
BayVGH	Bayerischer Verwaltungsgerichtshof
BB	Betriebs-Berater
Bekenntnis- gemeinschaftenG	Bekenntnisgemeinschaftengesetz (Österreich)
Beschl. v.	Beschluss vom
BFH	Bundesfinanzhof
BGH	Bundesgerichtshof
BMDV	Bundesministerium für Verkehr, Bau und Stadtentwicklung
BMI	Bundesministerium des Inneren
BPB	Bundeszentrale für politische Bildung
BT-Drucks.	Bundestagsdrucksache
BVerfG	Bundesverfassungsgericht
BVerfGE	Entscheidung des Bundesverfassungsgerichts
BVerfGG	Bundesverfassungsgerichtsgesetz
BVerwG	Bundesverwaltungsgericht
BVwG	Bundesverwaltungsgericht (Österreich)
ca.	circa
Dass.	Dasselbe
Ders.	Derselbe
Dies.	Dieselbe/n
e.V.	eingetragener Verein
ebd.	ebenda

EGBGB	Einführungsgesetz zum Bürgerlichen Gesetzbuch
EGMR	Europäischer Gerichtshof für Menschenrechte
EMRK	Europäische Menschenrechtskonvention
EuR	Europarecht (Zeitschrift)
f.	folgende
ff.	fortfolgende
FG	Finanzgericht
FSM	Flying Spaghetti Monster/Fliegendes Spaghettimonster
FTG	Gesetz über den Schutz der Sonn- und Feiertage
GG	Grundgesetz
GRC	EU-Grundrechtecharta
ggf.	gegebenenfalls
Hrsg.	Herausgeber
i. V. m.	in Verbindung mit
JuS	Juristische Schulung
JZ	Juristenzeitung
KdöR	Körperschaft des öffentlichen Rechts
KirchE	Entscheidng in Kirchensachen
KMK	Kultusministerkonferenz
KommJur	Kommunaljurist
KuR	Kirche und Recht
LG	Landgericht
LKV	Landes- und Kommunalverwaltung
m. w. N.	mit weiteren Nachweisen
MIK	Ministerium des Inneren des Landes Brandenburg
MüKo BGB	Münchener Kommentar zum BGB
NJW	Neue Juristische Wochenschrift
NVwZ	Neue Zeitschrift für Verwaltungsrecht
OLG	Oberlandesgericht
OVG	Oberverwaltungsgericht
öarr	österreichisches Archiv für recht & religion
PassVWV	Allgemeine Verwaltungsvorschrift zur Durchführung des Passgesetzes
PAuswV	Personalausweisgesetz
PrALR	Allgemeines Landrecht für die Preußischen Staaten
PStG	Personenstandsgesetz

RBStV	Rundfunkbeitragsstaatsvertrag
RG	Reichsgericht
Rn.	Randnummer
S.	Seite
s. o.	siehe oben
sog.	sogenannt/e/r/n
TierSchG	Tierschutzgesetz
u. a.	unter anderem/und andere
UN	United Nations
UNESCO	United Nations Educational, Scientific and Cultural Organization
Urt. v.	Urteil vom
VerwRspr	Sammlung obergerichtlicher Entscheidungen aus dem Verfassungs- und Verwaltungsrecht
VG	Verwaltungsgericht
VGH	Verwaltungsgerichtshof
Vgl.	Vergleiche
VwGH	Verwaltungsgerichtshof (Österreich)
WRV	Weimarer Verfassung
z. B.	zum Beispiel
ZAR	Zeitschrift für Ausländerrecht und Ausländerpolitik
ZRGG	Zeitschrift für Religions- und Geistesgeschichte
ZRP	Zeitschrift für Rechtspolitik

A. Einführung und Problemübersicht

I. Aktuelle Entwicklung der Religions- und Weltanschauungsvielfalt in Deutschland

1. Entwicklung einer pluralistischen Gesellschaft

Wenn man betrachtet, wie sich die Mitgliederzahlen verschiedener Kirchen, Religionen und Weltanschauungsgemeinschaften in Deutschland über die letzten Jahrzehnte hinweg entwickelt haben, wird man auf einen deutlichen Wandel aufmerksam. Meist werden in Statistiken zu diesem Thema die Mitgliederzahlen der beiden christlichen Großkirchen zu früheren Zeiten dargestellt und mit dem heutigen Stand verglichen. Einige Autoren gehen hierfür bis in die Zeit der Entstehung der Weimarer Reichsverfassung zurück, in welcher mehr als 95 Prozent der Bürger der evangelischen oder katholischen Kirche angehörten.[1] An anderer Stelle wird das Jahr 1950 als Referenz herangezogen und festgestellt, dass zu diesem Zeitpunkt 96 Prozent der Bundesbürger entweder der evangelischen oder der katholischen Kirche angehörten, während lediglich 4 Prozent angaben, keine oder eine andere Religion zu haben.[2] Im Jahr 1961 lag die Quote mit 94,6 Prozent ähnlich hoch.[3] Vergleicht man diese Werte hingegen mit Zahlen aus jüngeren Jahren, zeigen sich deutliche Unterschiede. So gehörten 1994 nur noch ca. 70 Prozent der Bürger den beiden Großkirchen an.[4] Dieser Rückgang wird auf einen Verlust der Bindungswirkung von Familie und Kirche, auf die Auflösung sozialer Strukturen sowie auf die zunehmende soziale Mobilität zurückgeführt.[5] Laut einer im Jahr 2020 durch die BPB veröffentlichten Statistik lag der Anteil der Mitglieder der katholischen und evangelischen Kirche an der Bevölkerung im Jahr 2019 sogar nur noch bei 52,1 Prozent, während 47,9 Prozent angaben, keiner oder einer anderen Religion anzugehören.[6] Die zuletzt genannte Gruppe besteht zum großen Teil aus Konfessionslosen, aber auch aus Mitgliedern unterschiedlichster kleinerer Glaubensrichtungen und

---

1 So z. B. *Abel*, in: NJW 1997, 2345, 2370.

2 *Friedrichs*, Integration von religiöser Vielfalt durch Religion?, 2020, S. 2.

3 *Diringer*, Scientology, 2003, S. 1.

4 *Muckel*, Religiöse Freiheit und staatliche Letztentscheidung, 1997, S. 1.

5 *Diringer*, Scientology, 2003, S. 1.

6 BPB: https://www.bpb.de/nachschlagen/zahlen-und-fakten/soziale-situation-in-deutschland/61565/kirche, aufgerufen am 03.02.2021.

Weltanschauungen.[7] Beispielsweise sind 1,1 Prozent der Bevölkerung Mitglieder christlicher Freikirchen, der Zeugen Jehovas, der Mennoniten oder anderer kleinerer christlicher Gruppierungen. Die drittgrößte religiöse Strömung in Deutschland ist der Islam, dessen Mitglieder ca. 5 Prozent der Bevölkerung ausmachen.[8] Den orthodoxen Kirchen gehören 1,9 Prozent der Bevölkerung an, der Anteil an Mitgliedern buddhistischer, jüdischer, hinduistischer und jesidischer Gemeinschaften wird mit jeweils 0,1 bis 0,2 Prozent angegeben.[9] Während sich die religiöse Vielfalt in Deutschland also über mehrere Jahrzehnte hinweg auf die beiden großen christlichen Kirchen beschränkte,[10] ist unsere Gesellschaft heute von einem religiösen und weltanschaulichen Pluralismus geprägt.[11]

Der Begriff des Pluralismus wird dabei im Zusammenhang mit Religion unterschiedlich definiert. So werden in der Religionssoziologie mindestens zwei Formen des religiösen Pluralismus unterschieden: Beim religiösen Pluralismus im wörtlichen Sinne koexistieren mehrere Religionen in mehr oder weniger wechselseitig toleranter Weise innerhalb einer Gesellschaft. Pluralismus kann aber auch die Koexistenz von Religion und säkulärem Diskurs bezeichnen.[12] So beschreibt der Begriff „Pluralismus" im politisch-soziologischen Bereich eine Gesellschafts- oder Staatsform, die „von einem freien Nebeneinander geistiger und politischer Strömungen gekennzeichnet ist".[13] Neben diesen beiden Verwendungsweisen gibt es zudem die Unterscheidung zwischen inter- und intrareligiöser Pluralität. Der Begriff des Pluralismus bezeichnet also nicht nur das Vorhandensein verschiedener Religionen (bzw. religiösen Gruppen und Weltanschauungen) oder die Koexistenz von Religiosität und Säkularismus, sondern auch Unterschiede innerhalb von Religionen. Dies zeigt sich beispielsweise in Vergleichen des deutschen Katholizismus des Jahres 2020 mit dem des Jahres 1820 oder in Vergleichen des deutschen Katholizismus mit dem des brasilianischen.[14]

---

7 *Klinkhammer*, Religiöse Pluralitäten – Umbrüche in der Wahrnehmung religiöser Vielfalt in Deutschland, 2020, S. 16.

8 *Bagheri*, Der funktionsbestimmte Begriff der Religionsgemeinschaft, 2019, S. 1.

9 *Klinkhammer*, Religiöse Pluralitäten – Umbrüche in der Wahrnehmung religiöser Vielfalt in Deutschland, 2020, S. 16.

10 *Heinig*, Säkularer Staat – viele Religionen, 2018, S. 7.

11 Endbericht der Enquete-Kommission „Sogenannte Sekten und Psychogruppen", BT-Drucks., 13/10950, S. 5.

12 *Dittmer/Kemnitzer/Pietsch u. a.*, Christlich-jüdisches Abendland?, 2020, S. 335.

13 *Creifelds/Weber/Aichberger*, Rechtswörterbuch, ^{23}2019.

14 *Gäb/Wiertz/Gasser u. a.*, Religion und Pluralität, 2020, S. 10.

Pollack kommt vor diesem Hintergrund zu dem Ergebnis, dass mit Pluralität bzw. Pluralisierung ein Prozess bezeichnet wird, in dem Vielfalt entweder entsteht oder sich bezogen auf einen bestimmten Ausgangspunkt in der Zeit erweitert. Religiöse Pluralität ist demnach ein Unterfall von verschiedenen Pluralisierungsvorgängen im Zuge des Wandels von Gesellschaft. In dieser Weise deskriptiv verstanden, ist religiöse Pluralisierung also ein Prozess, in dessen Verlauf die Vielfalt des Religiösen entsteht oder sich vermehrt.[15] Auch (globale) Veränderungen der religiösen Landschaft lassen sich mit dem Begriff der religiösen Pluralisierung zusammenfassen.[16]

Der Begriff „Pluralität" beschränkt sich dabei nicht auf die oben genannten Religionen neben den beiden Großkirchen wie Islam, Buddhismus, Hinduismus etc., die außerhalb Deutschlands natürlich schon seit ihrer jeweiligen Entstehung eine große Anzahl von Mitgliedern hatten, hierzulande aber erst in jüngerer Zeit größeren Zulauf verzeichneten.[17] Denn gemeint ist mit Pluralisierung nicht nur die religiöse, sondern auch die weltanschauliche Pluralität in Deutschland durch die Verbreitung neuartiger Gemeinschaften,[18] die vor oder im 20. Jahrhundert gegründet wurden und teilweise als Religionen, teilweise aber auch als Sekten oder als Psychogruppen bezeichnet werden.[19] Beispiele hierfür sind der Alte Mystische Orden Rosae Crucis, der Bruno Gröning-Freundeskreis, die internationale Gesellschaft für Krishna-Bewusstsein, die koreanische Vereinigungskirche („Moon-Sekte"), Osho (zuvor Bhagwan), Universelles Leben e.V. (UL) oder die Scientology-Organisation. Umstritten ist, ob es sich bei diesen Gruppierungen um Religionen oder um Weltanschauungsgemeinschaften handelt. Fest steht hingegen, dass auch sie den Pluralismus in Deutschland mit ausmachen. Mittlerweile ist eine unüberschaubare Vielzahl von solchen neuen religiösen und ideologischen Gemeinschaften entstanden, die alternative Lebenswelten bieten und in denen Menschen Zuwendung und Gemeinschaft, Möglichkeiten zur religiösen Hingabe, zur Sinnstiftung oder zur „Flucht" vor den Anforderungen der Gesellschaft suchen.[20] Meist wird „die ideale Anpassung" an die Herausforderungen der Moderne versprochen, und zwar durch eine Steigerung und

---

15 *Pollack/Krech/Müller u. a.*, Handbuch Religionssoziologie, 2018, S. 352.

16 *Pollack/Krech/Müller u. a.*, Handbuch Religionssoziologie, 2018, S. 348.

17 Vgl. *Gäb/Wiertz/Gasser u. a.*, Religion und Pluralität, 2020, S. 10.

18 *Muckel*, Religiöse Freiheit und staatliche Letztentscheidung, 1997, S. 2 f.

19 Vgl. Endbericht der Enquete-Kommission „Sogenannte Sekten und Psychogruppen", BT-Drucks., 13/10950, S. 15.

20 Endbericht der Enquete-Kommission „Sogenannte Sekten und Psychogruppen", BT-Drucks., 13/10950, Vorwort.

Stärkung individueller Lebenskraft.[21] Auch diese Entwicklung wird mit dem Begriff des religiösen bzw. weltanschaulichen Pluralismus bezeichnet.

Die Gründe für den dargestellten Wandel und somit für die Entwicklung des Pluralismus sind unterschiedlicher Natur. Flucht, Vertreibung und Arbeitsmigration haben zu einer Deterritorialisierung von Religionen beigetragen.[22] Auch die anhaltende Globalisierung ist, insbesondere mit Blick auf Religionen und Weltanschauungen, die sich in Deutschland erst in jüngerer Zeit etabliert haben, die es in anderen Ländern und Kulturkreisen aber schon lange gibt, ein wichtiger Treiber. Hinzu kommt die Möglichkeit, durch Reisen in interreligiösen Kontakt zu treten und eine Vielzahl von Weltanschauungen kennenzulernen. Ergänzt werden diese drei Faktoren durch ein enormes Angebot von Informationen über das Internet und das Fernsehen.

Dieselben Gründe dürften teilweise auch für die Entstehung von neuartigen Gruppierungen maßgeblich sein, die unter anderem als Sekten, Psychogruppen oder Jugendreligionen[23] tituliert werden. Allerdings sind für diese Entwicklung auch andere Gründe zu benennen. Beispielsweise wird die Verbreitung fernöstlich inspirierter neuer religiöser Bewegungen wie der Hare-Krishna-Bewegung oder der koreanischen Vereinigungskirche („Moon-Sekte") mit der 68er-Bewegung und der damit einsetzenden Experimentierfreude mit neuen Lebensentwürfen in Zusammenhang gebracht. Seit den 1970er Jahren haben sich neue religiöse Gruppen und Praktiken entwickelt, die unter dem Namen „New-Age-Bewegung" zusammengefasst werden und als Ausfluss eines neu entstandenen Esoterik-Markts wahrgenommen werden.[24]

Die vom Deutschen Bundestag im Jahr 1996 eingesetzte Enquete-Kommission „Sogenannte Sekten und Psychogruppen" sieht in der Entstehung und Vielfalt dieser Gruppen und Richtungen eine Antwort auf tiefgreifende gesellschaftliche Veränderungen seit dem Ende der 1960er Jahre. Wo es ehemals klare Vorgaben bezüglich Lebensführung, Werthaltung und Sinnstiftung gab, stehe heute eine Verunsicherung, die ihrerseits Resultat der Entwicklung neuer Formen der Lebens- und Sinngestaltung sei, die in Konkurrenz zueinander stehen und dem

21 Endbericht der Enquete-Kommission „Sogenannte Sekten und Psychogruppen", BT-Drucks., 13/10950, Vorwort.

22 *Pollack/Krech/Müller u. a.*, Handbuch Religionssoziologie, 2018, S. 348; *Lüddeckens/Walthert*, Fluide Religion, 2010, S. 10.

23 Endbericht der Enquete-Kommission „Sogenannte Sekten und Psychogruppen", BT-Drucks., 13/10950, S. 17.

24 *Pollack/Krech/Müller u. a.*, Handbuch Religionssoziologie, 2018, S. 349; *Lüddeckens/Walthert*, Fluide Religion, 2010, S. 13.

Einzelnen neben einer großen Leistungskraft auch ein hohes Maß an Flexibilität, Mobilität und Entscheidungskraft abverlangen.[25] Diese Verunsicherung habe zur Suche nach Halt und Sicherheit geführt, die einen Markt an Religionen und Gruppen geschaffen habe, welche Sicherheit und Sinnstiftung versprechen und zahlreiche Therapie- und Lebensbewältigungsangebote vorhalten.[26] Dabei setzen therapeutische Religionen bzw. religiöse Therapien im Gegensatz zu Katholizismus und Luthertum nicht auf ein Erdulden des irdischen Schicksals und eine Glücksverschiebung ins Jenseits, sondern auf eine aktive Lebensverbesserung und das Glück im Hier und Jetzt.[27] Die Anbieter dieser Dienste erwarten für ihre Nutzung meist erhebliche finanzielle Gegenleistungen. Exemplarisch steht hierfür die „Church of Scientology". Diese wirbt nicht nur dafür, über ihre „Way to Happiness Foundation" zu einem besseren Leben zu gelangen, sondern bietet neben Unterstützung bei Drogenproblemen im Rahmen des Programms „Narconon"[28] auch eine umfangreiche Auswahl von Kursen an, wobei die Teilnahme an den entsprechenden Kursen grundsätzlich ebenfalls nur gegen Entgelt möglich ist. Sind einführende Kurse für zweistellige Beträge buchbar, kosten weiterführende Kurse bis zu mehrere tausend Euro.[29]

Der Endbericht der Enquete-Kommission führt weiter aus, dass die moderne Industrie- und Dienstleistungsgesellschaft sich durch eine Lockerung oder Lösung traditionell gewachsener Strukturen auszeichne, die durch flexiblere Strukturen ersetzt würden. Diese Gesellschaft baue ihre Leistungs- und Entwicklungsfähigkeit insbesondere auf ihrem Potenzial an Flexibilität, Wandlungsbereitschaft und Anpassungsfähigkeit auf, was im Gegensatz zur europäischen Vergangenheit stehe, in der sich Religion nach allgemeiner Auffassung als Gemeindereligion entfaltete und somit in dem von allen geteilten direkten Lebensumfeld der Mitglieder verankert war.[30]

Diese Auflösung von Strukturen, insbesondere von familiären Strukturen, führe zu Gefühlen der Isolation und zum Wunsch nach Gemeinschaft. Dies sei

---

25 *Pollack/Krech/Müller u. a.*, Handbuch Religionssoziologie, 2018, S. 349; *Lüddeckens/Walthert*, Fluide Religion, 2010, S. 13.

26 Endbericht der Enquete-Kommission „Sogenannte Sekten und Psychogruppen", BT-Drucks., 13/10950, S. 23.

27 *Willms*, Die wunderbare Welt der Sekten, 2012, S. 245.

28 Scientology Deutschland, https://www.scientology.de/how-we-help/way-to-happiness/#slide1, aufgerufen am 04.03.2021.

29 *Diringer*, Scientology, 2003, S. 159 f.

30 Endbericht der Enquete-Kommission „Sogenannte Sekten und Psychogruppen", BT-Drucks., 13/10950, S. 23.

der Nährboden, auf dem sich religiöse Angebote in die Richtung gemeinschafts- oder gemeindeförmiger Religiosität entwickeln konnten, die zu sehr geschlossenen Formen tendieren. Teilweise werde in diesen Gruppierungen der Versuch unternommen, die gesamte Lebenswirklichkeit der Mitglieder unmittelbar zu normieren, wodurch die persönlichen Freiheitsrechte der Betroffenen erheblich eingeschränkt werden.[31] Ein bekanntes Beispiel hierfür ist die Gemeinschaft der Zeugen Jehovas. Diese Gruppierung ist durch eine enge Einbindung ihrer Mitglieder und eine Vielzahl von sozialen Kontakten durch regelmäßige Treffen bzw. Versammlungen sehr gemeinschaftsorientiert. Die Zugehörigkeit in den Bereichen Mitgliedschaft, Solidarität, Sozialdisziplinierung und kommunikative Adressierung wird nach innen wie nach außen sehr deutlich gemacht.[32] Dies geht mit massiven Eingriffen in die Privatsphäre einher. Beispielsweise ist den Mitgliedern unter Berufung auf das Johannesevangelium 15,19[33] und andere Bibelstellen[34] die Teilnahme an politischen Wahlen untersagt.[35] Auch finden insofern Eingriffe in die persönliche Freiheit statt, als es den Mitgliedern verboten ist, Umgang mit ehemaligen Mitgliedern zu pflegen. Schon ein einfacher Gruß ist untersagt:

> „Im Wachtturm vom 15. Dezember 1981 hieß es auf Seite 24, dass ein einfacher Gruß der erste Schritt zu einer Unterhaltung und vielleicht sogar zu einer Freundschaft sein kann. Möchten wir bei einem Ausgeschlossenen diesen ersten Schritt tun? Ist es wirklich nötig, den Kontakt völlig abzubrechen? Ja, aus mehreren Gründen."[36]

Der Wunsch nach Gemeinschaft wird den Menschen in dieser Gruppierung zwar erfüllt, dies ist aber offensichtlich mit Einschränkungen in der persönlichen Freiheit zu bezahlen. Ähnliche Strukturen finden sich auch in anderen Gruppierungen wieder, welche Mitgliedern den Weg aus der Isolation hin zu einer familiären Gemeinschaft bieten.

---

31 Endbericht der Enquete-Kommission „Sogenannte Sekten und Psychogruppen", BT-Drucks., 13/10950, S. 23.

32 *Zillmann*, Glaube und Familie, 2015, S. 171.

33 *„Weil ihr aber nicht von der Welt seid, sondern ich euch aus der Welt erwählt habe, darum hasst euch die Welt."* Joh., 5:19 – Elberfelder Bibel.

34 Matth., 22:21; Joh., 18:36.

35 Jehovas Zeugen Deutschland, https://www.jw.org/de/bibliothek/buecher/gottes-liebe/fahnengruss-waehlen-und-zivile-dienste/, aufgerufen am 04.03.2021.

36 Jehovas Zeugen Deutschland, https://www.jw.org/de/bibliothek/buecher/gottes-liebe/wie-ausgeschlossenen-gegenueber-verhalten/, aufgerufen am 05.03.2021.

Wie gezeigt wurde, sind die Gründe für eine religiöse und weltanschauliche Pluralisierung vielfältig. Dementsprechend bewegt sie sich in Form der Entstehung neuer religiöser und weltanschaulicher Gruppen in verschiedene Richtungen. In jedem Fall ist sie aber fester Bestandteil unserer gegenwärtigen Gesellschaft geworden. Dies ist in vielerlei Hinsicht förderlich, stellt aber auch eine Herausforderung dar, der die Gesellschaft adäquat begegnen muss.

2. Herausforderungen der religiösen und weltanschaulichen Pluralität

Der dargestellte Wandel der Gesellschaft hat zu einer enormen Vielfalt an Religionen sowie religiösen und ideologischen Gemeinschaften geführt, die augenscheinlich darauf ausgerichtet sind, die Bedürfnisse vieler Menschen nach Gemeinschaft und einer besseren Lebensführung zu befriedigen, hierfür aber zumeist Gegenleistungen materieller oder immaterieller Art einfordern. Dies darf zwar nicht verallgemeinert werden. Die Enquete-Kommission „Sogenannte Sekten und Psychogruppen" hat jedoch festgestellt, dass einige religiöse bzw. ideologische Gemeinschaften sich periodisch oder dauerhaft als konfliktträchtig erwiesen haben.[37] Laut der Kommission ergeben sich Konfliktpotenziale insbesondere daraus, dass einige Gruppen Veränderungen anstreben, die mit dem demokratischen Rechtsstaat nicht vereinbar sind, beispielsweise insofern die Gleichheit der Geschlechter abgelehnt wird. Weiterhin ergeben sich Konflikte mit bestehenden Gesetzen, insofern einige der Gruppierungen das Arbeits-, Steuer- und Sozialversicherungsrecht nicht anerkennen bzw. beachten.[38]

Weiteres Konfliktpotenzial sieht die Kommission in den Lehren einzelner Gruppen, insoweit diese ideologisieren, zu Realitätsverlust führen, einen absoluten Wahrheitsanspruch haben, moralische Normen gegenüber der Außenwelt aufheben oder die Denkweise ihrer Mitglieder derart beeinflussen, dass diese Verständigungsschwierigkeiten mit Außenstehenden entwickeln. Manche Gruppierungen provozieren gezielt Auseinandersetzungen mit dem Rest der Gesellschaft, um die Solidarität unter den Mitgliedern zu fördern. Auch und insbesondere die Vermischung religiöser und wirtschaftlicher Tätigkeiten

37 Endbericht der Enquete-Kommission „Sogenannte Sekten und Psychogruppen", BT-Drucks., 13/10950, S. 39 f.

38 Kriminogenes Verhalten der einzelnen Gruppierungen wurde durch die Enquete-Kommission nicht untersucht, siehe Endbericht der Enquete-Kommission „Sogenannte Sekten und Psychogruppen", BT-Drucks., 13/10950, S. 40.

trägt Konfliktpotenzial in sich.[39] Dies war in den letzten Jahren mit Blick auf die Scientology-Organisation wiederholt Gegenstand juristischer Diskussionen und der Rechtsprechung.[40]

Schließlich sind mehrere Gruppierungen insofern problematisch, als es zu Konflikten kommen kann, wenn Mitglieder aus der Gruppe austreten möchten, die im Zuge eines schleichenden Prozesses aber bereits in eine erhebliche Abhängigkeit von der Gruppe gebracht wurden. Eine solche Abhängigkeit entsteht meist durch den Abbruch sämtlicher Kontakte zu Außenstehenden auf Druck der Gruppe sowie durch das Einbringen von Vermögen und Lebenszeit in die Gruppe, sodass ein Ausstieg die Betroffenen vor ein von Isolation geprägtes lebensgeschichtliches Problem stellt.[41]

Die Gesellschaft muss Wege finden, mit diesen Problemen umzugehen. Dieses Problem hat viele Aspekte, zu deren Lösung verschiedene Disziplinen beitragen müssen. Aus juristischer Sicht stellt sich u. a. die Frage, welche Voraussetzungen erfüllt sein müssen, damit es sich bei einer Gruppierung um eine Religions- oder Weltanschauungsgemeinschaft im Sinne des Religionsverfassungsrechts des Grundgesetzes handelt, die als solche durch die grundrechtlichen Garantien des Art. 4 GG geschützt sind. Dieser Frage wird in der vorliegenden Arbeit am Beispiel der „Kirche des Fliegenden Spaghettimonsters Deutschland e.V." nachgegangen.

Solange die religiöse bzw. weltanschauliche Landschaft in Deutschland von den beiden christlichen Großkirchen geprägt war, kam der genannten Frage keine große praktische Bedeutung zu. Mit der zunehmenden Pluralisierung in Deutschland gewann sie aber vermehrt an Bedeutung.[42] In der Rechtsprechung zogen dabei zunächst jene Verfahren große Aufmerksamkeit auf sich, welche eine Warnung der Bundesregierung vor einzelnen Gruppierungen zum Gegenstand hatten, wobei diese sich unter Berufung auf Art. 4 GG gegen diese Warnungen zur Wehr setzten.[43] Gegenstand populärer Gerichtsverfahren war auch

---

39 Endbericht der Enquete-Kommission „Sogenannte Sekten und Psychogruppen", BT-Drucks., 13/10950, S. 40.

40 Vgl. z. B. *Diringer*, Scientology, 2003; *Muckel*, in: KuR 1999, S. 81 ff.

41 Endbericht der Enquete-Kommission „Sogenannte Sekten und Psychogruppen", BT-Drucks., 13/10950, S. 40.

42 *Muckel*, Religiöse Freiheit und staatliche Letztentscheidung, 1997, S. 6.

43 Z. B. BVerfG, Beschl. v. 12.08.2002 – 1 BvR 1044/93 = NVwZ-RR 2022, 801 ff.; BVerwG, Beschl. v. 13.03.1991 – 7 B 99/90 = NJW 1991,1770 (Bhagwan-Bewegung, nunmehr Osho-Bewegung); BVerfG, Beschl. v. 05.02.1991 – 2 BvR 263/86, BVerfGE 83, 341–362 (Bahá'í).

die Frage, ob es sich bei der bereits erwähnten „Church of Scientology“ um eine Religions- oder Weltanschauungsgemeinschaft im Sinne des Art. 4 GG handelt. So ging es in einem vor dem BAG geführten Verfahren um die Frage, ob hauptamtliche Mitglieder von Scientology Arbeitnehmer im Sinne von § 5 Abs. 1 S. 1 ArbGG sind.[44] In einer Vielzahl von weiteren Fällen gingen einzelne Gruppierungen mit Erfolg unter Berufung auf Art. 4 Abs. 1 und 2 GG gegen staatliche Beschränkungen vor und erreichten so z. B. die Befreiung von der Umsatzsteuer oder gewerblichen Vorgaben.[45] Bezüglich dieser Verfahren wurde im Schrifttum kritisiert, dass Einzelne oder Gruppen sich auf die grundrechtliche Religionsfreiheit beriefen, ohne dass die rechtlichen Voraussetzungen hierfür erfüllt waren. *Heckel* bezeichnete diese Vorgehensweise entsprechend als religiöse „Falschmünzerei“.[46] Insbesondere wurde in der Literatur auch problematisiert, dass die Rechtsprechung entscheidend auf das Selbstverständnis der einzelnen Gruppen abstellte und sich Fachgerichte teilweise nur von der Selbstbezeichnung oder der Bezeichnung des eigenen Regelwerkes als Kirchenrecht leiten ließen.[47] Dabei hatte das BVerfG im Februar 1991 festgestellt, dass es auf die Behauptung und das Selbstverständnis einzelner Gruppierungen allein nicht ankomme. Vielmehr müsse es sich nach geistigem Gehalt und äußerem Erscheinungsbild um eine Religion bzw. Religionsgemeinschaft handeln. Ob dies der Fall ist, sei laut BVerfG im Streitfall durch Gerichte zu klären, welche hierbei den von der Verfassung gemeinten oder vorausgesetzten und dem Sinn und Zweck der grundrechtlichen Verbürgung entsprechenden Begriff der Religion zugrunde zu legen hätten.[48] Wie *Muckel* bereits einige Jahre später darstellte, warf dieses in einem *obiter dictum* getroffene Urteil des BVerfG jedoch die weiteren Fragen auf, welchen materiellen Gehalt der „von der Verfassung gemeinte oder vorausgesetzte“ Begriff der Religion hat und nach welchen Kriterien die Gerichte diesen Begriff bestimmen sollen.[49] Bezüglich dieser Fragen bestand in Literatur und Rechtsprechung Uneinigkeit. So stellte das OVG Hamburg mit Beschluss vom 24.08.1994 fest, dass die „Church of Scientology“ eine Weltanschauungsgemeinschaft sei, die als solche den Schutz des Art. 4 GG genieße. Das BAG hingegen entschied mit Beschluss vom 22.03.1995, also nur wenige Monate später, das genaue

44 BAG, Beschl. v. 22.03.1995 – 5 AZB 21/94 = NZA 1995, 823–834.

45 *Muckel*, Religionsfreiheit gestern, heute, morgen, 2017, S. 17.

46 *Heckel*, in: JZ 1994, 425, 430.

47 *Muckel*, Religiöse Freiheit und staatliche Letztentscheidung, 1997, S. 6 f.

48 BVerfG, Beschl. v. 05.02.1991 – 2 BvR 263/86, BVerfGE 83, 341 (353).

49 *Muckel*, Religiöse Freiheit und staatliche Letztentscheidung, 1997, S. 8.

Gegenteil.[50] Diese Uneinigkeit setzt sich weiterhin fort. Obgleich das BVerfG auf die Notwendigkeit einer Begriffsbestimmung hingewiesen hat, konnte bis heute keine abschließende und von allgemeinem Konsens getragene Definition des Begriffs der Religion bzw. Weltanschauung gefunden werden.[51]

Zwischen dem Jahr 1998 und heute folgten zwar mehrere, auch obergerichtliche Gerichtsentscheidungen, denen die Frage zugrunde lag oder zumindest inzident geprüft wurde, ob eine bestimmte Gruppierung Religion oder Weltanschauungsgemeinschaft ist.[52] Doch auch diesen Entscheidungen kann ein übereinstimmender, von der Verfassung gemeinter oder vorausgesetzter und dem Sinn und Zweck der grundrechtlichen Verbürgung entsprechender Begriff der Religion nicht entnommen werden.

Vor diesem Hintergrund wird in der vorliegenden Arbeit untersucht, ob auch eine (satirisch-)antireligiöse oder jedenfalls antikirchliche Gruppierung eine von Art. 4 Abs. 1 und 2 GG geschützte Gemeinschaft, insbesondere Weltanschauungsgemeinschaft, sein kann. Die „Kirche des Fliegenden Spaghettimonsters Deutschland e.V." eignet sich für diese Zwecke hervorragend, da sie ein sehr anschauliches Beispiel bietet. Wie gezeigt wird, hat diese noch recht neue Gruppe in der jüngeren Vergangenheit diskussionswürdige Gerichtsentscheidungen hervorgebracht und insofern die Rechtsprechung beschäftigt.

Die „Kirche des Fliegenden Spaghettimonsters Deutschland e.V." versteht sich selbst als Weltanschauungsgemeinschaft und als Religionssatire, wobei letztere nach eigener Auffassung als künstlerisches Mittel genutzt wird, um in satiretypischer Art intolerante und dogmatische Anschauungen und Handlungen zu überhöhen und zu hinterfragen.[53] Im Folgenden soll herausgearbeitet werden,

---

50 Vgl. OVG Hamburg, Beschl. v. 24.08.1994 – Bs III 326/393 = NVwZ 1995, 498–502; BAG, Beschl. v. 22.03.1995 – 5 AZB 21/94 = NZA 1995, 823–834.

51 BVerfG, Beschl. v. 26.06.2002 – 1 BvR 1428/91, BVerfGE 105, 279 (293); *Unruh*, Religionsverfassungsrecht, ^{4}2018, S. 64.

52 Z. B. VG Würzburg, Urt. v. 14.04.1999 – 10 K 98/110, juris (Universelles Leben); VG Berlin, Urt. v. 03.06.1999 – 27 A 179/98, juris (Humanistischer Verband Deutschlands); BVerwG, Urt. v. 15.12.2005 – 7 C 20/04 = NJW 2006, 1303–1305 (Scientology-Kirche); BVerwG, Urt. v. 23.11.2006 – 3 C 30/05, KirchE 48, 432–437 (Sunnitische Muslime); FG Hamburg, Urt. v. 19.04.2011 – 3 K 6/11, juris (Germaniten); VG Mainz, Urt. v. 26.01.2012 – 1 K 144/11, juris (Zeugen Jehovas); OVG Koblenz, Urt. v. 18.07.2014 – 6 A 10976/13 = KommJur 2014, 455–461 (Jüdische Gemeinde in der Pfalz); zur „Kirche des fliegenden Spaghettimonsters Deutschland e.V." bereits BVerfG, Beschl. v. 11.10.2018 – 1 BvR 1984/17 = BeckRS 2018, 33460.

53 Satzung der „Kirche des fliegenden Spaghettimonsters Deutschland e.V.", Quelle: https://www.pastafari.eu/verein/satzung-beitragsordnung/, aufgerufen am 18.03.2021.

ob dieses Selbstverständnis im Sinne des Religionsverfassungsrechts des GG geschützt sein kann. Hierfür ist zunächst auf die Entstehungsgeschichte der „Kirche des Fliegenden Spaghettimonsters" und auf die diesbezügliche Rechtsprechung einzugehen. Sodann werden die Lehren und Inhalte der „Kirche des Fliegenden Spaghettimonsters" dargestellt. Im Anschluss werden die Garantien und deren Voraussetzungen in Art. 4 GG Abs. 1 und 2 aufgearbeitet, wobei auch auf das aus der Weimarer Reichsverfassung in das Grundgesetz inkorporierte Recht einzugehen sein wird. Schlussendlich werden alle Untersuchungen im Zusammenspiel betrachtet, um sich einer Lösung der mit dieser Arbeit untersuchten Frage anzunähern.

II. Kurzdarstellung der „Kirche des Fliegenden Spaghettimonsters"

1. Die Lehren der „Kirche des Fliegenden Spaghettimonsters"

Die namensgebende Lehre der „Kirche des Fliegenden Spaghettimonsters" lautet, dass das gesamte Universum von einem fliegenden Spaghettimonster mit Stielaugen erschaffen wurde, das seinen Namen aufgrund der Ähnlichkeit mit einer großen Portion Spaghetti mit Fleischbällchen trage. Zwar sei die Existenz des Spaghettimonsters, ebenso wie die Existenz eines anderen Gottes, nicht nachgewiesen; sie sei aber auch nicht widerlegbar. In derselben Weise argumentiert die „Kirche des Fliegenden Spaghettimonsters" vor dem Hintergrund der Tatsache, dass die biblische Schöpfungslehre wie auch die Entstehungstheorien anderer Glaubensrichtungen bis dato weder widerlegt noch bewiesen wurden, dass auch ihre Entstehungsgeschichte der Welt gleichermaßen Anerkennung finden müsse.

Mit Blick auf Darwins Evolutionstheorie behauptet die „Kirche des Fliegenden Spaghettimonsters", sämtliche Hinweise auf eine Evolution seien vom Spaghettimonster bewusst gestreut worden, um die Menschen in die Irre zu führen. Eigentlich stamme die Menschheit von den Piraten – dem ursprünglich auserwählten Volk des fliegenden Spaghettimonsters – ab, was sich darin zeige, dass die genetische Übereinstimmung zwischen Piraten und heutigen Menschen größer sei als die zwischen heutigen Menschen und Affen, von denen der Mensch nach Darwins Evolutionstheorie abstammen soll. Die Mitglieder der „Kirche des Fliegenden Spaghettimonsters" bekunden ihren Glauben entsprechend durch das Tragen eines Piratenkopftuches als Kopfbedeckung.

Eine weitere Lehre der „Kirche des Fliegenden Spaghettimonsters" lautet, dass Gravitation nicht existiere. Vielmehr drücke das fliegende Spaghettimonster mit seinen vielen aus Nudeln bestehenden Gliedmaßen[54] alles Bestehende zu Boden. Auch sei die einzige Ursache für die globale Erwärmung, für Orkane und sämtliche anderen Naturkatastrophen die sinkende Zahl von Piraten seit Beginn des 19. Jahrhunderts. Dies könne anhand der Korrelation zwischen der sinkenden Zahl von Piraten auf der Welt und dem Anstieg der globalen Durchschnittstemperaturen empirisch bewiesen werden. Besonders deutlich werde dieser Zusammenhang in Somalia, wo es die weltweit höchste Piratendichte bei den gleichzeitig niedrigsten CO_2-Emmissionen gebe.[55]

Nach dem Tod erwarte die Gläubigen in einem Himmel ein Biervulkan und eine Stripper- und Stripperinnen-Fabrik. Als Prophet gilt Bobby Henderson, dessen Schrift „Das Evangelium des fliegenden Spaghettimonsters" den Stellenwert einer Heiligen Schrift hat.[56] Der Prophet *Henderson* weist dabei darauf hin, dass sich in seinem Evangelium zahlreiche Lücken und Widersprüche finden, gegebenenfalls sogar Lügen und Übertreibungen.[57] Somit seien die Gläubigen zum Zweifel verpflichtet. Aus alldem sollen sich für die Anhänger die folgenden Schlussfolgerungen ergeben:

- „Wir dulden keine Dogmen."
- „Wir sind die einzig wissenschaftliche Religion."
- „Wir sollten uns für den überaus unwahrscheinlichen, aber nicht völlig auszuschließenden Fall, unser göttliches Monster existiert gar nicht, weltliche Alternativen suchen."[58]

Außerhalb der als Stilmittel genutzten Religionssatire hat es sich die „Kirche des Fliegenden Spaghettimonsters Deutschland e.V." zum Ziel gesetzt, die Verbreitung einer offenen und toleranten Ethik zu fördern. Hierzu setzt sie auf den von der Giordano-Bruno-Stiftung weiterentwickelten „evolutionären Humanismus", in dem ein konsequenter Naturalismus vertreten und verbreitet wird. Dieser zeichnet sich unter anderem dadurch aus, dass es ihm zufolge keinerlei supranaturalen Erscheinungen wie Feen, Elfen oder Götter gibt, dass der Mensch nach seinem Ableben den gleichen Status hat wie vor seiner

---

54 Diese werden als „Seine Nudeligen Anhängsel" (His Noodly Appendage) bezeichnet.

55 *Wakonigg/Rath*, Das Fliegende Spaghettimonster – Religion oder Religionsparodie?, 2017, S. 66–69.

56 *Wakonigg/Rath*, Das Fliegende Spaghettimonster – Religion oder Religionsparodie?, 2017, S. 66–69.

57 *Henderson*, Das Evangelium des Fliegenden Spaghettimonsters, 2008, S. 9.

58 https://www.pastafari.eu/weltanschauung/ aufgerufen am 23.01.2022.

Geburt – Nicht-Existenz – und dass die Welt nicht erschaffen worden, sondern entstanden sei, was sich wissenschaftlich erklären lasse, auch wenn niemals vollumfängliche Erkenntnis erlangt werden könne.[59]

Auf die Lehren und Ansichten der „Kirche des Fliegenden Spaghettimonsters" wird, sowohl im Hinblick auf das satirische Mittel als auch außerhalb davon, noch näher einzugehen sein.

2. Die „Kirche des Fliegenden Spaghettimonsters Deutschland e.V." in der Rechtsprechung

Die „Kirche des Fliegenden Spaghettimonsters Deutschland e.V." war in der Vergangenheit mehrfach Gegenstand von Gerichtsverfahren. Zwei Fälle zogen dabei besondere Aufmerksamkeit der Fachwelt auf sich: Zum einem ging es in den Jahren 2014 bis 2019 um den Anspruch des Vereins, mit Gottesdiensthinweisschildern am Ortseingang von Templin (Uckermark) auf seine dortige Veranstaltung aufmerksam zu machen, die jeden Freitag unter dem Namen „Nudelmesse" stattfindet. Zum anderen ging es um die Klage des seinerzeitigen Vorstandsvorsitzenden Rüdiger Weida vor dem VG Potsdam[60] gegen die Stadt Templin, welche ihm die Ausstellung eines Personalausweises mit der Begründung verweigerte, das hierfür vorgelegte Passbild sei unzulässig.

Im ersten Fall berief sich der Verein auf eine Richtlinie des BMDV zu Hinweisschildern auf Gottesdienste und sonstige regelmäßige religiöse Veranstaltungen von Kirchen und sonstigen Religionsgemeinschaften, welche im Jahr 2008 mit allgemeinem Rundschreiben bekannt gegeben wurde.[61] Mit dieser Richtlinie wurde ein Ministererlass aus dem Jahr 1960 ersetzt, der ebenfalls Vorgaben für das Ankündigen von Gottesdiensten an öffentlichen Straßen enthielt, diese aber auf religiöse Veranstaltungen der katholischen und evangelischen Kirche beschränkte.[62] Mit der neuen Richtlinie wurde diese Beschränkung aufgehoben, sodass seitdem Anträge aller Kirchen und sonstigen Religionsgemeinschaften zulässig sind, soweit diese nicht bekanntermaßen oder erkennbar verfassungsfeindliche Ziele verfolgen. Zur Begründung wird ausgeführt, dass hierdurch den

59 https://www.pastafari.eu/weltanschauung/ aufgerufen am 23.01.2022.

60 VG Potsdam, Urt. v. 13.11.2015 – 8K 4253/13 = LKV 2016, 94–96.

61 Allgemeines Rundschreiben Straßenbau Nr. 15/2008 vom 11.08.2008, Verkehrsblatt 2008, S. 461.

62 Rundschreiben vom 19.07.1960, Verkehrsblatt 1960, S. 333.

Grundrechten auf Gleichbehandlung und Glaubensfreiheit aus Art. 3 Abs. 1 und 3 GG sowie Art. 4 Abs. 1 GG Rechnung getragen werde.[63]

Auf dieser Grundlage verhandelte der ehemalige Vorstandsvorsitzende der „Kirche des fliegenden Spaghettimonsters Deutschland e.V.", Rüdiger Weida, mit dem Direktor des Landesbetriebes Straßenwesen Brandenburg sowie mit dem Bürgermeister der Stadt Templin. Weida erhielt die Zusage, zusätzlich zu den bereits vorhandenen Hinweisschildern der evangelischen, katholischen sowie evangelisch-freichristlichen Kirche auch ein Hinweisschild auf die „Nudelmesse" am Ortseingang anbringen zu dürfen. In der Folge wurde an dieser Vereinbarung seitens des Landesbetriebes Straßenwesen Brandenburg allerdings nicht festgehalten, sodass die „Kirche des fliegenden Spaghettimonsters Deutschland e.V." den Rechtsweg beschritt.[64] Die Klage vor dem LG Frankfurt/Oder[65] blieb jedoch ebenso wie eine gegen das abschlägige Urteil gerichtete Berufung zum OLG Brandenburg[66] erfolglos. Auch eine gegen das erstinstanzliche Urteil gerichtete Verfassungsbeschwerde zum BVerfG wurde am 11.10.2018 durch Nichtannahmebeschluss zurückgewiesen.[67] In den Entscheidungen wurde jeweils darauf abgehoben, es handele sich bei der „Kirche des Fliegenden Spaghettimonsters Deutschland e.V." nicht um eine Religions- oder Weltanschauungsgemeinschaft. Eine eingereichte Beschwerde zum EGMR wurde aus formellen Gründen abgelehnt.[68] Hintergrund der Ablehnung war ein Wechsel in der Person des Vorstandsvorsitzenden, welcher zum Zeitpunkt der Beschwerdeeinreichung noch nicht im Vereinsregister eingetragen war. Hierdurch sah es der EGMR als nicht ausreichend nachgewiesen an, dass es sich bei dem Vertreter der Beschwerdeführerin um den rechtmäßigen Vertreter der „Kirche des fliegenden Spaghettimonsters Deutschland e.V." handelte.

In der Zwischenzeit hat sich der Streitgegenstand erledigt, da die Stadtverordnetenversammlung der Stadt Templin im November 2021 einem Antrag der

63 Allgemeines Rundschreiben Straßenbau Nr. 15/2008 vom 11.08.2008, Verkehrsblatt 2008, S. 461.

64 *Wakonigg/Rath*, Das Fliegende Spaghettimonster – Religion oder Religionsparodie?, 2017, S. 106 ff.

65 LG Frankfurt/Oder, Urt. v. 13.04.2016 – Az. 11 O 327/15, BeckRS 2017, 119265.

66 OLG Brandenburg, Urt. v. 02.08.2017 – Az. 4 U 84/16, juris.

67 BVerfG, Kammerbeschl. v. 11.10.2018 – 1 BvR 1984/17, BeckRS 2018, 33460.

68 Quelle: https://hpd.de/artikel/europaeisches-gericht-weist-spaghettimonster-beschwerde-ab-16933, aufgerufen am 18.01.2022.

Fraktionen „Uckermärker Heide“ und „Linke“, die Schilder dauerhaft zu genehmigen, zugestimmt hat.[69]

Im zweiten oben genannten Fall ging es um die Klage des ehemaligen Vorstandsvorsitzenden Rüdiger Weida vor dem VG Potsdam[70] gegen die Stadt Templin, welche ihm die Ausstellung eines Personalausweises mit der Begründung verweigerte, dass das hierfür eingereichte Passbild sei unzulässig. Am 15.08.2013 hatte Weida die Ausstellung eines Personalausweises mit einem Lichtbild beantragt, auf welchem er eine Piratenkopftuchbedeckung trug. Dies begründete er mit Verweis darauf, das Tragen des Piratenkopftuchs sei seine religiöse Pflicht als Mitglied der „Kirche des fliegenden Spaghettimonsters Deutschland e.V.“.[71] Mit Bescheid vom 29.08.2013 lehnte die Behörde den Antrag auf Grundlage zuvor eingeholter Stellungnahmen des BMI und des MIK ab.[72] Zur Begründung wurde ausgeführt, dass die „Kirche des Fliegenden Spaghettimonsters Deutschland e.V.“ nicht als Religionsgemeinschaft im Sinne der PassVWV verstanden werde, zumal es an einer danach erforderlichen religiösen Verpflichtung fehle, in der Öffentlichkeit nicht ohne Kopfbedeckung zu erscheinen.[73] Gegen diese Entscheidung in Gestalt des Widerspruchsbescheides des Landrats des Landkreises Uckermark, welcher einen gegen die Ausgangsentscheidung erhobenen Widerspruch ebenfalls zurückwies, richtete sich in der Folge eine weitere Klage mit dem Feststellungsbegehren, dass die Ablehnung rechtswidrig war. Das Klagebegehren stützte sich auf § 7 Abs. 3 S. 4 PAuswV. In § 7 Abs. 3 PAuswV wird generell vorgeschrieben, dass das Lichtbild in einem Personalausweis den Inhaber ohne Kopfbedeckung zeigen muss. S. 4 erlaubt eine Ausnahme aus religiösen Gründen. Diese Norm wird konkretisiert durch Nr. 6.2.1.1.4 der PassVWV:

> „Für Angehörige von Religionsgemeinschaften und geistlichen Orden, die nach ihren Regeln gehalten sind, in der Öffentlichkeit nicht ohne Kopfbedeckung zu erscheinen, dürfen Lichtbilder verwendet werden, die die antragstellende Person mit der vorgeschriebenen Kopfbedeckung zeigen.“[74]

---

69 Quelle: https://www.heise.de/news/Pastafari-duerfen-Nudelmessen-Schild-am-Ortseingang-von-Templin-anbringen-6252432.html aufgerufen am 23.01.2022.

70 VG Potsdam, Urt. v. 13.11.2015 – 8 K 4253/13 = LKV 2016, 94–96.

71 Zur Bedeutung des Piratenkopftuchs im Kontext weiter unten bei B II 1 c) bb).

72 VG Potsdam, Urt. v. 13.11.2015 – 8 K 4253/13 = LKV 2016, 94–96.

73 VG Potsdam, Urt. v. 13.11.2015 – 8 K 4253/13 = LKV 2016, 94–96.

74 Aufrufbar unter https://www.verwaltungsvorschriften-im-internet.de/bsvwvbund_16122019_DGI220105713.htm.

Nach einer Verfahrensdauer von zwei Jahren wies das VG die Klage ab. In der Urteilsbegründung wurde festgestellt, dass die Voraussetzungen für die Ausnahmeregel aus § 7 Abs. 3 S. 4 PAuswV nicht vorlägen, da die „Kirche des Fliegenden Spaghettimonsters Deutschland e.V." von dem grundsätzlich weit zu verstehenden Religionsbegriff nicht erfasst werde.[75] Weiterhin sei sie, da kein gedankliches System zugrunde liege, das eine wertende Stellungnahme zum Sinn des Weltgeschehens biete, auch keine Weltanschauungsgemeinschaft, sondern eine parodistisch-kritische Auseinandersetzung mit als intolerant und dogmatisch empfundenen Anschauungen und vermeintlich pseudowissenschaftlichen Lehrmeinungen.[76] Die Berufung wurde vom VG Potsdam nicht zugelassen. Begründet wurde dies damit, dass zwar weder obergerichtlich noch höchstrichterlich entschieden sei, ob die „Kirche des Fliegenden Spaghettimonsters Deutschland e.V." von Art. 4 Abs. 1 GG geschützt sein könne und diese Frage generell Frage auch für eine Vielzahl weiterer Verfahren von Bedeutung sei. In diesem konkreten Fall lasse sich diese Frage aber auf Grundlage der bereits vorliegenden höchstrichterlichen Rechtsprechung ohne Weiteres im entschiedenen Sinne klären.[77]

Nachdem das OVG Berlin-Brandenburg dem Antrag auf Zulassung zur Berufung nicht entsprochen hatte und auch eine Nichtzulassungsbeschwerde erfolglos blieb, hat der Kläger Verfassungsbeschwerde zum BVerfG erhoben. Eine Entscheidung steht noch aus.[78]

In einem weiteren Verfahren im Jahr 2011 konnte die „Kirche des Fliegenden Spaghettimonsters Deutschland e.V." vor dem FG Angermünde obsiegen, als es um die Frage ging, ob der Verein gemeinnützig ist, da er kirchliche Zwecke fördere.[79]

Im Jahr 2017 befasste sich der BayVGH mit der Klage eines Grafikdesigners, der seine Betriebsräume für Vorstandstreffen des Bundes für Geistesfreiheit zur Verfügung stellte. Der Kläger hatte die Räume nach dem Ritus des „Fliegenden Spaghettimonsters" und in Anwesenheit von 66 „Pastafari"[80] einem religionstypischen Widmungsakt unterzogen und ging davon aus, gemäß § 5 Abs. 5 Nr. 1

---

75 VG Potsdam, Urt. v. 13.11.2015 – 8 K 4253/13 = LKV 2016, 94–96.

76 VG Potsdam, Urt. v. 13.11.2015 – 8 K 4253/13 = LKV 2016, 94–96.

77 VG Potsdam, Urt. v. 13.11.2015 – 8 K 4253/13 = LKV 2016, 94–96.

78 Interview mit R. Weida, S. 8 (Anlage 1).

79 Interview mit R. Weida, S. 7 (Anlage 1).

80 „Pastafari" ist die Eigenbezeichnung von Mitgliedern der „Kirche des Fliegenden Spaghettimonsters".

des RBStV keinen Rundfunkbeitrag mehr zahlen zu müssen.[81] Gemäß dieser Norm ist von Betriebsstätten, die gottesdienstlichen Zwecken gewidmet sind, kein Rundfunkbeitrag zu entrichten. Das ablehnende Urteil begründete der BayVGH damit, dass die Räumlichkeiten nicht ausschließlich für religiöse bzw. weltanschauliche Zwecke genutzt werden. Auf die „Weihe“ nach dem Ritus der „Kirche des Fliegenden Spaghettimonsters Deutschland e.V.“ geht die Begründung nicht ein.[82]

81 BayVGH, Urt. v. 31.05.2017 – 7 B 16473, KirchE 69, 284 (284).
82 BayVGH, Urt. v. 31.05.2017 – 7 B 16473, KirchE 69, 284 (286).

B. Die „Kirche des Fliegenden Spaghettimonsters" – Entstehung und Inhalte

I. Entstehung

Die „Kirche des fliegenden Spaghettimonsters" geht auf den US-Amerikaner Bobby Henderson zurück. Es handelt sich dabei um eine satirische Reaktion auf den Beschluss der Schulkommission von Kansas aus dem Jahr 2005, an öffentlichen Schulen neben der Evolutionstheorie zukünftig auch die Lehre des sog. „Intelligent Design" als wissenschaftliche Theorie zu lehren.[83] Henderson, der am 18.07.1980 in Roseburg (Oregon, USA) geboren wurde und an der Oregon State University den akademischen Grad des Bachelor of Science im Fach Physik erwarb,[84] hatte sich zunächst in einem offenen Brief[85] direkt an die Schulkommission gewendet und diese aufgefordert, neben der Evolutionstheorie nicht nur die Lehre des „Intelligent Design", sondern auch die von ihm vorgestellte Lehre des Fliegenden Spaghettimonsters zu unterrichten. Nachdem er von der Schulkommission keine Antwort erhielt, veröffentlichte Henderson den Brief auf seiner Website.[86] Da das Vorhaben der Schulkommission – welches in Kansas sodann übrigens umgesetzt wurde[87] – in den USA große Aufmerksamkeit auf sich zog, erlangte Henderson mit seiner Forderung binnen kürzester Zeit große Bekanntheit.

Um zu verstehen, weshalb die Frage, ob die Lehre des „Intelligent Design" an Schulen als wissenschaftliche Theorie gelehrt werden dürfe, in den USA so umstritten war, muss die Geschichte der US-amerikanischen Rechtsprechung bezüglich dieser Thematik betrachtet werden. Der erste Zusatzartikel zur Verfassung der Vereinigten Staaten von Amerika verbietet eine Staatsreligion.[88] In diesem Zusammenhang wurde das Unterrichten der biblischen Schöpfungsgeschichte

83 *Wakonigg/Rath*, Religion oder Religionsparodie?, 2017, S. 17.

84 Quelle: https://www.spaghettimonster.org/about/, aufgerufen am 14.02.2021.

85 Vgl. Anlage 2.

86 www.venganza.org.

87 Spiegel Online vom 10.11.2005, https://www.spiegel.de/lebenundlernen/uni/kreationismus-debatte-etappensieg-fuer-die-bibelfrommen-a-384087.html, aufgerufen am 14.02.2021.

88 „Congress shall make no law respecting an establishment of religion […]."

an öffentlichen Schulen früh Gegenstand höchstrichterlicher Rechtsprechung. So entschied der US Supreme Court im Fall Epperson vs. Arkansas im Jahr 1968,[89] dass die Anordnung des Staates Arkansas, die Lehre von der Evolution aus dem schulischen Curriculum zu streichen und ausschließlich die biblische Schöpfungslehre zu unterrichten, verfassungswidrig sei. Das Gericht entschied, dass an öffentlichen Schulen nur solche Lehren unterrichtet werden dürfen, die auf wissenschaftlichen Erkenntnissen beruhen.[90] Diese Entscheidung bekräftigte der US Supreme Court im Jahr 1987 im Fall Edwards vs. Aguillard.[91] In dieser Entscheidung wies das Gericht einen Beschluss des Staates Louisiana zurück, welcher Schulen auferlegt hatte, sowohl die Evolutionstheorie als auch die biblische Schöpfungslehre zu unterrichten.[92]

Laut ihren Kritikern ist die Lehre des „Intelligent Design“ eine Reaktion auf dieses Verbot, die biblische Schöpfungsgeschichte an öffentlichen Schulen zu unterrichten. Denn es handle sich bei ihr nicht um eine wissenschaftliche Theorie, sondern um den Versuch, dieses Verbot zu umgehen,[93] indem man den Kreationismus – also die Anschauung, dass Gott der Schöpfer der Natur und des Menschen ist und dass die Erde so entstanden ist, wie im Buch Genesis beschreiben – als eine Form von Wissenschaft ausgibt, deren Thesen biologisch nachweisbar seien. Die zentrale These des „Intelligent Design“ lautet, dass die „Designs“ von Lebewesen entgegen der Evolutionstheorie nicht durch natürliche Prozesse hervorgebracht werden könnten, sondern dass hierfür eine „geistige Verursachung“ durch eine „über- oder außernatürliche Intelligenz“ nötig sei. Bezugnahmen auf die Bibel bzw. einen Gott oder Schöpfer werden von den Vertretern des „Intelligent Design“ zwar ausdrücklich vermieden.[94] Gegenstimmen betrachten die Lehre des „Intelligent Design“ dennoch als eine Form des Kreationismus,[95] da Begriffe wie „Gott“ oder „Schöpfer“ lediglich durch Ausdrücke wie

89 US Supreme Court, Epperson v. Arkansas, 393 U.S. 97 (1968).

90 *Mertin*, Anpassung und Konfrontation, 2004, S. 101.

91 US Supreme Court, Edwards v. Aguillard, 482 U.S. 578 (1987).

92 *Mertin*, Anpassung und Konfrontation, 2004, S. 101. Es scheint nicht von der Hand zu weisen, dass es einen zeitlichen Zusammenhang zwischen diesen Urteilen des US Supreme Court und der Ausbreitung des „Intelligent Design“ gibt. Beispielsweise ist die *Foundation for Thought and Ethics*, welche ein Schulbuch vertreibt, in dem die Lehren des „Intelligent Design“ vertreten werden, seit Anfang der 1990er Jahre aktiv (vgl. *Kutschera*, Evolutionsbiologie, ^{4}2015, S. 297).

93 *Kutschera*, Evolutionsbiologie, ^{4}2015, S. 297.

94 *Kutschera*, Evolutionsbiologie, ^{4}2015, S. 297.

95 *Kutschera*, Evolutionsbiologie, ^{4}2015, S. 297 ff.

„geistige Verursachung“ bzw. „über- oder außernatürliche Intelligenz“ ersetzt würden, um die Theorie als eine Form von Wissenschaft darstellen zu können.[96] Dies sei aber lediglich ein rhetorischer und kein inhaltlicher Unterschied.

Vor dem Hintergrund dieser Debatte wird verständlich, weshalb die oben erwähnten Pläne des Kansas School Board aus dem Jahr 2005 in den USA so umstritten waren. Auch Bobby Hendersons Brief ist auf diese Diskussion zurückzuführen.

1. Auftreten in den USA

Die Veröffentlichung von *Hendersons* Brief an die Schulbehörde auf dessen Internetseite www.venganza.org (heute www.spaghettimonster.org) stieß in den USA auf ein breites öffentliches Interesse. So wurde der Brief auf verschiedenen Blogs diskutiert und auf in den USA sehr bekannten Homepages und Internetforen wie boingboing.net, somethingawful.com, uncyclopedia.co und fark.com vorgestellt.[97] Im Dezember 2005 erhielt *Henderson* eine Vorschusszahlung in Höhe von 80.000,00 € des New Yorker Verlages „Villard“, um das Buch „The Gospel of the Flying Spaghetti Monster“ zu schreiben, welches am 28.03.2006 erschien.[98]

Der so gewonnene Bekanntheitsgrad sorgte dafür, dass sich in den USA zügig Gruppierungen wie die „International Society for Spaghetti Monster Awareness“ bildeten.[99] An mehreren amerikanischen Universitäten entstanden zudem religiöse Gruppen, die dem Spaghettimonster gewidmet waren.[100] An einer Stelle in der englischsprachigen Literatur wird erwähnt, dass die „Missouri State Church of the Flying Spaghetti Monster“ seit 2008 Sponsor der Gruppe „Skeptikon“ sei, die als größte Atheisten-Vereinigung der USA gilt.[101] An anderen Stellen ist die „Missouri State Church of the Flying Spaghetti Monster“ zwar nicht zu finden. Allerdings findet sich auf der offiziellen Website von Bobby Henderson[102] ein Bericht über die „Missouri State *University*[103] Church of the Flying Spaghetti

96 *Kutschera*, Evolutionsbiologie, ^{4}2015, S. 297 f.

97 *Miller/Vandome/McBrewster*, Flying Spaghetti Monster, 2011, S. 1.

98 *Miller/Vandome/McBrewster*, Flying Spaghetti Monster, 2011, S. 4. Das Werk wurde von Jörn Ingwersen ins Deutsche übersetzt und erschien 2007 im Goldmann Verlag.

99 *Miller/Vandome/McBrewster*, Flying Spaghetti Monster, 2011, S. 1.

100 *Miller/Vandome/McBrewster*, Flying Spaghetti Monster, 2011, S. 4.

101 *Chryssides*, Historical Dictionary of New Religious Movements, ^{2}2012, S. 92.

102 Quelle: https://www.spaghettimonster.org/spread-the-word/springfield/, aufgerufen am 15.04.2021.

103 Hervorhebung durch den Verfasser.

Monster“. Es ist mithin davon auszugehen, dass diese Gruppierung gemeint ist und eine „Missouri State Church of the Flying Spaghetti Monster“ nicht existiert.

Da neben den genannten Gruppierungen keine weiteren Gruppen ausfindig gemacht werden konnten und es auch keine Organisationsstruktur zu geben scheint, ist anzunehmen, dass es sich bei der „Church of the Flying Spaghetti Monster“ in den USA um eine größtenteils im Internet agierende Gruppe handelt, deren Anhänger sich gleichwohl auch physisch treffen und zu gemeinsamen Aktivitäten verabreden. So wird beispielsweise von einer „Summer Solstice Parade“ in Fremont, Seattle/Washington berichtet, an der eine Gruppe von „Pastafari“ als solche erkennbar teilgenommen haben.[104] Weiter wird berichtet, dass „Pastafari“ im März 2008 in Crossville/Tennessee eine Genehmigung der Stadt für das Aufstellen einer Statue des „Fliegenden Spaghettimonsters“ unmittelbar neben dem Gericht erwirkt und dies auch umgesetzt haben.[105]

Im Internet finden sich zahlreiche Gruppen und Foren der „Church of the Flying Spaghetti Monster“, beispielsweise bei Facebook oder in dem Forum https://forum.spaghettimonster.org. Dort findet reger Austausch statt. Wieder legt dies den Schluss nahe, dass die Aktivitäten der „Church of the Flying Spaghetti Monster“ überwiegend im Internet stattfinden. Dass keine weiteren Aktivitäten außerhalb des Internets recherchiert werden konnten, muss allerdings nicht zwingend bedeuten, dass diese nicht gleichwohl stattfinden.

2. Entwicklung in Deutschland

Durch die Verbreitung des offenen Briefes von *Henderson* über das Internet wurde dessen Inhalt auch in Deutschland schnell bekannt. So hatten sich bis zum Jahr 2005 bereits fünf bis sechs Gemeinden gegründet – wobei unter „Gemeinde“ nicht notwendigerweise mehr zu verstehen ist als ein Blog im Internet[106] –, welche die „Lehren“ Hendersons verbreiteten und diesbezüglich Raum zum Austausch boten.

Die (nach Aussage ihres Gründers) erste Gemeinde in Deutschland entstand in der Uckermark. Kurz darauf gründeten sich weitere Gemeinden in Berlin und in Barnim. Einige Zeit nach ihrer Entstehung kamen die drei Gemeinden zusammen und gründeten im September 2006 in Templin die „Kirche des Fliegenden Spaghettimonsters Berlin-Brandenburg e.V.“ Nach eigenen Angaben war der Verein damit weltweit die erste Gruppe innerhalb der Bewegung der

---

104 *Miller/Vandome/McBrewster*, Flying Spaghetti Monster, 2011, S. 4.
105 *Miller/Vandome/McBrewster*, Flying Spaghetti Monster, 2011, S. 4.
106 Interview mit R. Weida, S. 1 (Anlage 1).

„Kirche des fliegenden Spaghettimonsters“, welche den Status einer juristischen Person hatte.[107]

Die Gründer der „Kirche des Fliegenden Spaghettimonsters Berlin-Brandenburg e.V.“ gingen seinerzeit davon aus, dass sich nach dem Vorbild der evangelischen Kirche in sämtlichen Bundesländern ähnliche Landeskirchen gründen würden. Diese Entwicklung stellte sich jedoch nicht ein. Vielmehr erhielt die „Kirche des Fliegenden Spaghettimonsters Berlin-Brandenburg e.V.“ vermehrt Beitrittsanfragen aus dem gesamten Bundesgebiet. Infolgedessen öffnete sich der Verein im Jahr 2011 Mitgliedern aus ganz Deutschland und benannte sich entsprechend in „Kirche des Fliegenden Spaghettimonsters Deutschland e.V.“ um. Im selben Jahr sprach das FG Frankfurt/Oder der „Kirche des Fliegenden Spaghettimonsters Deutschland e.V.“ Gemeinnützigkeit zu, mit der Begründung, die Körperschaft fördere kirchliche und gemeinnützige Zwecke.[108] Ein entsprechender Freistellungsbescheid erging im November 2012.[109]

Vor der Umbenennung in „Kirche des Fliegenden Spaghettimonsters Deutschland e.V.“ gab es den Versuch, mit der zwischenzeitlich entstandenen Gemeinde in Frankfurt am Main – zu diesem Zeitpunkt die größte Gemeinde in Deutschland – den „Zentralrat der Pastafari“ in Deutschland zu gründen. Diese Pläne scheiterten jedoch – vermutlich am krankheitsbedingten Ausstieg des Gründers der Frankfurter Gemeinde –, sodass es zwar eine Gründungsversammlung gab, es aber nie zur Eintragung des Vereins kam.[110]

Im Laufe der Zeit veränderte sich das Wesen der Gemeinden. Einzelne Gemeinden bestanden nicht mehr aus einfachen Blogs, sondern die Mitglieder trafen sich physisch an festen Orten. Trotz der Ausweitung der „Kirche des Fliegenden Spaghettimonsters Berlin-Brandenburg e.V.“ auf das gesamte Bundesgebiet entstanden so Gemeinden weiterhin unabhängig von der „Kirche des Fliegenden Spaghettimonsters Deutschland e.V.“, die auch autonom agieren. Sie sind allerdings selbst keine eingetragenen Vereine, und insofern eine Zusammenarbeit gewünscht ist, gelten die Bestimmungen der „Kirche des Fliegenden Spaghettimonsters Deutschland e.V.“ Die Gemeinden bestehen in diesen Fällen aus Mitgliedern der „Kirche des Fliegenden Spaghettimonsters Deutschland e.V.“ sowie aus Mitgliedern, die dem Verein nicht angehören. Die Leitung der Gemeinden obliegt den Mitgliedern der „Kirche des Fliegenden

107 Interview mit R. Weida, S. 1 (Anlage 1).
108 Interview mit R. Weida, S. 1, S. 7. (Anlage 1).
109 Anlage 3.
110 Interview mit R. Weida, S. 1 (Anlage 1).

Spaghettimonsters Deutschland e.V.“, wobei die Gemeindevorsteher in dem Verein selbst keine Funktion innehaben.[111]

Der größte Teil der Mitglieder der „Kirche des Fliegenden Spaghettimonsters Deutschland e.V.“ ist jedoch nicht in Gemeinden organisiert. Die Zugehörigkeit zu einer Gemeinde ist auch keine Voraussetzung für die Mitgliedschaft. Vielmehr begründet sich eine Mitgliedschaft durch das Ausfüllen des Mitgliedsantrags auf der Website der „Kirche des Fliegenden Spaghettimonsters Deutschland e.V.“[112] sowie durch die Zahlung einer Beitrittsgebühr und eines Jahresbeitrags.[113] In 14-tägigen Vorstandssitzungen werden die Aufnahmen beschlossen und anschließend bekanntgemacht. Nach Aussage des ehemaligen Vorstandsvorsitzenden hat die „Kirche des Fliegenden Spaghettimonsters Deutschland e.V.“ derzeit (Stand 26.04.2023) circa 700 Mitglieder.[114] Somit könne der Verein seine Kosten decken, eine Gewinnerzielungsabsicht bestehe jedoch nicht. Soweit Gelder benötigt werden, beispielsweise für die rechtliche Vertretung, werden diese über Spendenaufrufe realisiert.[115]

Die „Kirche des Fliegenden Spaghettimonsters Deutschland e.V.“ umfasst keine zusätzlichen karitativen Angebote für Mitglieder und Nichtmitglieder wie Bürgerhilfen, offene Türen, offene Ganztagsschulen oder Ähnliches. Es findet auch kein Verkauf von Gütern oder Merchandising statt. Ein Zweckbetrieb existiert nicht. Nach eigener Aussage ist die „Kirche des Fliegenden Spaghettimonsters Deutschland e.V.“ rein ideeller Natur.[116]

Das satzungsgemäße Ziel der Förderung von Kunst und Kultur erreicht die „Kirche des Fliegenden Spaghettimonsters Deutschland e.V.“ nach Aussage des ehemaligen Vorstandsvorsitzenden auf verschiedenem Weg. Zum einen schenkte der Verein der Stadt Templin im Jahre 2020 zu ihrem 750-jährigen Bestehen einen Evolutionsweg. Zum anderen betrachtet der ehemalige Vorstandsvorsitzende die „Kirche“ als solches als Kleinkunst. Die „Kirche des Fliegenden Spaghettimonsters Deutschland e.V.“ hat auch eine eigene „Pastafari-Musik“ entwickelt. Die entsprechende CD trägt den Titel „Wir singen dem Monster

111 Interview mit R. Weida, S. 2 (Anlage 1).

112 www.pastafari.eu.

113 Die Beitrittsgebühr liegt derzeit bei einem Betrag in Höhe von 5,00 €. Der Jahresbeitrag variiert zwischen 0,00 € für Schüler, 10,00 € für nicht Erwerbstätige und 20,00 € für Erwerbstätige. Quelle: https://www.pastafari.eu/verein/satzung-beitragsordnung/ aufgerufen am 13.05.2021.

114 Interview mit R. Weida II, S. 1 (Anlage 4).

115 Interview mit R. Weida, S. 3 (Anlage 1).

116 Interview mit R. Weida, S. 8 (Anlage 1).

ein Lied". Die einzelnen Lieder sind dabei keine Parodien auf andere Lieder.[117] Hinzu kommen weitere Aktivitäten. Beispielsweise wurde der Hauptbahnhof München, nachdem er katholisch geweiht worden war, auch im Sinne der „Kirche des Fliegenden Spaghettimonsters" geweiht.

Zur Förderung von Kunst und Kultur ist zudem die Auslobung eines Kunstpreises in Anlehnung an die Preise des Bundes für Geistesfreiheiten und der Giordano-Bruno-Stiftung geplant, und ab dem Jahr 2023 hat die „Kirche des Fliegenden Spaghettimonsters Deutschland e.V." den „GöthE-Preis" initiiert, wobei die Abkürzung für „Götterlose humanistische Ethik" steht. Schüler können zu ausgewählten Themen Projektarbeiten durchführen, deren Ergebnisse von einer Jury bewertet werden. Der Gewinner erhält einen Preis in Höhe von 500,00 €. Weiterhin plant die „Kirche des Fliegenden Spaghettimonsters Deutschland e.V." die Einführung eines Kunstpreises, welcher den Namen „GöthE-Kunstpreis" tragen soll.[118]

Die „Nudelmesse", die immer freitags in Templin abgehalten wird, ist nach Auffassung des seinerzeitigen Vorstandsvorsitzenden der „Kirche des Fliegenden Spaghettimonsters Deutschlande e.V." hingegen eine reine Kabarettveranstaltung, zu der lange Zeit auch keine Mitglieder, sondern regelmäßig nur Touristen kamen.[119] Mittlerweile wird die „Nudelmesse" aber auch stark von Mitgliedern besucht. Mehrere Mitglieder haben auch den Wunsch geäußert, ihre Hochzeit in der „Nudelmesse" nachzufeiern. Inzwischen gibt es in Saterland (Niedersachsen) eine weitere „Kapelle", in welcher „Nudelmessen" abgehalten werden. Diese werden ebenfalls regelmäßig von Mitgliedern besucht.[120]

3. Einzelne Aspekte der „Kirche des Fliegenden Spaghettimonsters" in ausgewählten weiteren Ländern

a) Österreich

Die „Kirche des Fliegenden Spaghettimonsters Österreich" wurde im Jahr 2012 von Niko Alm gegründet. Die Gruppe erlangte einen hohen Grad an Bekanntheit, nachdem Alm ein Führerschein mit einem Passbild ausgestellt wurde, auf dem er ein Nudelsieb auf dem Kopf trägt. Gleiches gelang dem aktuellen Vorstandsvorsitzenden Philip Sager. Beide Vorgänge riefen ein großes Medieninteresse

117 Interview mit R. Weida, S. 9 (Anlage 1).
118 Interview mit R. Weida II, S. 1 (Anlage 4).
119 Interview mit R. Weida, S. 9, (Anlage 1).
120 Interview mit R. Weida II, S. 1 (Anlage 4).

hervor, welches zahlreiche Radio- und Zeitungsbeiträge und Interviews nach sich zog.[121]

Im Jahr 2014 entschloss sich die „Kirche des Fliegenden Spaghettimonsters Österreich“ dazu, die Rechtspersönlichkeit der Religiösen Bekenntnisgemeinschaft zu erwerben.[122] Der am 23.04.2014 gestellte Antrag wurde von dem zuständigen Kultusamt mit Bescheid vom 12.06.2014 abgelehnt. Nachdem eine Beschwerde gegen die Ablehnung erfolglos blieb, beschritt die „Kirche des Fliegenden Spaghettimonsters Österreich“ den Rechtsweg, bis hin zum BVwG. In der dort ergangenen Entscheidung erkannte das Gericht an, dass es sich bei den von der „Kirche des Fliegenden Spaghettimonsters Österreich“ vertretenen Inhalten um einen „Glauben“ handele und dass die Kirche Mitglieder habe. Allerdings fehle es an einer „organisierten Gemeinschaft.“ Gegen diese Entscheidung wurde am 15.01.2019 Revision eingelegt.[123]

Die „Kirche des Fliegenden Spaghettimonsters Österreich“ sieht das „Evangelium des Fliegenden Spaghettimonsters“ von *Henderson* als ihr wichtigstes Quellenwerk an. In ihren Glaubensgrundsätzen erkennen sie den „Pastafarianismus“ als einen „Einer-für-Alle-Gottglauben“, wobei die „Gottheit“ als „Fliegendes Spaghettimonster“ bezeichnet wird. Seinem Selbstverständnis nach handelt es sich beim „Pastafarianismus“ um eine wissenschaftliche Religion, die alles befürwortet, was gut ist, und alles ablehnt, was nicht gut ist.[124]

b) Niederlande

In den Niederlanden existiert die „Kirche des Fliegenden Spaghettimonsters“ („Kerk van het Vliegend Spaghettimonster“) seit dem Jahr 2005. Wie in den USA scheint sich auch dort die Aktivität der Mitglieder größtenteils auf die Darstellung und den Austausch im Internet zu beschränken. Die offizielle Seite findet sich unter https://kerkvanhetvliegendspaghettimonster.org/home/. Auch auf Facebook ist reger Austausch zu beobachten.[125]

Die Besonderheit des niederländischen Ablegers ist dessen offizielle Anerkennung als Glaubensgemeinschaft (kerkgenootschap) durch die Handelskammer

121 Quelle: https://pastafari.at/wer-wir-sind/, aufgerufen am 11.05.2023.
122 Rechtsgrundlage hierfür ist das BekenntnisgemeinschaftenG.
123 Quelle: https://pastafari.at/anerkennungsverfahren, aufgerufen am 11.05.2023.
124 Quelle: https://pastafari.at/pastechismus, aufgerufen am 11.05.2023.
125 https://de-de.facebook.com/SpaghettiMonster/.

Utrecht am 26.01.2016.[126] Gleichwohl hat der niederländische Raad van State (Staatsrat) im Jahre 2018 entschieden, dass die Mitglieder der „Kerk van het Vliegend Spaghettimonster" für offizielle Dokumente kein Foto mit einem Nudelsieb auf dem Kopf nutzen dürfen, da sie keine anerkannte Religion repräsentieren.[127]

Im Jahr 2020 wurde der Dokumentarfilm „I, Pastafari: A Flying Spaghetti Monster Story" veröffentlicht. Der Filmemacher Mike Arthur lebte hierfür drei Jahre lang in den Niederlanden, um die Geschichte der „Kirche des Fliegenden Spaghettimonsters" zu studieren. Die Idee zum Film hatte Arthur, nachdem er von laufenden Gerichtsverhandlungen erfuhr und herausfinden wollte, „was genau als Religion gelten könne".[128]

c) Neuseeland

In Neuseeland ist die „Kirche des Fliegenden Spaghettimonsters" staatlich anerkannt und auch befugt, Trauungen durchzuführen, was am 10.12.2015 in der „New Zealand Gazette", der offiziellen Zeitung der neuseeländischen Regierung, bekannt gemacht wurde:

NEW ZEALAND GAZETTE, No. 135 — 10 DECEMBER 2015

Marriage (Approval of Organisations) Notice No. 22

Pursuant to the Marriage Act 1955, the Registrar-General of Marriages hereby gives notice as follows.

Notice

1. This notice may be cited as the Marriage (Approval of Organisations) Notice No. 22.
2. The organisation specified in the Schedule hereto is hereby declared to be an approved organisation for the purpose of the Marriage Act 1955.

Schedule

Church of the Flying Spaghetti Monster.

Dated at Wellington this 10th day of December 2015.

JEFF MONTGOMERY, Registrar-General.

2015-go7246

Dies hatte für Neuseeland weitreichende Folgen. Denn die neuseeländische Regierung hatte zwar bereits im Jahr 2013 die gleichgeschlechtliche Ehe erlaubt, die anglikanische und die katholische Kirche lehnten solche Hochzeiten

126 Quelle: https://kompass.im/2016/01/offiziell-fliegende-spaghettimonster-sind-niederlaendische-religionsgemeinschaft/, aufgerufen am 20.01.2022.

127 Quelle: https://religion.orf.at/v3/stories/2930349/, aufgerufen am 20.02.2022.

128 Quelle: https://www.dutchnews.nl/features/2020/02/i-pastafari-eindhoven-debut-for-film-about-europes-pastafarians/, aufgerufen am 23.01.2022.

allerdings ab. Seit der oben zitierten Anerkennung der „Kirche des Fliegenden Spaghettimonsters“ ist es gleichgeschlechtlichen Paaren in Neuseeland aber möglich, kirchlich zu heiraten. Diese Heirat muss auch nicht mehr staatlich anerkannt werden, da der neuseeländische Staat alle von Religionsgemeinschaften durchgeführten Hochzeiten anerkennt.[129]

Dies hat auch Auswirkungen auf andere Länder wie Deutschland. Denn eine im Ausland geschlossene Ehe wird in Deutschland anerkannt, wenn die für die Trauung im fremden Staat geltenden gesetzlichen Bestimmungen eingehalten wurden.[130] Eine in Neuseeland durch die „Kirche des Fliegenden Spaghettimonsters“ vollzogene Trauung ist also auch in Deutschland gültig.

d) Internationale Gruppierungen

Auf Facebook finden sich Seiten der Gruppierungen „European Council of Pastafarian Churches“ und „European Church of the Flying Spaghetti Monster“. Beide entstanden aus der Idee heraus, eine europäische Kirche zu gründen. Später entschieden sich die Initiatoren jedoch gegen diese Idee und beschränkten ihre Aktivitäten stattdessen auf die Zusammenarbeit im Rahmen einer gemeinsamen europäischen Plattform. Eine tatsächliche internationale Zusammenarbeit hat sich allerdings nicht entwickelt, sodass es sich bei beiden Seiten um Relikte handelt (wobei die Seite der „European Church of the Flying Spaghetti Monster“ die besser besuchte ist).

Echte internationale Zusammenarbeit findet über die Facebook-Seite „International Pastafarian Captain's Conclave“ statt. Dort findet reger Austausch statt und es werden gemeinsame Projekte entwickelt. Die Seite ist nicht öffentlich und steht nur den Landesführern und ggf. einem Stellvertreter der einzelnen Landesgruppen offen.[131]

II. Inhalte

Wie die Entstehungsgeschichte der „Kirche des Fliegenden Spaghettimonsters“ zeigt, bestand *Hendersons* ursprüngliche Motivation darin, der Schulbehörde aufzuzeigen, welche Probleme die Aufnahme der Lehre des „Intelligent Design“ in den Lehrplan staatlicher Schulen mit sich bringt. Er wollte die Evolutionstheorie

---

129 Quelle: https://www.spiegel.de/panorama/gesellschaft/spaghettimonster-pastafaris-neuseeland-und-die-nudel-ehe-a-1068266.html, aufgerufen am 23.01.2022.

130 Dies ergibt sich aus Art. 11 Abs. 1, Art. 13 Abs. 1 EGBGB, § 34 Abs. 1 PStG.

131 Interview mit R. Weida, S. 11 (Anlage 1).

verteidigen und gegen die Lehre vom „Intelligent Design“ Stellung beziehen.[132] Wie *Henderson* im Jahre 2010 sagte, ging er zu dieser Zeit jedoch nicht davon aus, dass die Veröffentlichung seines offenen Briefes an die Schulbehörde die Entstehung der „Church of the Flying Spaghetti Monster“ bzw. des „Pastafarianismus“ nach sich ziehen würde:

> „Es ist nun einige Jahre her, dass das FSM-Phänomen begann und es scheint, dass ihm eine andauernde Kraft innewohnt, die niemand vorhergesehen hat. Die zukünftigen Ziele der Kirche bestehen darin, rechtlich als religiöse Organisation anerkannt zu werden, mit allen damit verbundenen Vorteilen *und Steuerschlupflöchern*, die auch die Mainstream-Religionen genießen.“[133]

In der vorliegenden Arbeit soll die „Kirche des Fliegenden Spaghettimonsters Deutschland e.V.“ als Beispiel für die Fragestellung genutzt werden, ob antikirchliche oder antireligiöse Gruppierungen Weltanschauungsgemeinschaften im Sinne des Religionsverfassungsrecht des Grundgesetzes sein können. Zur Beantwortung dieser Fragen wird es entscheidend sein, eine Betrachtung auf zwei Ebenen vorzunehmen.

Auf der ersten, vordergründigen Ebene wird es um die Lehren des „Pastafarianismus“ gehen, also um eine Darstellung derjenigen Dinge, welche die „Kirche des Fliegenden Spaghettimonsters Deutschland e.V.“ selbst gemäß Satzung als „Religionssatire“ bzw. als „künstlerisches Mittel“ bezeichnet.[134] Bezüglich dieses Aspekts wird auch vom „satirischen Gewand“ gesprochen werden. Hierunter fallen insbesondere die Inhalte, die Bobby Henderson zunächst durch seinen offenen Brief, sodann im Internet und schließlich in seinem „Evangelium des Fliegenden Spaghettimonsters“ veröffentlicht hat. Zur Beleuchtung und Untersuchung der ersten Ebene wird hauptsächlich auf diese Veröffentlichungen Bezug genommen.

Die zweite Ebene, die als Subtext- oder Motivationsebene bezeichnet wird, betrifft die eigentlichen Kernanliegen der „Kirche des Fliegenden Spaghettimonsters“, also die Motivation, für welche das künstlerische Mittel genutzt wird bzw. um welche das „satirische Gewand“ gelegt wird. Wie aufgezeigt, war es *Hendersons* Motivation, die Evolutionstheorie zu verteidigen und die Aufnahme

---

132 Siehe oben, B. I.; so auch *Schinkele*, öarr 67 2020 1.

133 *Wakonigg/Rath*, Das Fliegende Spaghettimonster – Religion oder Religionsparodie?, 2017, S. 49.

134 Satzung der „Kirche des Fliegenden Spaghettimonsters Deutschland e.V.“, § 2 Abs. 1, Quelle: https://www.pastafari.eu/verein/satzung-beitragsordnung/, aufgerufen am 13.05.2021.

des „Intelligent Design“ als Lehrfach zu kritisieren. Die „Kirche des Fliegenden Spaghettimonsters Deutschland e.V.“ beschreibt in ihrer Satzung als Zielsetzung, intolerante und dogmatische Anschauungen und Handlungen zu überhöhen und zu hinterfragen, um auf die Verbreitung einer offenen und toleranten Ethik im Sinne des „evolutionären Humanismus“ und der öffentlichen Meinungsbildung hinzuwirken.[135]

1. Die vordergründige, satirische Ebene

a) *Hintergründe des „Pastafarianismus“*

Der „Pastafarianismus“ entwickelte sich aus dem von Henderson verfassten und im Jahre 2005 erschienenen Werk „The Gospel of the Flying Spaghetti Monster“.[136] In diesem Werk legt Henderson auf satirische Art die Gründe für seine Überzeugung dar, dass die Evolutionstheorie nach Darwin der biblischen Schöpfungsgeschichte und dem „Intelligent Design“ nicht nur vorzuziehen ist, sondern dass letztere keine legitime Basis dafür haben, als wissenschaftliche Theorien anerkannt und an Schulen gelehrt zu werden.

Im ersten Abschnitt des Buchs stellt Henderson einige generelle Überlegungen zu der Frage an, welche Kriterien eine wissenschaftliche Theorie erfüllen sollte. Unter dem satirischen Titel „Hier irrt die Wissenschaft“[137] befasst Henderson sich mit den Denkansätzen der Kreationisten und der Vertreter des „Intelligent Design“. Insbesondere fokussiert er dabei die Behauptung, die biblische Schöpfungsgeschichte bzw. die Lehre des „Intelligent Design“ verdienten genauso viel Aufmerksamkeit wie die Evolutionstheorie, da letztere ebenso unbewiesen sei wie erstere. Henderson hält dem entgegen, es sei absurd zu glauben, das „Intelligent Design“ bzw. die biblische Schöpfungsgeschichte seien allein deshalb, weil sie nicht widerlegt werden können, genauso ernst zunehmen wie die Evolutionstheorie. Dies begründet er anhand einer *reductio ad absurdum* am Beispiel der Gravitation.

---

135 Satzung der „Kirche des Fliegenden Spaghettimonsters Deutschland e.V.“, § 2 Abs. 1, Quelle: https://www.pastafari.eu/verein/satzung-beitragsordnung/, aufgerufen am 13.05.2021.

136 Das Buch erschien zunächst bei Villard Books und wurde später von HarperCollins Publisher verlegt. In der vorliegenden Untersuchung wurde die deutsche Übersetzung herangezogen. Stellen, die sich in der deutschen Übersetzung vom englischen Original inhaltlich unterscheiden, werden entsprechend kenntlich gemacht.

137 *Henderson*, Das Evangelium des Fliegenden Spaghettimonsters, 2008, S. 15–75.

aa) *Satire zur Ursache der Schwerkraft*

Hendersons *reductio ad absurdum* bezieht sich auf die Behauptung, dass die Schwerkraft hinsichtlich ihrer Ursache nicht bewiesen sei und dass es, wäre das Argument der Kreationisten schlüssig, also auch möglich sei, dass das „Fliegende Spaghettimonster" die Menschheit mit seinen „Nudeligen Anhängseln" auf die Erde drückt:

> „Betrachten wir die Schwerkraft, also die Anziehungskraft, die physische Massen aufeinander ausüben. Wir wissen manches über ihre Wirkung und Eigenschaften, aber rein gar nichts über ihre Ursache. Warum ziehen sich Massen gegenseitig an? Bis wir eine beweisbare Antwort auf diese Frage gefunden haben, ist es unverantwortlich, Studenten etwas beizubringen, das reine Theorie ist. Wollen wir uns jedoch mit der Schwerkraft beschäftigen, scheint es nur vernünftig, allen Theorien ein gleiches Maß an Aufmerksamkeit zu widmen, da sie allesamt bisher weder bewiesen noch widerlegt sind. Ich behaupte hiermit in aller Form, dass hinter dieser sonderbaren und oftmals missverstandenen Kraft das Fliegende Spaghettimonster steht. Was, wenn Es uns in Wahrheit mit seinen Nudeligen Anhängseln auf die Erdoberfläche drückt?"[138]

Diese Ausführungen erinnern an eine Analogie, die *Bertrand Russel* in seinem Essay „Gibt es einen Gott?" von 1952 bemühte. Russell schreibt dort, niemand könne belegen oder widerlegen, dass zwischen Erde und Mars eine Porzellan-Teekanne auf einer elliptischen Umlaufbahn die Sonne umkreist. Aus der Tatsache, dass sich diese Behauptung – wie beliebig viele weitere Aussagen – nicht belegen oder widerlegen lässt, könne aber nicht gefolgert werden, dass sie es verdient, ernstgenommen zu werden.[139] Dieselbe Gedankenfigur liegt Hendersons Ausführungen zugrunde: Aus dem Umstand, dass die Evolutionstheorie in einem strikten Sinn des Wortes genauso unbewiesen ist wie die biblische Schöpfungsgeschichte bzw. die Lehre des „Intelligent Design", lasse sich nicht ableiten, dass letztere dieselbe Aufmerksamkeit verdienen wie erstere. Denn wenn es um Behauptungen über die Existenz übersinnlicher oder in anderer Weise nicht empirisch nachweisbarer Entitäten geht, liege die Beweislast bei demjenigen, der die Existenz dieser Entitäten behauptet, nicht umgekehrt.[140] Es genüge also nicht aufzuzeigen, dass die biblische Schöpfungsgeschichte bzw. die Lehre des „Intelligent Design" nicht widerlegt wurden bzw. werden können, mithin rein

---

138 *Henderson*, Das Evangelium des Fliegenden Spaghettimonsters, 2008, S. 16.

139 *Wakonigg/Rath*, Das Fliegende Spaghettimonster – Religion oder Religionsparodie?, 2017, S. 23 ff.

140 *Wakonigg/Rath*, Das Fliegende Spaghettimonster – Religion oder Religionsparodie?, 2017, S. 30.

auf negative Gründe abzuheben. Zu nennen wären stattdessen positive Gründe, aufgrund derer man an die Wahrheit dieser Theorien glauben sollte – und genau diese könnten Befürworter der biblischen Schöpfungsgeschichte bzw. der Lehre des „Intelligent Design“ nicht anführen.

Dieses Argument wird von vielen religionskritischen Gruppierungen in Anschlag genommen, z. B. von den Anhängern der Theorie des Unsichtbaren Rosafarbenen Einhorns (IPU – Invisible Pink Unicorn), welche seit dem Jahr 1990 im Internet zu finden ist. Diese Religionsparodie geht indes noch über das soeben dargestellte Argument hinaus. Denn hier wird nicht nur eine Entität eingeführt, deren Existenz nicht widerlegbar ist, sondern diese wird darüber hinaus auch noch mit zwei widersprüchlichen Eigenschaften versehen (unsichtbar und rosafarben). Dies stellt vermutlich eine Parodie auf die Eigenschaften-Trias „allmächtig, allwissend, allgütig“ des christlichen Gottes dar, die insofern in Widerspruch zueinanderstehen, als ein allwissender und allgütiger Gott aufgrund seiner Allmächtigkeit unverdientes Leid in der Welt nicht zulassen würde.[141]

bb) Satire zur empirischen Belegbarkeit und Wissenschaftlichkeit des Intelligent Design“

Auf der Grundlage des eben dargestellten Arguments erteilt Henderson den Vertretern des „Intelligent Design“ eine Absage, soweit diese ihre Theorien als wissenschaftlich belegt ansehen. So argumentiert Henderson in dem Kapitel „Auf dem Weg zur neuen SuperScience“[142] beispielsweise, die Durchschnittsgröße der Menschen habe sich in den letzten zweitausend Jahren deswegen erhöht, weil die Weltbevölkerung zugenommen habe, wobei dem „Fliegenden Spaghettimonster“ bei gleichbleibender Anzahl seiner „Nudeligen Anhängsel“ weniger Mittel zur Verfügung stünden, um die größere Anzahl von Menschen auf die Erdoberfläche zu drücken.[143]

Abermals im Stile einer *reductio ad absurdum* argumentiert Henderson zudem, es wäre kurzsichtig anzunehmen, dass übernatürliche Theorien wie die des „Intelligent Design“ in der Wissenschaft keinen Platz hätten. Selbstverständlich seien übernatürliche, magische, metaphysische und irreale Theorien hilfreich, wie sich schon an der Entdeckung neuer Länder in den Jahren 1400 bis

---

141 *Wakonigg/Rath*, Das Fliegende Spaghettimonster – Religion oder Religionsparodie?, 2017, S. 31.

142 *Henderson*, Das Evangelium des Fliegenden Spaghettimonsters, 2008, S. 26–33.

143 *Henderson*, Das Evangelium des Fliegenden Spaghettimonsters, 2008, S. 17.

1600 zeige. Obwohl den Entdeckern zu dieser Zeit keine motorisierten Schiffe und kaum verlässliche Karten zur Navigation zur Verfügung standen und sie nur Kompass, Jakobsstab oder Astrolabium nutzen konnten, gelang es ihnen, mehr als 14 Millionen Quadratkilometer neues, nutzbares Land zu entdecken. Dies, so Hendersons satirische Erklärung, konnte nur durch die Bereitschaft erreicht werden, sich mit Übernatürlichem zu befassen. Die moderne Wissenschaft hingegen, welche Satellitenbilder und GPS nutzen könne, habe im Vergleich hierzu nur drei weitere Prozent an Neuland entdeckt.[144]

b) Grundsätze und Lehren des „Pastafarianismus"

aa) Die Entstehung und Entwicklung des Menschen

Eine zentrale Lehre des „Pastafarianismus" lautet, dass das Universum vor fünftausend Jahren vom „Fliegenden Spaghettimonster" erschaffen wurde. Die Erde sei dabei in 0,062831853[145] Sekunden erschaffen, aber so gestaltet worden, dass sie erheblich älter wirkt. Beispielsweise habe das „Fliegende Spaghettimonster" in großer Anzahl Dinosaurierknochen auf der Erde deponiert, um den Anschein zu erwecken, die Dinosaurier hätten vor Jahrmillionen gelebt.[146]

(1) Schöpfungsgeschichte

Im „Evangelium des Fliegenden Spaghettimonsters" findet sich eine Schöpfungsgeschichte,[147] welche an die der christlichen Bibel im Buch Genesis[148] erinnert, diese jedoch bezüglich ihres Inhalts und Stils parodiert.

Laut der Schöpfungsgeschichte des „Pastafarianismus" trennte das „Fliegende Spaghettimonster" am ersten Schöpfungstag das Licht von der Finsternis und nannte das Licht „Tag" und die Finsternis „Nacht oder beste Sendezeit".[149] Mit Ausnahme der Bezeichnung „beste Sendezeit" besteht Übereinkunft mit der biblischen Schöpfungsgeschichte.[150]

Am zweiten Tag trennte das „Fliegende Spaghettimonster" das Wasser vom Land. Auf dem Land erschuf das „Fliegende Spaghettimonster" einen Vulkan,

---

144 *Henderson*, Das Evangelium des Fliegenden Spaghettimonsters, 2008, S. 26 ff.

145 Diese Zahl entspricht der Berechnung $2\pi/100$ und ist in der Mathematik, insbesondere in der Bogenmaßberechnung, häufig anzutreffen.

146 *Henderson*, Das Evangelium des Fliegenden Spaghettimonsters, 2008, S. 79 f.

147 *Henderson*, Das Evangelium des Fliegenden Spaghettimonsters, 2008, S. 101 ff.

148 Genesis 1:1–2:4.

149 *Henderson*, Das Evangelium des Fliegenden Spaghettimonsters, 2008, S. 101.

150 Vgl. Genesis 1,3–5.

der Bier speit, sowie Höhlen, welche Piraten Zuflucht bieten.[151] Auch gemäß der biblischen Schöpfungslehre schied Gott am zweiten Schöpfungstag das Wasser, allerdings nicht vom Land, sondern vom Himmel. Die Trennung zwischen Wasser und Erde erfolgte laut der biblischen Schöpfungsgeschichte indes erst am dritten Tag. Dort wird aber weder von der Errichtung eines Biervulkans noch von Höhlen berichtet.[152] Ein weiterer Unterschied besteht darin, dass Henderson auf die Trennung zwischen Himmel und Erde verzichtet.

Gemeinsam ist beiden Darstellungen hingegen, dass am dritten Schöpfungstag das Pflanzenreich erschaffen wurde. In Hendersons Parodie werden aus den Früchten der Pflanzen Speisen nach dem Ebenbild des „Fliegenden Spaghettimonsters“ zubereitet.[153]

Gemeinsamkeiten bestehen auch hinsichtlich der Beschreibung des vierten Schöpfungstages. In beiden Darstellungen werden an diesem Tag Himmelskörper am Gewölbe des Himmels angebracht, wobei Henderson in diesem Zusammenhang erstmals von der Feste des Himmels spricht.[154]

Der fünfte Schöpfungstag ist in Hendersons „Evangelium“ mit „Der Urknall“ überschrieben. Nach der dortigen Darstellung erschuf das „Fliegende Spaghettimonster“ an diesem Tag die Meerestiere, die Vögel und die Landtiere. Im Anschluss berauschte es sich am Bier des Vulkans und erschuf in diesem Zustand eine Fabrik, die spärlich bekleidete Frauen auf transparenten High Heels produziert. Währenddessen hatte die Erde ein Geschöpf hervorgebracht, dem das „Fliegende Spaghettimonster“ den Namen „Mensch“ gab. Nachdem das „Fliegende Spaghettimonster“ am Nachmittag des fünften Tages berauscht eingeschlafen war, fiel es aus dem Bett und auf das Firmament. Das dadurch entstandene Geräusch nannte das „Fliegende Spaghettimonster“ „Urknall“. Aufgrund dieser Ereignisse beschloss das „Fliegende Spaghettimonster“, die Schöpfung zu pausieren. So bestimmte es den Freitag als den für die Menschen freien Tag, welchen es sodann segnete.[155] Weitere Beschreibungen der Schöpfung unter Nennung von Schöpfungstagen finden sich in der Parodie Hendersons nicht. Hier bestehen also deutliche Unterschiede zur biblischen Schöpfungslehre. Denn in dieser

151 *Henderson*, Das Evangelium des Fliegenden Spaghettimonsters, 2008, S. 101.

152 Vgl. Genesis 1,6–10.

153 *Henderson*, Das Evangelium des Fliegenden Spaghettimonsters, 2008, S. 102; vgl. Genesis 1,11–12.

154 *Henderson*, Das Evangelium des Fliegenden Spaghettimonsters, 2008, S. 102; vgl. Genesis 1,14–19.

155 *Henderson*, Das Evangelium des Fliegenden Spaghettimonsters, 2008, S. 103.

wurden die Meerestiere und die Vögel zwar ebenfalls am fünften Tag erschaffen, die Landtiere und die Menschen hingegen erst am sechsten Tag. Die Vollendung der Schöpfung und deren Segnung sowie die Bestimmung des Ruhetages erfolgten in der biblischen Schöpfungsgeschichte erst am siebten Tag.[156]

Auch bezüglich der Erschaffung des Menschen bestehen signifikante Unterschiede. Die Bibel beschreibt die Erschaffung des Menschen als bedachtes Werk Gottes. Der Mensch wird dabei aus einem Klumpen Lehm geformt und erhält eine Seele, indem Gott ihm den Odem in die Nase bläst.[157] Er soll Ebenbild Gottes sein und über die Meeres- und Landtiere sowie über die Vögel herrschen.[158]

Es ist unklar, wie genau Hendersons Beschreibung des fünften Schöpfungstages zu interpretieren ist. Man könnte sie als Stellungnahme für die Evolutionstheorie deuten, da Henderson den Menschen als ein zufälliges Produkt darstellt, welches das „Fliegende Spaghettimonster" nach dem Urknall entdeckt hat. Es wäre aber auch möglich, dass Henderson hiermit die These des „Intelligent Design" parodieren möchte, laut derer es nur durch die geistige Verursachung einer außernatürlichen Intelligenz zu neuen und innovativen „Designs" von Lebewesen kommen könne.[159]

(2) Der Olivengarten Eden

Im „Evangelium des Fliegenden Spaghettimonsters" beschreibt Henderson, dass das „Fliegende Spaghettimonster" für den Menschen einen Olivengarten namens „Eden" anlegte. Dem Menschen sollte dabei alles zur Verfügung stehen, was der Olivengarten anzubieten hat – mit Ausnahme eines Olivenbaums, von dem er nicht essen solle. Zudem formte das „Fliegende Spaghettimonster" die Tiere des Feldes und alle Vögel und führte sie zu ihm, damit er sie benenne. Später ließ das „Fliegende Spaghettimonster" den Menschen in einen tiefen Schlaf fallen, entnahm ihm eine Rippe und schuf daraus die Frau. Weiter beschreibt Henderson, dass das „Fliegende Spaghettimonster" bestimmte, dass ein Mann seine Eltern verlassen müsse, um bei seiner Frau zu sein.[160]

Diese Beschreibung stimmt weitgehend mit der biblischen Geschichte des Garten Eden und der Schöpfung Evas überein.[161] Unterschiede bestehen darin,

156 Genesis 1,20–2,7.

157 Genesis 2,7.

158 Genesis 1,26.

159 Siehe oben, Fn. 81.

160 *Henderson*, Das Evangelium des Fliegenden Spaghettimonsters, 2008, S. 103 f.

161 Vgl. Genesis 2,5–2,24.

dass die biblische Geschichte von der Schöpfung eines Stroms berichtet, welcher sich in die vier Flüsse Pischon, Gihon, Tigris und Euphrat teilt.[162] Eine Parodie hierauf findet sich in Hendersons Evangelium nicht. Weitere Unterschiede bestehen darin, dass der verbotene Baum in der biblischen Geschichte der Baum der Erkenntnis von Gut und Böse genannt wird,[163] wohingegen in Hendersons Parodie von einem Olivenbaum gesprochen wird. In der biblischen Geschichte gebietet Gott, nicht vom Baum der Erkenntnis von Gut und Böse zu essen, da der Mensch an dem Tage, an dem er davon esse, sterbe.[164] Während sich in der biblischen Schöpfungsgeschichte keine Begründung für diese Konsequenz findet, erklärt das „Fliegende Spaghettimonster“ in Hendersons Parodie die Gründe für das Verbot damit, dass der Mensch Gefahr laufe, sich an einem Olivenkern zu verschlucken und zu ersticken oder sich einen Zahn auszubrechen.[165]

Sowohl in der biblischen Schöpfungsgeschichte als auch in Hendersons Parodie verstößt der Mensch gegen das Gebot. In Hendersons Geschichte fällt die Darstellung des Sündenfalls im Vergleich zur biblischen Geschichte jedoch recht kurz aus. Die Bibel beschreibt die Verführung des Menschen durch die Schlange, welche Eva mit dem Versprechen, wie Gott zu sein, dazu bringt, die Frucht des verbotenen Baumes zu essen und Adam zur selben Tat zu verleiten. Weiter wird erwähnt, dass Gott die Schlange und die Menschen damit bestraft, von nun an unter Mühsal leben zu müssen und sterblich zu sein.[166]

In Hendersons Version des Sündenfalls hingegen misst das „Fliegende Spaghettimonster“ dem Verstoß des Menschen nur wenig Bedeutung zu. Bosheit erkennt es lediglich darin, dass der Mensch ihm wahrheitswidrig mitteilt, kein Brot mehr zu haben.[167] Zudem fällt auf, dass Hendersons Geschichte keine Entsprechung zur Schlange enthält. Ob damit eine Botschaft einhergeht, konnte nicht recherchiert werden. Eine an Bobby Henderson gerichtete Anfrage diesbezüglich blieb unbeantwortet. Auch der seinerzeitige Vorsitzende der „Kirche des Fliegenden Spaghettimonsters Deutschland e.V.“ konnte auf Anfrage keine Erklärung anbieten.[168]

---

162 Genesis 2,10–2,14.

163 Genesis 2,9.

164 Genesis 2,17.

165 *Henderson*, Das Evangelium des Fliegenden Spaghettimonsters, 2008, S. 103.

166 Genesis 3,13–3,19.

167 *Henderson*, Das Evangelium des Fliegenden Spaghettimonsters, 2008, S. 104 f. Während im englischen Original diesbezüglich von „breadsticks“ die Rede ist, spricht die deutsche Übersetzung von „Knobibrot“.

168 Interview mit R. Weida, S. 10 (Anlage 1).

(3) Die Sintflut

Zusätzlich zu Schöpfungsgeschichte und Sündenfall parodiert Henderson auch die biblische Geschichte der Sintflut. War diese nach der biblischen Geschichte eine Strafe Gottes und somit ein bewusster Akt,[169] ist die Sintflut in Hendersons Version ein unbeabsichtigt eintretendes Ereignis, das verursacht wurde, indem das „Fliegende Spaghettimonster" Nudelwasser in einen Ausguss schüttete, ohne zu wissen, dass dieser Ausguss direkt zu den Menschen führt.[170] Nach der deutschen Übersetzung des „Evangeliums des Fliegenden Spaghettimonsters" tat dieses Malheur dem „Fliegenden Spaghettimonster" zwar leid, doch es warnte lediglich Noah, seine Frau, seine Söhne Ham, Burg und Pauli und deren Frauen. Das „Fliegende Spaghettimonster" gebot Noah, eine Arche zu bauen und von allen Tierarten ein Paar zu retten. Hier bestehen Unterschiede zum englischen Original, in welchem Noah, dessen Frau sowie seine drei Söhne Ham, Cheese und Omel in der „Big Noahs Floating Menangerie" arbeiten, welche sich bereits in einer großen Arche befindet, als die Flut einsetzt.[171]

Anders als in der biblischen Schöpfungsgeschichte kommt Noahs Arche in Hendersons Parodie nicht auf dem Berg Arafat, sondern auf dem Berg Ara-rat zu liegen. Zudem gerät Noah in Hendersons Geschichte während der Flut in Schlachten mit Piraten.[172] Es ist davon auszugehen, dass Henderson hier die Bedeutung der Piraterie hervorheben wollte, die für seine satirische Darstellung durchgehend wichtig ist.

(4) Der Turmbau zu Döner

In der deutschen Übersetzung des „Evangeliums des Fliegenden Spaghettimonsters" findet sich die Beschreibung des „Turmbaus zu Döner", wobei es sich um eine Parodie auf die biblische Geschichte des Turmbaus zu Babel handelt.[173] Im englischen Original bezeichnet Henderson das Gebäude als den „Tower of Scrapple".[174] In seiner Parodie beschreibt Henderson, wie die Söhne

---

169 Genesis 6,15–7,24.

170 *Henderson*, Das Evangelium des Fliegenden Spaghettimonsters, 2008, S. 105.

171 *Henderson*, The Gospel of the Flying Spaghetti Monster, 2006, S. 94.

172 *Henderson*, Das Evangelium des Fliegenden Spaghettimonsters, 2008, S. 106.

173 Genesis 11,1–9.

174 *Henderson*, The Gospel of the Flying Spaghetti Monster, 2006, S. 95. Scrapple ist eine Fleischspezialität aus den USA, die auch pan haus oder Panhaas genannt wird. Es ist ein typisches Rezept aus der Küche der Nachkommen deutscher Einwanderer, die vor allem im Nordosten der USA im Staat Pennsylvania sowie in einigen Regionen von New England an der Ostküste der USA leben. Das Gericht wird aus Schweinekopf,

Noahs in verschiedene Himmelsrichtungen zogen und Lokale gründeten, um die Menschheit mit Lebensmitteln zu versorgen. Um seinen Profit zu maximieren, beschloss Ham, aus Schweineresten, Abfall, Sägemehl und Speiseresten ein Nahrungsmittel namens Döner herzustellen (in der Originalfassung Scrapple). Sodann bediente er sich Nimrods, um die Speise zu vermarkten. Nachdem sich allerdings niemand für die Döner (Scrapple) interessierte, formten sie stattdessen einen Turm aus dem Nahrungsmittel, mit dem Ziel, diesen als Touristenattraktion zu vermarkten. Das missfiel dem „Fliegenden Spaghettimonster", da der Turm stank und Fliegen anzog. So befahl das „Fliegende Spaghettimonster" dem Nimrod, den Turm abzureißen, was dieser auch tat.[175]

Laut der biblischen Schöpfungsgeschichte fanden einige Nachkommen der Kinder Noahs in dem Land Sinear ein ebenes Land, auf welchem sie einen Turm bauen wollten, dessen Spitzen bis an den Himmel reichten. Dadurch wollten sie verhindern, zerstreut zu werden. Zu diesem Zeitpunkt sprach die gesamte Bevölkerung noch dieselbe Sprache.[176] Der Turmbau missfiel Gott, da er hierin Hochmut der Menschen sah. Zur Strafe verwirrte er die Sprachen der Menschen, sodass sie einander nicht mehr verstanden. Der Turmbau scheiterte und die Menschen zerstreuten sich in alle Länder.[177]

(5) Moses

Für eine weitere Parodie auf eine biblische Thematik greift Henderson auf die Geschichte Moses' und dessen Auszug mit den Israeliten aus Ägypten zurück. Der biblischen Überlieferung nach wurde Moses nach seiner Geburt am Ufer des Nils ausgesetzt und von der Tochter des Pharaos gefunden.[178] Während Moses als Erwachsener seiner Arbeit als Schaf- und Ziegenhirte nachging, wurde er von Gott, der durch einen brennenden Dornbusch zu ihm spricht, beauftragt, die Unterdrückung der Israeliten in Ägypten zu beenden, indem er sie aus Ägypten in das

-herz, -leber und anderen Innereien sowie Knochen und kleineren Fleischstücken hergestellt. Ursprünglich diente diese Art der Zubereitung dazu, möglichst wenig von einem geschlachteten Schwein wegwerfen zu müssen. Quelle: https://www.fleischtheke.info/internationale-fleisch-und-wurstspzialitaeten/scrapple.php, aufgerufen am 20.12.2021.

175 *Henderson*, Das Evangelium des Fliegenden Spaghettimonsters, 2008, S. 106 f.; *Henderson*, Gospel of the Flying Spaghetti Monster, 2006, S. 74 f.

176 Genesis 1,2: „Es hatte aber alle Welt einerlei Zunge und Sprache."

177 *Henderson*, Das Evangelium des Fliegenden Spaghettimonsters, 2008, S. 106 f.

178 Exodus 2,1–10.

kanaanäische Land führen sollte.[179] Hierzu wurde ihm aufgetragen, den Pharao um Erlaubnis zu bitten, die Israeliten in die Wüste zu führen, um Gott zu Ehren ein Fest zu feiern.[180] Dies erlaubte der Pharao nicht. Gott bestrafte ihn mit zehn Plagen bestraft: Umwandelung allen Wassers in Blut, Froschplage, Stechmücken, Stechfliegen, Viehpest, schwarze Blattern, Hagel, Heuschreckenplage, Finsternis und Tod aller Erstgeborenen.[181] Trotz der ersten neun Plagen erlaubte der Pharao den Auszug der Israeliten aus Ägypten weiterhin nicht. Vor dem Vollzug der letzten Plage, der Tötung aller Erstgeborenen, gab Gott den Israeliten den Befehl, am zehnten des Monats ein Lamm zu schlachten, dieses zu essen und ihre Türen mit dem Blut der geschlachteten Lämmer zu bestreichen. Von dem Lamm sollte nichts übrigbleiben; Reste sollten verbrannt werden. Die Israeliten sollten sich gürten, Schuhe tragen und einen Stab in der Hand halten. Von der Tötung der Erstgeborenen sollten all jene verschont bleiben, die diesem Befehl nachkamen und als Zeichen hierfür ihre Türen mit dem Blut eines Lamms markierten.[182] Nachdem Gott wie angekündigt alle Erstgeborenen der Ägypter durch einen Engel töten ließ, unter denen auch der erstgeborene Sohn des Pharaos war, ließ der Pharao noch in derselben Nacht Moses rufen, um ihm mitzuteilen, dass er nun mit den Israeliten aus Ägypten ausziehen könne.[183]

In seiner Parodie auf die Geschichte von Moses beschreibt Henderson das Florieren von Spelunken, in denen immer mehr „Brutzelköche" (im Original shortorder cooks[184]) arbeiteten. Dies missfiel Phil, dem Chef der Nachtschicht, der seine Autorität in Gefahr sah und daher die Einstellung neuer Brutzelköche verbot. Trotz des Verbotes schaffte es Mosey, ein kleiner Junge, sich durch ununterbrochenes Reden einen Job als Koch zu verschaffen. Nach einiger Zeit war Mosey jedoch mit der schlechten Behandlung und den langen Arbeitszeiten nicht mehr einverstanden, sodass er in das Büro des Managers ging, seine Schürze auf den Boden warf und kündigte.[185] Dies weckte die Aufmerksamkeit des „Fliegenden Spaghettimonsters", welches Mosey über die nächsten Jahre hinweg im Auge behielt. Nach vielen Jahren dachte das „Fliegende Spaghettimonster" an Mosey und fand ihn in einer Wüste, in welcher er Pläne für ein großes Piratenschiff entwarf. Da das „Fliegende Spaghettimonster" mit der schlechten Behandlung der Brutzelköche durch Phil nicht mehr

179 Exodus 3,1–22.
180 Exodus 5,1.
181 Exodus 7,20–11,4.
182 Exodus 12,1–12.
183 Exodus 12,29–32.
184 *Henderson*, The Gospel of the Flying Spaghetti Monster, 2006, S. 96.
185 *Henderson*, Das Evangelium des Fliegenden Spaghettimonsters, 2008, S. 107 f.

einverstanden war, sprach es zu Mosey, und zwar durch ein verbranntes Marshmallow. Es forderte ihn auf, die Pläne für den Schiffbau beiseitezulegen, und berichtete ihm von seiner Absicht, dem Elend der geknechteten Brutzelköche ein Ende zu bereiten und sie in ein Land hinauszuführen, in dem Bier und Tomatensoße fließen.[186] Der Auftrag an Mosey lautete, eine eigene Spelunke mit dem Namen „Olivengarten“ zu eröffnen und Köche anzuheuern, welche Speisen nach dem Geschmack des „Fliegenden Spaghettimonsters“ zubereiten sollten. Diesen Plänen verweigerte sich Phil dadurch, dass er den Köchen den letzten Lohn vorenthalten wolle, wenn diese Mosey folgen. Um Phils Willen zu brechen, strafte das „Fliegende Spaghettimonster“ ihn mit drei Plagen: einem Regen aus Tomatensoße, einem Hackballhagel und einer Endlosschleife des Liedes „I'm the Makkeda Daddy“ von Kid Abyssinia im Kopf von Phil.[187] Dies führte dazu, dass Phil nachgab.

Im Gegensatz zur biblischen Geschichte beschreibt Henderson keine Tötung der Erstgeborenen. Die Brutzelköche werden zwar ebenfalls instruiert, ihre Türpfosten zu markieren, dies allerdings nicht mit Blut, sondern mit Tomatensoße. Wie in der biblischen Geschichte werden die Brutzelköche angewiesen, sich zu gürten, allerdings sollen sie zudem einen Säbel tragen sowie eine Augenklappe und einen Papagei auf der Schulter. Zusammengenommen sollte dies bezeugen, dass sie von nun an keine Brutzelköche mehr sind, sondern Piraten.[188]

Auch die Verfolgung der Israeliten in der Wüste durch den Pharao wird von Henderson parodiert. In der biblischen Geschichte kommt es zur Verfolgung, nachdem der Pharao seine Entscheidung, die Israeliten ziehen zu lassen, bereut und seinen Truppen befiehlt, den Israeliten zu folgen. Am Roten Meer teilt Moses mit der Hilfe Gottes das Meer durch Erhebung seines Stabes, sodass die Israeliten hindurchziehen können. Die ägyptischen Truppen, die die Israeliten verfolgen, werden durch das zurückkehrende Meerwasser getötet.[189] In der Parodie läuft Phil, der sein Einverständnis ebenfalls bereut, den Brutzelköchen hinterher, bis er an einen großen Teppich voll Tomatensoße gelangt, die noch von der Plage übrig ist. Das „Fliegende Spaghettimonster“ fordert Mosey auf, eine Packung Nudeln zu erheben und die Tomatensoße zu teilen. Nachdem die Brutzelköche am sicheren Ufer sind, lässt Mosey die Tomatensoße über Phil kommen, der sich daraufhin in einen dicken Fleischklops verwandelt. Aus Mosey wird in der Folge „Mosey, der Pirat“.[190]

---

186 *Henderson*, Das Evangelium des Fliegenden Spaghettimonsters, 2008, S. 107 f.
187 *Henderson*, Das Evangelium des Fliegenden Spaghettimonsters, 2008, S. 108 f.
188 *Henderson*, Das Evangelium des Fliegenden Spaghettimonsters, 2008, S. 108 f.
189 Exodus 2,14–29.
190 *Henderson*, Das Evangelium des Fliegenden Spaghettimonsters, 2008, S. 109 f.

(6) Die Bedeutung der Piraterie

Laut Hendersons „Evangelium" sind die Piraten das auserwählte Volk des „Fliegenden Spaghettimonsters". Demnach war vor 2.500 Jahren die „goldene Zeit der Piraten".[191] Zu dieser Zeit habe das „Fliegende Spaghettimonster" seine bisherige Strategie, sein Schöpfungswerk zu tarnen, aufgegeben und die Menschen angewiesen, in großen Holzschiffen auf dem Wasser zu leben, die mit Grog, Beute und möglichst vielen Weibern zu beladen sein hatten.[192] Zwar gebe es aufgrund des Umstands, dass die meisten Piratenschiffe in der Zwischenzeit versunken sind, keine detaillierten Berichte dazu, doch seien die Piraten zu keinem Zeitpunkt Diebe und Ausgestoßene gewesen. Diese Beschreibung resultiere aus den christlichen Theologien des Mittelalters. Vielmehr seien die ersten „Pastafarianer" friedliebende Entdecker und Verbreiter guten Willens gewesen, die Süßigkeiten an Kinder verteilten und damit den Grundstein für das heutige Halloween legten.[193] Obwohl die Piraten derart friedliebend gewesen seien, hätten sich die „Hare Krishnas" zusammengerottet und die Piraten bis zur Ausrottung verfolgt. Dies habe erst geendet, als sich die übrigen Religionen gegeneinander wandten und die Piraten Schutz in Höhlen suchten.[194]

Mit dieser Darstellung parodiert Henderson erneut die biblische Darstellung des Volkes Israel, welches im 2. Buch Mose (Exodus) und im 5. Buch Mose (Deuteronomium) als das durch Gott erwählte Volk beschrieben wird:

> „Denn du bist ein heiliges Volk dem HERRN, deinem Gott; und der HERR hat dich erwählt, dass du sein Eigentum seist, aus allen Völkern, die auf Erden sind."[195]

Hiermit könnte Henderson auf die Verfolgung von Menschen jüdischen Glaubens angespielt haben. Dieser Gedanke liegt zumindest nahe, wenn Henderson schreibt, dass die Piraten – ebenso wie Menschen jüdischen Glaubens – über Jahrhunderte hinweg verfolgt wurden:

> „Fast bis zur Ausrottung wurden die Piraten gejagt, die deshalb ein paar Jahrhunderte lang reichlich genervt waren."[196]

---

191 *Henderson,* Das Evangelium des Fliegenden Spaghettimonsters, 2008, S. 82.
192 *Henderson,* Das Evangelium des Fliegenden Spaghettimonsters, 2008, S. 82.
193 *Henderson,* Das Evangelium des Fliegenden Spaghettimonsters, 2008, S. 82 f.
194 *Henderson, Das Evangelium des Fliegenden Spaghettimonsters*, 2008, S. 86.
195 Dt. 5,14.
196 *Henderson*, Das Evangelium des Fliegenden Spaghettimonsters, 2008, S. 86.

Weiterhin beschreibt Henderson, dass sich viele Piraten in der Straße von Malaysia versteckten, während andere berühmte Sportartikelketten eröffneten.[197] Mit der Straße von Malaysia könnte Henderson die Straße von Malakka meinen, eine Meerenge in Südostasien zwischen der Malaiischen Halbinsel und der Nordostküste von Sumatra. Diese Meerenge war aufgrund ihrer Bedeutung für den Ölhandel lange eine der am stärksten von Piraten heimgesuchten Wasserstraßen.[198] Mit der Eröffnung berühmter Sportartikelketten dürfte Henderson die Columbia Sportswear Company gemeint haben, welche im Jahr 1938 von dem jüdischen Textilfabrikanten Paul Lamfrom gegründet wurde, der aufgrund der bevorstehenden Judenverfolgung im Jahr 1937 aus Deutschland geflohen war.[199] Auch dies könnte dafür sprechen, dass Henderson mit der Verfolgung der Piraten auf die Verfolgung von Juden anspielt.

(7) Die „8 Am Liebsten Wäre Mir's“

Zuletzt parodiert Henderson den Empfang der Zehn Gebote durch Moses auf dem Berg Sinai, welche Moses nach der biblischen Überlieferung im dritten Monat des Auszugs der Israeliten aus Ägypten erhielt. Die Zehn Gebote aus der Bibel lauten:

1. Du sollst keine anderen Götter neben mir haben.
2. Du sollst den Namen des Herrn, deines Gottes, nicht missbrauchen.
3. Du sollst den Sabbat heiligen.
4. Du sollst deinen Vater und deine Mutter ehren.
5. Du sollst nicht töten.
6. Du sollst nicht ehebrechen.
7. Du sollst nicht stehlen.
8. Du sollt nicht falsch Zeugnis reden wider deinen Nächsten.
9. Du sollst nicht begehren deines Nächsten Haus.
10. Du sollt nicht begehren Deines Nächsten Weib, Knecht, Magd, Vieh noch alles, was dein Nächster hat.[200]

In Hendersons Parodie kommen die Brutzelköche im dritten Monat nach dem Auszug aus Phils Spelunke an den Fuß des Berges Salsa. Dort erhält Mosey gute Ratschläge des „Fliegenden Spaghettimonsters“, welche in zehn steinerne Tafeln

---

197 *Henderson*, Das Evangelium des Fliegenden Spaghettimonsters, 2008, S. 86.

198 Quelle: https://content.time.com/time/world/article/0,8599,1893032,00.html, aufgerufen am 26.09.2021.

199 Quelle: https://web.archive.org/web/20090719222148/http://www.columbia.com/who/overview.aspx, aufgerufen am 26.09.2021.

200 Exodus 19,1–20,17.

gemeißelt sind. Diese Ratschläge will Mosey Gebote nennen, doch das „Fliegende Spaghettimonster" interveniert und bestimmt stattdessen die Bezeichnung „Am Liebsten Wäre Mir's" (im englischen Original: I'd Really Rather You Didn'ts[201]).

Ursprünglich erhält Mosey zehn steinerne Tafeln, in welche die Gebote gemeißelt sind. Beim Abstieg vom Berg Salsa lässt er allerdings versehentlich zwei Tafeln fallen. Die verbleibenden acht „Am Liebsten Wäre Mir's" lauten:

- „I. Am Liebsten Wäre Mir, wenn ihr euch nicht wie frömmlerische, selbstgerechte Esel benehmen könntet, sobald ihr Meine Nudelige Gottheit beschreibt. Falls manche Leute nicht an mich glauben, ist das okay. Ehrlich. So eitel bin ich nicht. Außerdem: Um die geht es gar nicht, also bleibt beim Thema.
- II. Am Liebsten Wäre mir, wenn ihr Meine Existenz nicht benutzt zur Unterdrückung, Unterwerfung, Bestrafung, Entleibung und/oder um zu anderen gemein zu sein. Ich brauche keine Opfer, und Reinheit ist etwas für Bier[202] und Trinkwasser, nicht für Menschen.
- III. Am Liebsten Wäre mir, wenn ihr die Leute nicht danach beurteilen würdet, wie sie aussehen oder wie sie sich anziehen oder wie sie reden. Seid einfach nett zueinander, okay? Ach, und kriegt es endlich in eure Dickschädel: Frau = Mensch. Mann = Mensch. Gehüpft wie gehoppelt. Das eine ist nicht besser als das andere. Es sei denn, es geht um Mode, denn die habe Ich exklusiv den Frauen sowie ein paar Männern überlassen, die den Unterschied zwischen Veilchenblau und Violett kennen.
- IV. Am Liebsten Wäre Mir, wenn ihr alles unterlassen würdet, das euch selbst oder eurem bereitwilligen, volljährigen und geistig gesunden Partner peinlich sein müsste. Wem das nicht passt, der kann mich mal – Ich glaube, die Formulierung lautet: am A**** lecken. Wem das auch nicht passt, der sollte am besten die Glotze ausmachen und zur Abwechslung ein Stück spazieren gehen.
- V. Am Liebsten Wäre Mir, wenn ihr euch die verklemmten, frauenfeindlichen Vorstellungen anderer nicht auf nüchternen Magen anhören würdet. Esst etwas, dann macht euch über die Idioten her.
- VI. Am Liebsten Wäre Mir, wenn ihr keine Multimillionen-Dollar-Kirchen/Tempel/Moscheen/Schreine für Meine Nudelige Göttlichkeit erbauen würdet. Das Geld kann man nun wirklich sinnvoller anlegen. Sucht euch etwas aus:

---

201 *Henderson*, Gospel of the Flying Spaghettimonster, 2006, S. 76.

202 Im englischen Original wird nicht von Bier gesprochen, sondern nur von Wasser: „And purity is for drinking water, not people", *Henderson*, Gospel of the Flying Spaghettimonster, 2006, S. 78.

A. Armut beenden
B. Krankheiten heilen
C. In Frieden leben, mit Leidenschaft lieben und die Kabelkosten senken.

Ich mag ja ein komplexes, allwissendes Wesen aus Kohlenhydraten sein, aber ich freue Mich an den einfachen Dingen des Lebens. Ich muss es wissen. Ich bin der Schöpfer.

- VII. Am Liebsten Wäre Mir, wenn ihr nicht überall herumerzählen würdet, dass ich zu euch spreche. So interessant seid ihr nicht. Bleibt auf dem Teppich. Habe ich doch schon gesagt: Liebet euren Nächsten – muss Ich denn alles zweimal sagen?
- VIII. Am Liebsten Wäre Mir, wenn ihr anderen nicht antätet, was sie auch euch nicht antun sollten, sofern ihr auf, äh, Sachen steht, für die reichlich Leder/Gleitmittel/Las Vegas nötig sind. Sollte euer Partner darauf stehen (entsprechend ALWM IV), lasst es krachen, macht Fotos, und um Himmels Willen benutzt ein Kondom. Echt jetzt, es ist nur ein Stück Gummi. Wenn ich nicht gewollt hätte, dass es sich gut anfühlt, wenn ihr es miteinander treibt, hätte ich Dornen oder so etwas eingebaut.“

(8) Fazit zu den Parodien der biblischen Schöpfungsgeschichte

In seiner Parodie der biblischen Schöpfungsgeschichte beschränkt Henderson sich auf den sog. Pentateuch, welcher die Schöpfung der Welt bis zur Wanderung der Israeliten in das gelobte Land umfasst. Ziel der Parodie ist es, die aus Hendersons Sicht absurde Auffassung der Kreationisten zu verdeutlichen, der biblische Schöpfungsbericht sei wörtlich zu verstehen.

Mit den acht „Am Liebsten Wäre Mir's“, einer Parodie auf die Zehn Gebote, prangert Henderson Verfolgung, Unterdrückung und Ungleichbehandlung im Namen Gottes an und zeigt auf, dass Gelder, die für den Bau von prachtvollen Kirchen, Tempeln, Moscheen und Schreinen verwendet werden, besser zur Bekämpfung von Armut und Krankheiten genutzt werden sollten.

Weshalb die Israeliten bzw. Juden in Hendersons Geschichte durch Piraten ersetzt werden, kann auch bei näherer Betrachtung nicht mit Gewißheit beantwortet werden. Eine mögliche Erklärung ist, dass Henderson hier schlicht eine bereits bestehende Idee fortführt. Denn schon in seinem offenen Brief an das Kansas School Board nahm Henderson Bezug auf Piraten, als er die satirische These formulierte, die Erderwärmung stünde in direktem Zusammenhang mit der abnehmenden Zahl der Piraten auf der Erde.[203] Auch der seinerzeitige

203 *Wakonigg/Rath*, Das Fliegende Spaghettimonster – Religion oder Religionsparodie?,

Vorsitzende der „Kirche des Fliegenden Spaghettimonsters Deutschland e.V." hält diese Interpretation für plausibler, als dass Henderson bei der Wahl von Piraten theologische Hintergedanken hatte. Zudem müsse man bedenken, dass es sich beim „Evangelium des Fliegenden Spaghettimonsters" um ein Auftragswerk für den Verlag handele, welcher auch einige Passagen in das Buch gebracht habe, welche Henderson „nicht unbedingt wollte".[204]

bb) Jenseitsvorstellungen

In seinem offenen Brief an das Kansas School Board beschreibt Henderson, dass die „Pastafarianer" an einen Himmel glauben, in welchem die Verstorbenen ein Biervulkan und eine Stripperfabrik erwartet.[205] Diese Vorstellung wird in der Schöpfungsgeschichte des „Evangeliums" wiederholt, in welcher sich das „Fliegende Spaghettimonster" an dem Bier eines Vulkans berauscht und in diesem Zustand eine Fabrik erschafft, die spärlich bekleidete Frauen auf transparenten High Heels produziert.[206] Genauere Beschreibungen finden sich im „Evangelium" zwar nicht. Henderson schreibt dort aber, dass es sich um Details handelt, die nicht unbedingt sofort preisgegeben werden müssten.[207]

In der „Kirche des Fliegenden Spaghettimonsters Deutschland e.V." wurde diese Vorstellung weiterentwickelt. So wird dort gelehrt, dass aus dem bierspeienden Vulkan nicht nur Bier fließt, sondern aus gewissen Kratern auch eine Flüssigkeit, die sich im Mund des Trinkenden zu dem verwandelt, was dieser jeweils begehrt.[208]

cc) Die Antworten auf die „WWEPT-Frage" (Was würde ein Pirat tun?)

Ein Kapitel von Hendersons „Evangelium" ist den Antworten auf die Frage „Was würde ein Pirat tun?" (WWEPT) gewidmet[209] (im englischen Original What would a pirate do?, WWAPD).[210] Hierbei handelt es sich um eine Parodie auf den Slogan W.W.J.D. (What would Jesus do?), der sich vorwiegend auf Armbändchen findet, die von evangelikalen Christen in den USA getragen werden.

2017, S. 17 ff.

204 Interview mit R. Weida, S. 11 (Anlage 1).

205 *Henderson*, Das Evangelium des Fliegenden Spaghettimonsters, 2008, S. 137.

206 S. o. B. II. 1 b aa) (1).

207 *Henderson*, Das Evangelium des Fliegenden Spaghettimonsters, 2008, S. 137.

208 Interview mit R. Weida, S. 4 (Anlage 1).

209 *Henderson*, The Gospel of the Flying Spaghetti Monster, 2006, S. 85 ff.

210 *Henderson*, Das Evangelium des Fliegenden Spaghettimonsters, 2008, S. 97 ff.

Hinter dem Slogan steht die Idee, sich bei jeder Entscheidung darauf zu besinnen, wie Jesus in der jeweiligen Situation gehandelt hätte.[211]

Hendersons Antworten auf die WWEPT-Frage sollen in schwierigen Zeiten, die von Handys, Computern, Videospielen, Steuern, Krieg, Pornografie und mikrowellengeeigneten Mahlzeiten geprägt sind und in denen sich viele verloren fühlen, den rechten Weg weisen – der in einer Dorfschänke beginnt.[212] Konkret statuiert Henderson, dass ein Pirat Grog trinken und sich einen Papagei zulegen würde. Zudem finden sich die Aufforderungen, sich eine Räuberbande zu suchen, ein Piratenschiff zu stehlen oder zu bauen, sich ein Weib zu suchen und im Zweifel zu plündern. Die siebte und letzte Antwort lautet „Arrrgh!!!", mit dem zusätzlichen Hinweis, dass man das ewige „Arrrgh!!!" akzeptieren müsse, will man ein Piratenleben leben. Ansonsten sei man nur eine traurige Landratte.[213]

dd) Antworten auf die „Großen Fragen"

Neben einem Kapitel mit Antworten auf die WWEPT-Frage findet sich im „Evangelium des Fliegenden Spaghettimonsters" auch ein Kapitel namens „Bobby antwortet auf die Großen Fragen".[214] Hier parodiert Henderson die Antworten der Kirchen auf die Menschheitsfrage nach dem Sinn des Lebens und die entsprechenden Vorstellungen einer Existenz nach dem Tod. Neben rein humoristischen Fragen wie jener nach der Nudelsorte, aus welcher das „Fliegende Spaghettimonster" besteht, oder wann ein Pirat ein „echter" Pirat ist, finden sich hier auch solche Fragen, mit denen sich die Philosophie und Religion schon seit jeher befassen. Beispielsweise greift Henderson die Theodizee auf und schreibt, dass guten Menschen deshalb böse Dinge passieren könnten, weil sie das „Fliegende Spaghettimonster" vielleicht erzürnt haben oder es möglicherweise zu beschäftigt ist, um einzugreifen. Seine Handlungen seien nicht immer begreiflich.[215]

Weiter weist Henderson auf die Widersprüchlichkeit der großen Religionen hin. So antwortet er auf die Frage, wie die eklatanten Ungereimtheiten und Widersprüche der „FSM-Religion" miteinander in Einklang zu bringen seien, damit, diese würden absichtlich durch das „Fliegende Spaghettimonster"

---

211 Quelle: https://www.bbc.com/news/magazine-16068178, aufgerufen am 09.06.2022.
212 *Henderson*, Das Evangelium des Fliegenden Spaghettimonsters, 2008, S. 97.
213 *Henderson*, Das Evangelium des Fliegenden Spaghettimonsters, 2008, S. 97–100.
214 *Henderson*, Das Evangelium des Fliegenden Spaghettimonsters, 2008, S. 93–96.
215 *Henderson*, Das Evangelium des Fliegenden Spaghettimonsters, 2008, S. 94.

gestreut, um seine Anhänger zu prüfen. Zudem sei ein gewisses Maß an Ungereimtheiten unumgänglich, wenn sich eine Religion ausbreiten wolle, was sich am Beispiel von „Christentum, Islam, etc." zeige.[216]

ee) Riten und Gebräuche

Seit der Gründung der „Kirche des Fliegenden Spaghettimonsters" haben sich verschiedene Riten und Gebräuche entwickelt. Soweit es sich um Riten und Gebräuche handelt, die aus der „Kirche des Fliegenden Spaghettimonsters Deutschland e.V." stammen und nicht von Henderson ausgerufen wurden, wird dies kenntlich gemacht.

(1) Das „Monsterunser"

In Anlehnung an das biblische Vaterunser[217] existiert als gemeinsames Gebet der „Pastafari" das „Monsterunser":

> „Monster unser, das DU bist im Himmel,
> geheiligt werden DEINE Anhängsel.
> DEINE Piraten kommen.
> DEINE Soße geschehe,
> Wie im Himmel so auch auf hoher See.
> Unser täglich Pasta gib uns heute
> Und vergib uns unsere Reiskugeln
> Wie auch wir vergeben den *hust-nuschel*
> Und führe uns nicht nach Kansas
> Sondern erlöse uns von den Fundamentalisten
> Denn dein ist die Soße
> und der Käse
> und die Fleischklößchen
> in Ewigkeit.
>
> Ramen"[218]

Das „Monsterunser" findet sich weder im „Evangelium des Fliegenden Spaghettimonsters" noch auf der Homepage Hendersons. Nach Aussage des ehemaligen Vorstandsvorsitzenden der „Kirche des Fliegenden Spaghettimonsters Deutschland e.V." hat das „Monsterunser" seinen Ursprung in einem deutschsprachigen

216 *Henderson*, Das Evangelium des Fliegenden Spaghettimonsters, 2008, S. 94.

217 Matth. 6,9–13.

218 *Wakonigg/Rath*, Das Fliegende Spaghettimonster – Religion oder Religionsparodie?, 2017, S. 75.

Forum, welches heute nicht mehr existiert. Seitdem hätten sich in verschiedenen Foren viele Versionen etabliert.[219] In der „Kirche des Fliegenden Spaghettimonsters Deutschland e.V.“ ist es gebräuchlich, das „*hust-nuschel*“ durch das Wort „Kartoffelesser“ zu ersetzen.[220]

Während die Bitte, nicht nach Kansas geführt zu werden, eine Anspielung auf die Einführung des „Intelligent Design“ als Schulfach durch das Kansas School Board ist, kommt in der Bitte nach Erlösung vor den Fundamentalisten die ernsthafte Intention der „Pastafari“ zum Ausdruck, die von ihnen in das oben beschriebene satirische Gewand gehüllt wird: Die Anhänger der „Kirche des fliegenden Spaghettimonsters“ prangern das starre Festhalten an Überlieferungen an sowie die Weigerung, sich der Moderne und dem wissenschaftlichen Fortschritt anzupassen.

Das „Monsterunser“ endet mit dem Wort „RAmen“ – eine offenkundige Parodie auf das Wort „Amen“, welches als Schlussformel des christlichen Vaterunser bekannt ist, aus dem Hebräischen stammt und in der Lutherbibel mit „so sei es“ übersetzt wird.[221] Nach der „Kirche des Fliegenden Spaghettimonsters“ hat das Wort „RAmen“ allerdings nichts mit dem hebräischen Wort „Amen“ zu tun, sondern bezeichnet eine japanische Nudelsorte. Nach der Vorstellung der „Pastafari“ soll es darauf hinweisen, dass Pasta nicht nur im Heimatland des Propheten Henderson und in Italien, sondern überall auf der Welt verehrt wird.[222]

(2) Der „Pastafarigruß“

Die Angehörigen der „Kirche des Fliegenden Spaghettimonsters“ tragen bei Veranstaltungen Piratenkleidung und geben sich mit Eintritt in die Gemeinschaft meist einen eigenen „Pastafari“-Namen. Zur Begrüßung hat sich unter den Mitgliedern der sog. „Pastafarigruß“ etabliert, der eine Erfindung der „Kirche des Fliegenden Spaghettimonsters Deutschland e.V.“ ist.[223] Bei diesem Gruß werden die Hände vor der Brust verschränkt und die freien Finger bewegt, was an die Bewegungen der „Nudeligen Anhängsel“ des Spaghettimonsters erinnern soll.[224]

219 Interview mit Rüdiger Weida, S. 10 (Anlage 1).

220 *Wakonigg/Rath*, Das Fliegende Spaghettimonster – Religion oder Religionsparodie?, 2017, S. 75.

221 Quelle: https://www.ekd.de/Amen-11152.htm, aufgerufen am 31.01.2022.

222 *Wakonigg/Rath*, Das Fliegende Spaghettimonster – Religion oder Religionsparodie?, 2017, S. 76 f.

223 *Wakonigg/Rath*, Das Fliegende Spaghettimonster – Religion oder Religionsparodie?, 2017, S. 74 f.; Interview mir Rüdiger Weida, S. 10 (Anlage 1).

224 *Wakonigg/Rath*, Das Fliegende Spaghettimonster – Religion oder Religionsparodie?, 2017, S. 74 f.

(3) Das Glaubensbekenntnis der „Pastafari"

Neben dem „Monsterunser" kennen die „Pastafari" noch ein weiteres Gebet, nämlich das „pastafarianische Glaubensbekenntnis". Auch dieses Gebet ist nicht im „Evangelium des Fliegenden Spaghettimonsters" enthalten, sondern verbreitete sich in verschiedenen Versionen in einschlägigen Foren.[225] Der in der „Kirche des Fliegenden Spaghettimonsters Deutschland e.V." genutzte Text des Gebets lautet wie folgt:

> „Ich glaube an das Fliegende Spaghettimonster, die Mutter,
> der niemals die Energie ausgeht, die Gebärende des sphärenklingenden Himmels und der evolutionsfreien Erde.
> Und an Bobby Henderson, SEINEN Propheten,
> empfangen durch das World Wide Web,
> geboren von seiner lieben Mama,
> gelitten unter den Kreationisten,
> genervt, gelangweilt und veralbert,
> hinabgestiegen in das Reich des Fundamentalismus,
> am dritten Tage auferstanden zwischen den Deppen,
> seine Website angefangen; sitzend vor seinem Laptop,
> dem allzeit flatline;
> von dort wird er kommen, zu parodieren die Dummen und Drögen.
> Ich glaube an das World Wide Web mit dem heiligen Pastafaritum,
> Gemeinschaft der Pastafari und ihres Monsters,
> Vergebung der Torheit,
> an den Bier-Vulkan und an die Stripper-Fabrik.
> Ramen"[226]

Auffallend an dieser Parodie auf das apostolische Glaubensbekenntnis der westlichen christlichen Kirchen ist die Wortwahl, mit der die Kreationisten und Fundamentalisten als „Deppen" und „Dumme und Dröge" bezeichnet werden, was ein Affront für Verfechter des Kreationismus darstellen dürfte.

(4) Die „Nudelmessen"

Laut der Schöpfungsgeschichte im „Evangelium des Fliegenden Spaghettimonsters" wurde die Welt in fünf Tagen erschaffen, wobei der Freitag als Ruhetag

---

225 Interview mit Rüdiger Weida, S. 10 (Anlage 1).

226 *Wakonigg/Rath*, Das Fliegende Spaghettimonster – Religion oder Religionsparodie?, 2017, S. 76.

ausgerufen wurde.[227] Dementsprechend haben die deutschen Anhänger der „Kirche des Fliegenden Spaghettimonsters“ im Jahr 2006 damit begonnen, an Freitagen die sog. „Nudelmesse“ abzuhalten, in welcher sie in einer feierlichen Zeremonie „Nudeln von SEINEN Nudeligen Anhängseln“ und „Bier vom Biervulkan“ zu sich nehmen. Die „Nudelmessen“ haben sich weltweit etabliert.[228] Als Ort, an dem die Messen durchgeführt werden, hat der seinerzeitige Vorstandsvorsitzende der „Kirche des Fliegenden Spaghettimonsters Deutschland e.V.“ im Jahr 2014 ein Gebäude in Templin zur Papst-Al-Zarkawi-I-Gedächtniskirche geweiht.[229] Die oben erwähnte juristische Auseinandersetzung um die Hinweisschilder auf die „Nudelmesse“ am Ortseingang von Templin betrifft diese „Kirche“.[230]

Der Besuch der „Nudelmesse“ ist für die Mitglieder der „Kirche des Fliegenden Spaghettimonsters Deutschland e.V.“ nicht verpflichtend; viele von ihnen haben keine Kenntnis von diesem Angebot.[231] Nach Aussage des ehemaligen Vorstandsvorsitzenden waren es daher lange Zeit nicht die Mitglieder, die primär die „Nudelmesse“ besuchten. Vielmehr handelte es sich um eine Attraktion, die von Touristen und anderen Besuchern des Ortes aufgesucht wurde.[232] Seit einiger Zeit besuchen jedoch vermehrt Mitglieder der „Kirche des Fliegenden Spaghettimonsters Deutschland e.V.“ die „Nudelmessen“, die mittlerweile auch in Saterland (Niedersachsen) stattfinden.[233]

(5) Feiertage der „Pastafari“

Innerhalb der „Kirche des Fliegenden Spaghettimonsters“ haben sich eigene Feiertage gebildet, die mit Blick auf die Namensgebung jeweils eine Parodie auf bestehende Feiertage der größeren Religionen sind.

---

227 S. o. B II 1 b) aa) (1).

228 *Wakonigg/Rath*, Das Fliegende Spaghettimonster – Religion oder Religionsparodie?, 2017, S. 81.

229 *Wakonigg/Rath*, Das Fliegende Spaghettimonster – Religion oder Religionsparodie?, 2017, S. 81.

230 S. o. A II 2.

231 *Wakonigg/Rath*, Das Fliegende Spaghettimonster – Religion oder Religionsparodie?, 2017, S. 81.

232 Interview mit Rüdiger Weida, S. 9 (Anlage 1).

233 Interview mit Rüdiger Weida II, S. 1 (Anlage 4)

(a) Der Freitag

Der Freitag ist laut Henderson bzw. laut dem „Evangelium des Fliegenden Spaghettimonsters" der heiligste Feiertag der „Pastafarianer".[234] An diesem Tag sollen es die „Pastafari" ruhig angehen lassen und wenn möglich etwas Sonne tanken. Zudem soll der Freitag den Idealen vorbehalten sein, für die der Biervulkan und die Stripperfabrik stehen.[235] Auch die „Nudelmesse" der „Kirche des Fliegenden Spaghettimonsters Deutschland e.V." findet entsprechend am Freitag statt.

(b) Das „Passtahfest"

Das „Passtahfest" entspricht laut Henderson dem jüdischen Passahfest – das Fest, mit welchem im Judentum an den Auszug der Israeliten aus Ägypten erinnert und so die Befreiung aus der Sklaverei gefeiert wird –[236] bzw. dem Osterfest der Christen.[237] In der deutschen Übersetzung des „Evangeliums" ist der Name dieses Festes eine klare Vermengung des Wortes „Passah" und des Wortes „Pasta", dem italienischen Wort für Teig, mit welchem Nudeln verschiedener Art bezeichnet werden. Im englischen Original wird das Fest „Pastover" genannt,[238] ebenfalls eine Anspielung auf das englische Wort für Passah („Passover").

Nach Hendersons „Evangelium" fühlen sich „Pastafari" zum „Passtahfest" ermuntert, große Mengen von Pasta zu essen, die nach „Seinem Ebenbild", also dem des „Fliegenden Spaghettimonsters", von Familienangehörigen in Piratenkleidung gekocht wird. Gefeiert wird die Zeit, in welcher das „Fliegende Spaghettimonster" damit begann, Menschen mit „Seinen Nudeligen Anhängseln" zu berühren. Die „Pastafari" brechen dabei die Pasta miteinander und begehen das sog. „Reichen der Augenklappe", wobei Anwesende sich abwechselnd eine Augenklappe reichen, diese anlegen und sich dazu bekennen, vom „Fliegenden Spaghettimonster" berührt worden zu sein.[239]

Hiermit wird das christliche Abendmahl parodiert, an dem Christen entsprechend dem Evangelium nach Lukas[240] das Brot brechen und teilen, welches nach der christlichen Transsubstantiationslehre zum Leib Christi wird. Beim Reichen

234 *Henderson*, Das Evangelium des Fliegenden Spaghettimonsters, 2008, S. 169.
235 *Henderson*, Das Evangelium des Fliegenden Spaghettimonsters, 2008, S. 169.
236 *Leonhard*, The Jewish Pesach and the Origins of the Christian Easter, 2006, S. 15 ff.
237 *Henderson*, Das Evangelium des Fliegenden Spaghettimonsters, 2008, S. 167.
238 *Henderson*, The Gospel of the Flying Spaghetti Monster, 2006, S. 159.
239 *Henderson*, Das Evangelium des Fliegenden Spaghettimonsters, 2008, S. 167.
240 Lukas 22,14–20.

der Augenklappe handelt es sich entsprechend um eine Anspielung auf das Umherreichen des Kelches Wein im Rahmen des Abendmahls, welcher ebenfalls durch Wandlung zum Blut Christi wird.[241]

(c) „Ramendan"

„Ramendan" entspricht nach Henderson der islamischen Zeit des Fastens, der Gebete und der Nächstenliebe. Die Wortschöpfung ergibt sich aus dem arabischen Wort „Ramadan" (arabisch für „heißer Monat"), welches die Fastenzeit benennt, sowie dem Wort „Ramen", welches eine japanische Nudelsuppe bezeichnet.[242] In gewohnt satirischer Weise schreibt Henderson, der größte Unterschied zwischen „Ramendan" und Ramadan bestehe darin, dass „Pastafari" weder fasten noch beten, da dies nicht ihren Moralvorstellungen entspricht. Vielmehr diene der „Ramendan" dazu, sich jeden Monat für einige Tage von Instant-Nudelsuppen zu ernähren, um der Zeiten zu gedenken, als die Anhänger noch hungrige Studenten waren. Dies soll sie lehren, glücklich mit dem zu sein, was sie erreicht haben. Am Ende des „Ramendan" sollen „Pastafari" ihre überzähligen Instant-Nudeln an Bedürftige verschenken.[243]

(d) Der internationale „Sprich wie ein Pirat"-Tag

Der internationale „Sprich wie ein Pirat"-Tag ist keine Erfindung Hendersons oder anderer „Pastafari", sondern wurde von den beiden Amerikanern John Bauer und Mark Summers ins Leben gerufen. Sie hatten im Jahr 1995 ohne ernsten Hintergrund damit begonnen, wie ein Pirat zu sprechen. In den folgenden sieben Jahren riefen sie sich jeweils am 19. September auf der Arbeit an und grüßten sich mit „Arrrr", was einen Piratengruß darstellen sollte. Diese Tradition erlangte Bekanntheit, als der „Miami Herald" über den Schriftsteller Bauer und den Sozialarbeiter Summers und deren jährlichen Brauch berichtete. In der Folge fand die Tradition schnell weltweite Bekanntheit und fand zahlreiche Nachahmer. Eine eigens erstellte Internetseite verzeichnete zügig mehrere Millionen Zugriffe. Ein Gerücht, nachdem eine Verbindung zur „Kirche des Fliegenden Spaghettimonsters" bestehe, dementierte Bauer. Er teilte aber ebenfalls mit, dass Bobby Henderson nur 15 Meilen von Bauer und Summers entfernt

---

241 Vgl. *Korsch*, Antwort auf Grundfragen christlichen Glaubens, ^{2}2020, S. 217 ff.

242 *Wakonigg/Rath*, Das Fliegende Spaghettimonster – Religion oder Religionsparodie?, 2017, S. 76.

243 *Henderson*, Das Evangelium des Fliegenden Spaghettimonsters, 2008, S. 168.

wohnte.[244] Es könnte daher spekuliert werden, dass die besondere Bedeutung, die Henderson den Piraten in seinem „Evangelium“ verleiht, im Zusammenhang mit dem „Sprich wie ein Pirat“-Tag steht. Kein Gegenstand von Spekulationen, sondern Fakt ist hingegen, dass Henderson im „Evangelium“ darauf hinweist, dass der internationale „Sprich wie ein Pirat“-Tag jedes Jahr am 19. September stattfindet und eine Gelegenheit für „Pastafarianer“ ist, ihre Piratenwurzeln zu feiern. An diesem Tag sollen sich „Pastafarianer“ auf die Suche nach Weibern und Grog machen. Dieser Tag stellt laut Henderson auch eine gute Gelegenheit für die Missionarsarbeit dar.[245]

(e) Sonstige Feiertage

Alle anderen großen religiösen Feiertage, die Henderson als „kommerziell ausgeschlachtet“ beschreibt, gehören ebenfalls zu den Feiertagen der „Pastafarianer“.[246] Auch Halloween wird als bedeutender „pastafarianischer“ Feiertag benannt.[247] An diesem Tag verkleiden sich „Pastafarianer“ als Piraten.

Auf der Internetpräsenz der „Kirche des Fliegenden Spaghettimonsters Deutschland e.V.“ finden sich weitere Feiertage, die jeweils Parodien auf christliche Feiertage darstellen, so z. B. „die eiligen drei Köche“, „Blaudonnerstag“ und „Garfreitag“.

Ein der „Kirche des Fliegenden Spaghettimonsters Deutschland e.V.“ und der „Chiesa Pastafariana Italiana“ eigener Feiertag ist der „Papst-Al-Zarkawi-Tag“. Al Zarkawi ist Mitbegründer der „Chiesa Pastafariana Italiana“ und gilt als ihr erster Papst. In seiner Anwesenheit wurde in Berlin die „Pastachese Roma“ gegründet. Seit Al Zarkawis Tod im Jahr 2013 feiert die „Chiesa Pastafariana Italiana“ jährlich am 10. Januar den „Papst-Al-Zarkawi-Tag“; dieser Brauch wurde von der „Kirche des Fliegenden Spaghettimonsters Deutschland e.V.“ übernommen.[248] Nach Al Zarkawi wurden auch die Räumlichkeiten der „Kirche des Fliegenden Spaghettimonsters Deutschland e.V.“ in Templin benannt.

---

244 Quelle: https://www.stuttgarter-nachrichten.de/inhalt.sprich-wie-ein-pirat-tag-beim-klabautermann.ba02d6de-92d4-4f0a-9c9b-0fa679c9c507.html aufgerufen am 05.02.2022.

245 *Henderson*, Das Evangelium des Fliegenden Spaghettimonsters, 2008, S. 169.

246 *Henderson*, Das Evangelium des Fliegenden Spaghettimonsters, 2008, S. 169 f.

247 *Henderson*, Das Evangelium des Fliegenden Spaghettimonsters, 2008, S. 168.

248 Quelle: https://www.pastafari.eu/kirche/feiertage/ aufgerufen am 05.02.2022.

c) Abspaltungen

Abspaltungen von der „Kirche des Fliegenden Spaghettimonsters Deutschland e.V." gibt es bisher nicht. Auch konnten sich bisher keine Gruppierungen recherchieren lassen, welche für eine abgewandelte Form des „Pastafarianismus" stehen.

Auf internationaler Ebene gibt es aber Unterschiede mit Blick auf die Kopfbedeckung. So pflegen die „Pastafarianer" der „Kirche des Fliegenden Spaghettimonsters" in Österreich ein Nudelsieb als Kopfbedeckung zum Zeichen ihrer Zugehörigkeit zu tragen. Im Jahr 2011 setzte der seinerzeitige Vorstandsvorsitzende Niko Alm, der dort als „oberster Maccherone"[249] bezeichnet wird, auf Antrag durch, ein Nudelsieb auf seinem für den Führerschein bestimmten Passbild tragen zu dürfen. Mit diesem Führerscheinbild erlangte Alm internationale Bekanntheit, sodass in manchen Ländern davon ausgegangen wird, das Nudelsieb sei die offizielle Kopfbedeckung der „Pastafarianer". In einem Blogbeitrag der „Kirche des Fliegenden Spaghettimonsters Deutschland e.V.", Gemeinde Uckermark, wurde diesbezüglich von einem Schisma gesprochen, wobei die Träger des Nudelsiebs nach Niko Alm als Almisten bezeichnet werden.[250]

Ebenfalls in Österreich hat sich die Gruppierung „Les Femmes Farfalles" gebildet. Hierbei handelt es sich jedoch nicht um eine Abspaltung, sondern um eine feministische Gruppe innerhalb der „Kirche des Fliegenden Spaghettimonsters" in Österreich.[251]

2. Die Motivationsebene

Wie oben beschrieben, nutzt die „Kirche des Fliegenden Spaghettimonsters Deutschland e.V." die hier als vordergründige Ebene bezeichnete Satire als stilistisches Werkzeug, um die eigentlichen Vereinszwecke in humoristisch verkleideter Weise darzustellen. Mit Blick auf diese heißt es in § 2 der Satzung der „Kirche des Fliegenden Spaghettimonsters Deutschland e.V.":

> „Der Verein verfolgt ausschließlich und unmittelbar gemeinnützige Zwecke im Sinne des Abschnitts ‚Steuerbegünstigte Zwecke' der Abgabenordnung. Zweck des Vereins ist die Förderung von

---

249 Quelle: https://pastafari.at/kontakt/, aufgerufen am 07.02.2022.

250 Quelle: https://fsm-uckermark.blogspot.com/2021/04/piraten-und-almisten.html, aufgerufen am 07.02.2022.

251 Quelle: https://pastafari.at/wer-wir-sind/les-femmes-farfalles/, aufgerufen am 07.02.2022.

– religiösen Zwecken in ihrer Gleichbehandlung mit wissenschaftlich orientierten Weltanschauungen und einem besonderen Schwerpunkt auf dem evolutionären Humanismus der Giordano Bruno Stiftung. In diesem Sinn verstehen wir uns als Weltanschauungsgemeinschaft.
– Bildung und Erziehung
– Kunst und Kultur

Die Religionssatire des Fliegenden Spaghettimonsters wird als künstlerisches Mittel genutzt, um in satiretypischer Art intolerante und dogmatische Anschauungen und Handlungen zu überhöhen und zu hinterfragen. Damit fördert der Verein die Verbreitung einer offenen und toleranten Ethik im Sinne des evolutionären Humanismus und wirkt so an der öffentlichen Meinungsbildung mit.“[252]

In der folgenden Untersuchung der Motivationsebene soll der Vereinszweck gemäß der Satzung, aber auch gemäß den sonstigen Selbstdarstellungen der „Kirche des Fliegenden Spaghettimonsters Deutschland e.V.“ genauer beleuchtet werden.

a) Generelle Ablehnung alles Transzendentalen

Auf ihrer Internetpräsenz präsentiert sich die „Kirche des Fliegenden Spaghettimonsters Deutschland e.V.“ konsequent als Weltanschauungsgemeinschaft. Gelegentlich bezeichnet sie sich zwar auch als „einzig wissenschaftliche Religion“,[253] dies allerdings nur im satirischen Kontext. Generell wird der Ausdruck „Religion“ zur Eigenbeschreibung ausschließlich auf der vordergründigen, satirischen Ebene verwendet.

Die „Kirche des Fliegenden Spaghettimonsters Deutschland e.V.“ lehnt alles Transzendentale ab und vertritt bzw. verbreitet nach eigener Darstellung einen konsequenten Naturalismus. Hierzu wird ausgeführt:

„[…] auf der Welt geht es ausschließlich natürlich zu. Feen, Elfen, Götter, Wichtelmänner, Trolle oder andere Fabelwesen bereichern zwar unsere Fantasie, aber nicht unsere Realität. Nach dem Tod haben wir den gleichen Status wie vor der Geburt, wir existieren nicht. Die Welt wurde nicht erschaffen, sondern entstand und lässt sich wissenschaftlich erklären. Dabei haben wir keine Angst, nie zur vollen Erkenntnis zu gelangen. Wir sollen sowieso an allem zweifeln. Von da, bis zum ‚Nicht alles wissen können‘, ist kein großer Unterschied mehr.“[254]

---

252 Quelle: https://www.pastafari.eu/verein/satzung-beitragsordnung, aufgerufen am 13.02.2022.

253 Quelle: https://www.pastafari.eu/weltanschauung, aufgerufen am 13.02.2022.

254 Quelle: https://www.pastafari.eu/weltanschauung.

Diese Haltung korrespondiert mit der Grundmotivation Hendersons, der zufolge nicht gelehrt werden sollte, was nicht wissenschaftlich erwiesen ist. Hieraus und aus der satirischen Behauptung, der „Pastafarianismus“ sei die einzige wissenschaftliche Religion – also die einzige, die auf empirischen Beweisen beruhe[255] – kann abgeleitet werden, dass nach Auffassung der Anhänger der „Kirche des Fliegenden Spaghettimonsters Deutschland e.V.“ nur die Naturwissenschaften zu wahren Beschreibungen der Welt führen.

b) Naturalismus

Die oben beschriebene Eigencharakterisierung als einer Institution, die alles Transzendentale konsequent ablehnt, entspricht der Lehre des ontologischen Naturalismus, dem zufolge es weder Seelen noch Geister noch Götter noch andere übernatürliche oder „geisterhafte“ Wesen und Kräfte gibt.[256] Ein ontologischer Naturalist ist mithin ein Mensch, der unterstellt, dass es im Universum mit „rechten Dingen“ zugeht und dass weder Götter noch Dämonen noch Gespenster noch Kobolde noch irgendwelche anderen Geisteswesen in die Naturgesetze eingreifen.[257] Positiv ausgedrückt behaupten Naturalisten, dass es in der Welt nur natürliche Dinge gibt, wobei mit „natürliche Dinge“ Atome gemeint sind sowie alles, was aus Atomen zusammengesetzt ist (wobei die Atome ihrerseits keine Teile mehr besitzen, sodass es keine kleineren Teile unterhalb der Ebene der Atome mehr gibt).[258] Diese Anschauung geht auf die griechischen Philosophen Leukipp und Demokrit zurück, welche im 5. Jahrhundert vor Christus lebten und als die antiken Atomisten bezeichnet werden.[259]

Der zweite Grundpfeiler des Naturalismus lautet, dass alles, was in der Welt geschieht, auf die grundlegenden allgemeingültigen Naturgesetze zurückzuführen sei. Alle Eigenschaften komplexer Dinge ergeben sich gemäß diesen Gesetzen mit Notwendigkeit aus den Eigenschaften und der Anordnung ihrer Teile.[260]

Vom ontologischen Naturalismus zu unterscheiden ist der methodologische Naturalismus. Dieser trifft, wie der Name sagt, keine ontologischen Aussagen, sondern beschränkt sich auf die methodologische These, dass allein die

---

255 *Henderson*, Das Evangelium des Fliegenden Spaghettimonsters, 2008, S. 9.

256 *Beckermann/Schulte*, Naturalismus, 2021, S. 1; *Oehler* (Hrsg.), Der Mensch – Evolution, Natur und Kultur, 2010, 16.2.1.

257 *Schmidt-Salomon*, in: Groschopp (Hrsg.), Humanismusperspektiven, 2010, S. 133.

258 *Beckermann/Schulte*, Naturalismus, 2021, S. 2 f.

259 *Gemelli Marciano*, Die Vorsokratiker 3, ^{2}2013, S. 301 ff.

260 *Beckermann/Schulte*, Naturalismus, 2021, S. 3.

Naturwissenschaften zu einer wahren Beschreibung der Welt führen können.[261] Der methodologische Naturalismus betont also die Hoheit der empirischen Wissenschaften in Sachen Welterklärung und will auch die Philosophie an sie angleichen. Dies entspricht auch der Auffassung Hendersons, die in seinen satirischen Darstellungen implizit zur Sprache gebracht wird und nach der nur die Naturwissenschaften Antworten auf alles Sein geben können, nicht aber die Religionen. Insofern handelt es sich bei der Eigenbeschreibung der „Kirche des Fliegenden Spaghettimonsters Deutschland e.V." als eine Weltanschauungsgemeinschaft, die einen konsequenten Naturalismus vertritt und verbreitet, also um eine schlüssige Selbstdarstellung.

c) Satzungsgemäße Ziele der „Kirche des Fliegenden Spaghettimonsters Deutschland e.V." und deren Umsetzung

Laut Satzung besteht der Zweck der „Kirche des Fliegenden Spaghettimonsters Deutschland e.V." in der Förderung von Bildung und Erziehung sowie Kunst und Kultur. Ein weiterer Zweck besteht in der Förderung von religiösen Zwecken in ihrer Gleichbehandlung mit wissenschaftlich orientierten Weltanschauungen und einem besonderen Schwerpunkt auf dem „evolutionären Humanismus" der Giordano-Bruno-Stiftung. Im Folgenden sollen die satzungsgemäßen Ziele und deren Umsetzung durch die „Kirche des Fliegenden Spaghettimonsters Deutschland e.V." näher untersucht werden.

aa) Förderung religiöser Zwecke in ihrer Gleichbehandlung mit wissenschaftlich orientierten Weltanschauungen und einem besonderen Schwerpunkt auf dem „evolutionären Humanismus" der Giordano-Bruno-Stiftung

Dieser satzungsgemäße Zweck scheint einen Widerspruch zu enthalten, wenn die „Kirche des Fliegenden Spaghettimonsters Deutschland e.V." sich als konsequent naturalistisch beschreibt, sich zugleich aber die Förderung religiöser Zwecke zur Aufgabe setzt. Denn der Naturalismus weist genau das zurück, was als das Kerncharakteristikum allen religiösen Glaubens beschrieben werden kann, nämlich der Bezug auf Transzendentales. Laut dem Naturalismus handelt es sich bei der (für alle Religionen charakteristischen) subjektiven Gewissheit von der Eingliederung des Einzelnen in einen jenseitigen, nicht mit menschlichen Maßstäben zu messenden und durch wissenschaftliche Erkenntnisquellen nicht

261 *Sukopp*, Naturalismus, 2006, S. 31.

erschöpfend zu erklärenden Zusammenhang um eine Illusion oder jedenfalls um eine prinzipiell nicht überprüfbare und damit abzulehnende Vorstellung. Dasselbe gilt für den ultimativen Bezugspunkt einer „überweltliche[n] Macht, die in einer persönlichen oder unpersönlichen Gottheit oder in der Wirksamkeit einer überweltlichen Kausalität bestehen kann".[262] Der Glaube an diese beiden Aspekte steht in klarem Widerspruch zum Naturalismus. Vor diesem Hintergrund stellt sich die Frage, wie es sich die „Kirche des Fliegenden Spaghettimonsters Deutschland e.V." zum Ziel setzen kann, religiöse Zwecke zu fördern.

Die Erklärung für die Entstehung dieses scheinbar eklatanten Widerspruchs liegt in steuerrechtlichen Überlegungen, genauer gesagt in § 52 AO, welcher Körperschaften, die gemeinnützige Zwecke verfolgen, Steuerbegünstigungen einräumt. Wie im ersten Kapitel dargestellt,[263] konnte die „Kirche des Fliegenden Spaghettimonsters Deutschland e.V." es im Jahre 2011 vor dem FG Angermünde durchsetzen, als gemeinnützig anerkannt zu werden, wobei dies im entsprechenden Bescheid mit der Förderung kirchlicher Zwecke begründet wurde. Auch dies ist erklärungsbedürftig, soweit eine kirchenkritische Organisation wie die „Kirche des fliegenden Spaghettimonsters Deutschland e.V." kirchliche Zwecke fördert. Wiederum ist zur Erklärung auf die AO zu verweisen. § 54 AO gewährt Religionsgemeinschaften, die Körperschaften des öffentlichen Recht sind, unmittelbar Steuerbegünstigungen. Dies trifft auf die „Kirche des fliegenden Spaghettimonsters Deutschland e.V." zwar nicht zu. § 5 AO bietet aber allen Körperschaften die Möglichkeit der Steuerbegünstigung, sofern gemeinnützige Zwecke verfolgt werden, wobei der Katalog der möglichen gemeinnützigen Zwecke in § 52 Abs. 2 Nr. 2 AO u. a. die Förderung von Religion vorsieht. Bei entsprechender Formulierung der Satzung stellte dies für die „Kirche des fliegenden Spaghettimonsters Deutschland e.V." also eine Möglichkeit dar. Allerdings bestehen nach § 60 AO strenge Anforderungen an die formelle Satzungsmäßigkeit. Insbesondere bedarf es einer eingehenden Konkretisierung des Satzungszwecks sowie der Art seiner Verwirklichung.[264] Diese Voraussetzung konnte schließlich mit der oben zitierten Formulierung der Satzung erfüllt werden. Diesen Vorgang zusammenfassend erklärte der seinerzeitige Vorstandsvorsitzende der „Kirche des Fliegenden Spaghettimonsters Deutschland e.V." im Interview:

> „Das ist nach einem Gespräch mit dem Finanzamt entstanden. Die Kategorie ‚weltanschauliche Zwecke' gibt es […] nicht. [Daher wird im] Freistellungsbescheid

---

262 *Kokott*, in: Sachs (Hrsg.), Grundgesetz, Art. 4, Rn. Art. 4, Rn. 22, m. w. N.
263 A. II 2.
264 Gersch, in: *Klein/Gersch/Jäger u. a.*, Abgabenordnung, ^{15}2020, § 60 Rn. 1.

[stattdessen] auf ‚kirchliche Zwecke' abgestellt und irgendwie ist da in der Satzung dann ‚religiöse Zwecke' draus geworden."[265]

Darüber hinaus wirft der erste satzungsgemäße Zweck indes noch eine weitere Frage auf, nämlich wie es gemeint ist, dass die „Kirche des Fliegenden Spaghettimonsters Deutschland e.V." die Gleichbehandlung religiöser Zwecke mit wissenschaftlich orientierten Weltanschauungen fördert. Es liegt zwar nahe zu glauben, die „Kirche des Fliegenden Spaghettimonsters Deutschland e.V." würde damit für sich selbst sowie für andere Gruppierungen, die sich als wissenschaftlich orientiert verstehen, dieselben Rechte einfordern, welche die Kirchen innehaben. Dies steht aber im Gegensatz zur Darstellung auf der Internetpräsenz, wo es heißt:

„Wir verstehen uns als Weltanschauungsgemeinschaft und nutzen das Pastafaritum als ein Mittel, unser Ziel, die Förderung wissenschaftlicher Weltanschauungen, zu erreichen. Dabei sehen wir diese satirisch-kritische Religion als völlig gleichberechtigt mit anderen Religionen. Das auch in der Praxis umzusetzen, ist ein weiteres Ziel. Dabei sind wir fest überzeugt, wahre Gleichberechtigung lässt sich nicht erreichen, wenn jeder ein paar Privilegien bekommt, sondern nur, wenn niemand mehr welche hat. Deshalb fordern wir die nicht auf dem Niveau der Kirchen, sondern auf unserem: Weg mit dem Status der Körperschaft des öffentlichen Rechts und nachfolgend Unterstellung unter das Vereinsrecht."[266]

Dieser Formulierung zufolge ist mit Gleichbehandlung also nicht gemeint, dass die „Kirche des Fliegenden Spaghettimonsters Deutschland e.V." mehr Rechte bzw. Privilegien erhält und so auf das gleiche Niveau „aufsteigt" wie die Kirchen, sondern dass diese ihren Status als Körperschaften des öffentlichen Rechts verlieren und stattdessen dem Vereinsrecht unterstellt werden sollen. Der frühere Vorsitzende der „Kirche des Fliegenden Spaghettimonsters Deutschland e.V." führt dazu aus:

„Gleichbehandlung bedeutet ja nicht, dass wir die gleichen Rechte [wie die Kirchen] wollen. Wir wollen vielmehr, dass die Kirchen die gleichen Rechte wie wir bekommen: Abschaffung der KdöR und Unterstellung unter das Vereinsrecht. Motto: Kirchen als Traditionsvereine. [...] Wirkliche Gleichberechtigung ist nur möglich, wenn niemand mehr Privilegien hat, nicht aber, wenn jeder ein paar Privilegien erhält."[267]

---

265 Interview mit Rüdiger Weida, S. 12 (Anlage 1).
266 Quelle: https://pastafari.eu/kirche/, aufgerufen am 19.02.2022.
267 Interview mit Rüdiger Weida, S. 12 (Anlage 1).

Mit der Gleichbehandlung religiöser Zwecke mit wissenschaftlich orientierten Weltanschauungen verfolgt die „Kirche des Fliegenden Spaghettimonsters Deutschland e.V.“ also nicht das Ziel, dieselbe gesetzliche Sonderstellung wie die Kirchen zu erhalten, insbesondere den Status als Körperschaft des öffentlichen Rechts, sondern dass die Kirchen umgekehrt dieses Privileg verlieren und stattdessen wie die „Kirche des Fliegenden Spaghettimonsters Deutschland e.V.“ oder der Humanistische Verband Deutschlands dem Vereinsrecht unterstellt werden. Anzumerken ist in diesem Zusammenhang jedoch, dass die „Kirche des Fliegenden Spaghettimonsters Deutschland e.V.“ keinerlei Kritik daran übt, dass der als Weltanschauungsgemeinschaft anerkannte Bund für Geistesfreiheit Bayern eine Körperschaft des öffentlichen Rechts ist.[268]

Das Ziel der Gleichbehandlung religiöser Zwecke mit wissenschaftlich orientierten Weltanschauungen soll laut Satzung durch die Veranstaltung von bzw. die Teilnahme an öffentlichen Versammlungen, durch die Bereitstellung und Verteilung von Informationsmaterial, durch die Veranstaltung von Messen sowie durch die Teilhabe an sozialen Netzwerken erreicht werden. Darüber hinaus soll die Öffentlichkeit durch den Betrieb einer Internetseite bzw. eines Blogs und durch die Präsenz in den Massenmedien erreicht werden.[269]

Ein weiterer besonderer Satzungsschwerpunkt liegt auf dem „evolutionären Humanismus“ der Giordano-Bruno-Stiftung. Somit ist es geboten, den „evolutionären Humanismus“ sowie die Giordano-Bruno-Stiftung einer näheren Betrachtung zu unterziehen.

(1) „Evolutionärer Humanismus“

In Darstellungen des Ursprungs des „evolutionären Humanismus“ wird regelmäßig auf den Evolutionsbiologen und ersten Generalsekretär der UNESCO, Sir Julian Huxley, abgehoben. Dieser hatte im Jahr 1945 einen Grundlagentext für die UNESCO entworfen, laut dem die neu geschaffene Weltorganisation für Bildung, Wissenschaft und Kultur ihren Aufgaben nur auf der Basis eines auf Wissenschaft und Humanismus beruhenden Rahmenkonzepts erfüllen könne. Bevor dieser Text als offizielles Dokument in den Druck gehen konnte, wurde dies jedoch durch die Intervention einiger Kommissionsmitglieder verhindert,

268 Vgl. insoweit https://www.pastafari.eu/2016/12/das-wort-zum-freitag-sieg-fur-den-bund/, aufgerufen am 30.07.2022.

269 Quelle: https://www.pastafari.eu/satzung-beitragsordnung/, aufgerufen am 19.02.2022.

die in der Schrift einen als „Humanismus verkleideten Atheismus" erkannten, der nicht zur Grundlage der UNESCO gemacht werden könne.[270]

Auch wenn Huxley den „evolutionären Humanismus" auf diese Weise bekannt machte, reicht die Geschichte des „evolutionären Humanismus" sehr viel weiter zurück, nämlich bis auf den Humanismus der Antike und zu dem griechischen Philosophen Epikur bzw. zu den oben erwähnten Atomisten.[271]

(a) Humanismus

Der Begriff „Humanismus" wird auf sehr vielfältige Weise verwendet, u. a. zur Bezeichnung einer kulturellen Bewegung, eines Bildungsprogramms, einer Epoche, einer Tradition, einer Weltanschauung, einer Form von praktischer Philosophie, einer politischen Grundhaltung, welche für die Durchsetzung der Menschenrechte eintritt, und für ein Konzept von Barmherzigkeit, welches sich für bestimmte humanitäre Praktiken stark macht.[272] Darüber hinaus wird der Begriff „Humanismus" regelmäßig mit der antiken sowie der modernen Aufklärung in Verbindung gebracht und dient als Grundlage für die Menschenrechte bzw. die Menschenwürde und für humanitäre Praktiken.[273] *Erich Fromm* nannte den Humanismus eine Weltanschauung, die

> „(...) gekennzeichnet durch den Glauben an die Einheit der Menschheit [ist], durch den Glauben, dass es nichts Menschliches gibt, das nicht in jedem von uns zu finden wäre; zweitens durch die Betonung der Fähigkeit des Menschen, sich weiterzuentwickeln und zu vervollkommnen; schließlich viertens durch die Betonung von Vernunft, Objektivität und Frieden."[274]

Im Folgenden sollen diese verschiedenen Verwendungsweisen von „Humanismus" näher beleuchtet werden, um so die für die vorliegende Arbeit zentrale Bedeutung des Begriffs herauszuarbeiten.

Der Begriff „Humanismus" wurde im frühen 19. Jahrhundert in Deutschland geprägt, wobei das Wort zuerst das durch Johann Friedrich Abegg im Jahre 1798 bezeugte Fach „Altertumswissenschaften" bezeichnete und später ein Reformprogramm für höhere Schulen, welches 1808 von Friedrich Immanuel

---

270 Quelle: https://www.bpb.de/themen/umwelt/bioethik/271627/bioethik-im-evolutionaeren-humanismus/, aufgerufen am 19.02.2022.

271 Vgl. auch insoweit https://www.bpb.de/themen/umwelt/bioethik/271627/bioethik-im-evolutionaeren-humanismus/, aufgerufen am 19.02.2022.

272 *Cancik*, Humanismus, 2016, S. 1.

273 *Pinker*, Aufklärung jetzt, S. 514 ff.; *Cancik*, Humanismus, 2016, S. 10.

274 *E. Fromm*, Zum Problem einer umfassenden philosophischen Anthropologie, S. 19 f.

Niethammer publiziert wurde.[275] Schließlich bezeichnete „Humanismus“ die Epoche der Renaissance sowie das dazugehörige Welt- und Menschenbild,[276] welches sich durch die Aussage auszeichnet, dass der Mensch als Individuum ein neues Selbstbewusstsein hat. Die Potenziale des Individuums – namentlich das Denkvermögen als Tätigkeitspotenzial und Spontaneität – sind nach dieser Anschauung zwar grundsätzlich allgemeiner Natur, prägen sich im Individuum aufgrund seiner substanziellen Selbst-Reflektivität jedoch als unersetzbar und einzigartig aus.[277] Die humanistische Bildungsbewegung förderte dabei einen freien und kritischen Geist, der nach dem „Warum“ fragt und versucht, Dingen auf den Grund zu gehen.[278]

In der Philosophie wird der Begriff „Humanismus“ als bedeutender und als grundlegender betrachtet als er zu Zeiten der Renaissance verstanden wurde.[279] Charakteristisch für diese Gebrauchsweise des Begriffs ist, dass der Mensch sich wesentlich mit sich selbst und seinen Möglichkeiten befasst.[280] Zentraler Gedanke des modernen Humanismus ist dabei die Aufklärung und das kritische Hinterfragen traditioneller Selbstverständlichkeiten und religiöser Dogmen.[281] Schiller und Herder verstanden unter Humanität die Menschlichkeit an sich, wobei für Herder die Humanität mit einem Fortschrift in der Geschichte verbunden war. Nach ihm helfen Kunst und Wissenschaft dabei, das wahre Wesen des Menschen zu verwirklichen und zu vervollkommnen, wodurch der menschliche Geist dazu in die Lage versetzt wird, einen sinnvollen Zusammenhang der Dinge zu erkennen und zu bejahen. In dieser Bedeutung des Begriffs „Humanismus“ wurde dieser erstmals mit den Ideen des Naturalismus verbunden.[282]

Im Zusammenhang mit der Ablehnung alles Transzendentalen werden unter dem Begriff „Humanismus“ also all jene Geistesströmungen zusammengefasst, die in Theorie und Praxis nicht von imaginären Göttern oder Heilserzählungen,

---

275 *Frindte*, Qou Vadis Humanismus, S. 7.

276 *Cancik*, Humanismus, 2016, S. 9.

277 *Leinkauf*, Die Philosophie des Humanismus und der Renaissance, 2020, S. 88; in der Aufklärungsepoche ein Jahrhundert zuvor wurden jedoch noch die Belange der „res publica“, der gemeinsamen Sache, als höchstes Gut gehandelt, sodass individuellen Freiheiten in aller Regel dem Allgemeinwohl untergeordnet waren, was als Bürgerhumanismus bezeichnet wird, vgl. *Tricoire*, Die Aufklärung, S. 176.

278 *Masetti*, Das (neue) Menschenbild der Renaissance, S. 36.

279 Grundlegend zu diesem Thema *Baab*, Was ist Humanismus, S. 25 ff.

280 *Leinkauf*, Die Philosophie des Humanismus und der Renaissance, 2020, S. 17.

281 *Cancik*, Humanismus, 2016, S. 119.

282 *Vowinkel*, Wissen statt Glauben!, 2018, 1.1.

sondern von real existierenden Menschen ausgehen und es sich zum Ziel setzen, die Lebensverhältnisse der Menschen so zu gestalten, dass eine freie Persönlichkeitsentfaltung aller Menschen möglich ist, unabhängig von Geschlecht, Herkunft und individuellen Fähigkeiten. Da für Humanisten dieser Prägung Freiheit und Gleichberechtigung den höchsten Stellenwert haben, sind alle Verhältnisse umzuwerfen, in denen Menschen erniedrigte, geknechtete und verlassene Wesen sind.[283]

(b) Entstehung und Inhalte des „evolutionären Humanismus"

Dieser Zielsetzung folgt auch der „evolutionäre Humanismus", auf den die Satzung der „Kirche des fliegenden Spaghettimonsters Deutschland e.V." sich bezieht. Der „evolutionäre Humanismus" unterscheidet sich dabei vom traditionellen Humanismus, und zwar insofern, als er wissenschaftliche Erkenntnisse hinzuzieht und so zu einem gegenüber dem traditionellen Humanismus grundsätzlich revidierten Menschen- und Weltbild gelangt.[284] Insbesondere verarbeitet der „evolutionäre Humanismus" die sog. fundamentalen Kränkungen nach Freud. Zusammenfassen lassen sich diese damit, dass die Wissenschaft der menschlichen Selbstverliebtheit eine Kränkung zufügt, indem sie aufzeigt, dass der Mensch, entgegen den Behauptungen des Christentums und anderer Religionen, nicht die Krone der Schöpfung ist. Genau genommen beschreibt Freud drei fundamentale Kränkungen:

- die Kopernikanische Kränkung, die der Erkenntnis korrespondiert, dass die Erde nicht der Mittelpunkt des Universums ist;
- die tiefenpsychologische Kränkung, die aus der Erfahrung resultiert, dass der vom Unterbewusstsein gesteuerte Mensch nicht Herr über sich selbst ist; und schließlich
- die Darwinsche Kränkung als Folge der Erkenntnis, dass der Mensch ein bloß zufälliges Produkt der natürlichen Evolution ist und der Familie der Primaten zuzurechnen ist.[285]

Diese Aufzählung der fundamentalen Kränkungen der Menschheit wurde in der Folge um mehrere Punkte erweitert. So wird beispielsweise von der ökologischen Kränkung gesprochen. Dieser liegt die Erkenntnis zugrunde, dass der

---

283 *Schmidt-Salomon*, Manifest des evolutionären Humanismus, ^{2}2014, S. 13.

284 *Schmidt-Salomon*, Manifest des evolutionären Humanismus, ^{2}2014, S. 13.

285 *Freud*, Vorlesungen zur Einführung in die Psychoanalyse. Und Neue Folge, ^{8}1969, S. 283.

Mensch abhängig von einer Biosphäre ist, die aufgrund der ihr innewohnenden Komplexität weder vollständig zu durchschauen noch zu kontrollieren ist. Eine weitere Ergänzung ist die paläontologische Kränkung, welche aus dem Wissen resultiert, dass die Menschheit erst im letzten Moment der planetaren Zeit aufgetreten ist und vermutlich genauso untergehen wird, wie alle anderen Spezies vor ihr.[286]

Diese fundamentalen Kränkungen hatten und haben zur Folge, dass die Wissenschaft trotz ihrer Allgegenwärtigkeit bei vielen Menschen bis heute teils erhebliche Abwehrreaktionen hervorruft. Als Beispiel sind hier die Angriffe auf Darwins Evolutionstheorie zu nennen, denen diese seit ihrer Entstehung ausgesetzt ist.[287]

An diesem Punkt setzt der eingangs erwähnte Sir Julian Huxley an. Huxley stellte fest, dass nicht nur die Idee des Menschen als der „Kröne der Schöpfung“ sowie die von Menschen geschaffenen Gottesvorstellungen und die damit verbundenen Heilserwartungen mit wissenschaftlichen Erkenntnissen und dem Wissen über den Menschen und die Natur in Konflikt stehen, sondern dass dies auch für traditionelle humanistische Vorstellungen gilt.[288] Um den Humanismus mit den Entdeckungen der Wissenschaft in Einklang zu bringen, schlug Huxley vor, ein neues Ideensystem namens „evolutionärer Humanismus“ zu entwickeln.

Seiner Orientierung an den Wissenschaften entsprechend ist der „evolutionäre Humanismus“ nicht statisch, sondern auf stete Weiterentwicklung ausgerichtet. Die Sichtweisen heutiger Vertreter des „evolutionären Humanismus“ unterscheiden sich dementsprechend von den Positionen, die Huxley in den 1960er Jahren vertrat. So treten heutige evolutionäre Humanisten für einen weltanschaulich neutralen Staat ein, der jeder Person die Freiheit einräumt, gemäß den eigenen weltanschaulichen bzw. religiösen Überzeugungen zu leben, sofern hierdurch nicht die Rechte Dritter verletzt werden. Dieser Auffassung zufolge ist nicht die Freiheit begründungsbedürftig, sondern die Einschränkung derselben. Insbesondere darf die Handlungsfreiheit nicht mit der Begründung eingeschränkt werden, dass bestimmte Handlungen aus der Sicht religiöser oder weltanschaulicher Gruppen unsittlich, gottlos, würdelos oder irrational sind.

An dieses Selbstbestimmungsrecht des Individuums knüpft der „evolutionäre Humanismus“ auch den Begriff der Menschenwürde. So sei die Würde des Einzelnen dadurch bestimmt, dass weder Staat, Religionsgemeinschaft noch

---

286 *Schmidt-Salomon*, Manifest des evolutionären Humanismus, ^{2}2014, S. 10.
287 *Schmidt-Salomon*, Manifest des evolutionären Humanismus, ^{2}2014, S. 9.
288 *Schmidt-Salomon*, Manifest des evolutionären Humanismus, ^{2}2014, S. 12.

Familie, sondern allein der Einzelne über sie verfüge. Zur Begründung wird u. a. angeführt, dass nur ein so gefasster Würdebegriff es erlaube, den für freiheitlich-demokratische Gesellschaften wesentlichen religiös-weltanschaulichen Pluralismus bei der Beantwortung bioethischer Fragen in angemessener Weise zu berücksichtigen, wie sie beispielsweise im Kontext der Sterbehilfe und des Schwangerschaftsabbruchs aufkommen.[289]

Der „evolutionäre Humanismus" kann zusammenfassend als moderner, bürgerrechtlich orientierter und weltlich ausgerichteter demokratischer Humanismus + X beschrieben werden, wobei „X" die Absicht einer konsequent naturalistischen Fundierung der humanistischen Weltanschauung symbolisiert.[290]

(2) Die Giordano-Bruno-Stiftung

Der „evolutionäre Humanismus" wird besonders von der Giordano-Bruno-Stiftung verbreitet und weiterentwickelt. Dementsprechend räumt die „Kirche des Fliegenden Spaghettimonsters Deutschland e.V." ihr einen besonderen Stellenwert in ihrer Satzung ein.[291]

Die Giordano-Bruno-Stiftung versteht sich selbst als Denkfabrik für Humanismus und Aufklärung.[292] Als Leitsatz im Sinne des „evolutionären Humanismus" ruft sie „Wir sind nicht die Krone der Schöpfung, sondern die Neandertaler von morgen" aus. Die Giordano-Bruno-Stiftung legt den „evolutionären Humanismus" dahingehend aus, dass evolutionäre Humanisten weder heilige Schriften noch unantastbare Propheten kennen, welche Zugang zur absoluten Wahrheit haben. Stattdessen glauben evolutionäre Humanisten an die Entwicklungsfähigkeit des Menschen, die es der Menschheit möglich macht, lebensfreundlichere, freiere und gerechtere Verhältnisse herzustellen, als sie heute vorgefunden werden.[293]

Gegründet wurde die Giordano-Bruno-Stiftung im Jahr 2004 von dem Unternehmer Herbert Steffen und dem Pädagogen Michael Schmidt-Salomon. Steffen wuchs in einem streng katholisch geprägten Elternhaus auf und besuchte neun Jahre lang das bischöfliche Internat in Gerolstein/Eifel. Danach studierte

---

289 Quelle: https://www.bpb.de/themen/umwelt/bioethik/271627/bioethik-im-evolutionaeren-humanismus/, aufgerufen am 02.08.2022.

290 *Schmidt-Salomon*, Manifest des evolutionären Humanismus, ^{2}2014, S. 12.

291 Quelle: https://www.pastafari.eu/verein/satzung-beitragsordnung/, aufgerufen am 05.08.2022.

292 Quelle: https://www.giordano-bruno-stiftung.de/, aufgerufen am 05.08.2022.

293 Quelle: https://www.giordano-bruno-stiftung.de/leitbild, aufgerufen am 05.08.2022.

er in Köln Betriebswirtschaftslehre, obwohl er bereits am Priesterseminar eingeschrieben war. Mitte der 1980er Jahre trat Steffen aus der katholischen Kirche aus.[294] Vor seinem Austritt war Steffen überzeugter, aktiver Katholik und Mitglied des Diözesanrates des Bistums Trier.[295] Nach der Lektüre des Buchs „Kriminalgeschichte des Christentums“ von Karlheinz Deschner wandte Steffen sich allerdings vom Katholizismus ab. Er blieb mit dem Autor in Kontakt und unterstützte ihn fortan auch finanziell.[296]

Schmidt-Salomon, der gemeinhin als Deutschlands bekanntester Religionskritiker gilt,[297] studierte in Trier Pädagogik und wurde im Jahr 1997 im selben Fach promoviert. Anschließend war er wissenschaftlicher Mitarbeiter und Lehrbeauftragter an der Universität Trier und später Dozent in Luxemburg.[298] Im Auftrag der Giordano-Bruno-Stiftung verfasste er das „Manifest des evolutionären Humanismus. Plädoyer für eine zeitgemäße Leitkultur“, welches im Jahr 2005 erschien.[299]

Große Bekanntheit erlangte die Giordano-Bruno-Stiftung durch eine Reihe von medienträchtigen Unternehmungen, mit welchen die Leitideen des Humanismus stärker in der Gesellschaft verankert werden sollten. So richtete die Giordano-Bruno-Stiftung im Jahr 2004 eine Feier zum 80. Geburtstag des Kirchenkritikers Karlheinz Deschner aus. Im Jahr 2005 folgte anlässlich des katholischen Weltjugendtags in Köln als Gegenreaktion die Veranstaltungsreihe „Religionsfreie Zone: Heidenspaß statt Höllenqual“. 2007 stellte die Giordano-Bruno-Stiftung in Berlin den Zentralrat der Ex-Muslime und dessen Kampagne „Wir haben abgeschworen“ vor. Diese Aktion war besonders medienträchtig, weil ehemalige Muslime sich hier in einer nie zuvor dagewesenen Weise öffentlich dazu bekannten, dem Islam abgeschworen zu haben. Im Jahre 2013 war die Giordano-Bruno-Stiftung maßgeblich am Humanistentag in Hamburg sowie an der Kritischen Islamkonferenz in Berlin beteiligt. Im Jahr 2014 feierte die Giordano-Bruno-Stiftung ihr zehnjähriges Jubiläum. Im Rahmen dieser Feier wurde auch erstmals der Film „Hoffnung Mensch“ von Ricarda Hinz gezeigt,

---

294 Quelle: https://hpd.de/node/50, aufgerufen am 06.08.2022.

295 *Mynarek*, Vom wahren Geist der Humanität, Juli 2017, S. 5.

296 *Mynarek*, Vom wahren Geist der Humanität, Juli 2017, S. 5 ff.

297 Quelle: https://www.tagesspiegel.de/wissen/der-religionskritiker-1642384.html, aufgerufen am 06.08.2022.

298 Quelle: https://web.archive.org/web/20160303054334/https://www.philosophicum.com/archiv/2006/referenten/Schmidt-Salomon.html, aufgerufen am 06.08.2022.

299 Quelle: https://www.giordano-bruno-stiftung.de/sites/gbs/files/media/bruno2019.pdf, aufgerufen am 05.08.2022.

welcher die Geschichte des „evolutionären Humanismus" und der Giordano-Bruno-Stiftung zum Inhalt hat. 2018 richtete die Giordano-Bruno-Stiftung den „Deutschen Ketzertag" sowie anlässlich des Jubiläums „70 Jahre UN-Menschenrechtserklärung" die säkulare Woche der Menschenrechte aus.[300]

Die Giordano-Bruno-Stiftung positioniert sich klar gegen die traditionellen Religionen. So heißt es in der Einleitung zu *Schmidt-Salomons* „Manifest des evolutionären Humanismus. Plädoyer für eine zeitgemäße Leitkultur":

> „Wer heute ein logisch konsistentes (= widerspruchsfreies), mit empirischen Erkenntnissen übereinstimmendes (= unserem systematischen Erfahrungswissen entsprechendes) und auch ethisch tragfähiges Menschen- und Weltbild entwickeln möchte, muss notwendigerweise auf die Ergebnisse der wissenschaftlichen Forschung zurückgreifen. Die traditionellen Religionen, die bislang das menschliche Selbstverständnis prägten, können diese Aufgabe nicht mehr erfüllen. Sie sind nicht nur hinreichend theoretisch widerlegt, sie haben sich auch in ihrer Praxis als schlechte Ratgeber für die Menschheit erwiesen, wie nicht zuletzt der islamische Fundamentalismus oder die Kriminalgeschichte des Christentums belegen."[301]

An späterer Stelle führt *Schmidt-Salomon* zudem aus:

> „Keine der bestehenden Religionen ist mit den Ergebnissen der wissenschaftlichen Forschung noch in Einklang zu bringen! Nie zuvor in der Geschichte der Menschheit trat die Unvereinbarkeit von religiösem Glauben und wissenschaftlichem Denken so deutlich zum Vorschein wie in unseren Tagen."[302]

Gleichwohl beschreibt sich die Giordano-Bruno-Stiftung nicht als religionsfeindlich, sondern als religionskritisch.[303]

In Anspielung auf die Zehn Gebote der Bibel formulierte Schmidt-Salomon die „zehn Angebote des evolutionären Humanismus", welche die Giordano-Bruno-Stiftung auf ihrer Internetpräsenz vorhält. Diese lauten wie folgt:

„1. Diene weder fremden noch heimischen „Göttern" (die bei genauerer Betrachtung nichts weiter als naive Primatenhirn-Konstruktionen sind), sondern dem großen Ideal der Ethik, das Leid in der Welt zu mindern! Diejenigen, die behaupteten, besonders nah ihrem „Gott" zu sein, waren meist jene, die dem Wohl und Wehe der realen Menschen besonders fern standen. Beteilige dich

300 Quelle: https://www.giordano-bruno-stiftung.de/aktivitaeten/chronologie-wichtigsten-ereignisse, aufgerufen am 06.08.2022.

301 *Schmidt-Salomon*, Manifest des evolutionären Humanismus, ^{2}2014, S. 6 f.

302 *Schmidt-Salomon*, Manifest des evolutionären Humanismus, ^{2}2014, S. 11.

303 Quelle: https://www.giordano-bruno-stiftung.de/leitbild/10-fragen-antworten, aufgerufen am 07.08.2022.

nicht an diesem Trauerspiel! Wer Wissenschaft, Philosophie und Kunst besitzt, braucht keine Religion!

2. Verhalte dich fair gegenüber deinem Nächsten und deinem Fernsten! Du wirst nicht alle Menschen lieben können, aber du solltest respektieren, dass jeder Mensch – auch der von dir ungeliebte! – das Recht hat, seine individuellen Vorstellungen von „gutem Leben (und Sterben) im Diesseits“ zu verwirklichen, sofern er dadurch nicht gegen die gleichberechtigten Interessen Anderer verstößt.

3. Habe keine Angst vor Autoritäten, sondern den Mut, dich deines eigenen Verstandes zu bedienen! Bedenke, dass die Stärke eines Arguments völlig unabhängig davon ist, wer es äußert. Entscheidend für den Wahrheitswert einer Aussage ist allein, ob sie logisch widerspruchsfrei ist und unseren realen Erfahrungen in der Welt entspricht.

4. Du sollst nicht lügen, betrügen, stehlen, töten – es sei denn, es gibt im Notfall keine anderen Möglichkeiten, die Ideale der Humanität durchzusetzen! Wer in der Nazidiktatur nicht log, sondern der Gestapo treuherzig den Aufenthaltsort jüdischer Familien verriet, verhielt sich im höchsten Maße unethisch – im Gegensatz zu jenen, die Hitler durch Attentate beseitigen wollten, um Millionen von Menschenleben zu retten. Ethisches Handeln bedeutet keineswegs, blind irgendwelchen moralischen Geboten oder Verboten zu folgen, sondern in der jeweiligen Situation abzuwägen, mit welchen positiven und negativen Konsequenzen eine Entscheidung verbunden wäre.

5. Befreie dich von der Unart des Moralisierens! Es gibt in der Welt nicht „das Gute“ und „das Böse“, sondern bloß Menschen mit unterschiedlichen Interessen, Bedürfnissen und Lernerfahrungen. Trage dazu bei, dass die katastrophalen Bedingungen aufgehoben werden, unter denen Menschen heute verkümmern, und du wirst erstaunt sein, von welch freundlicher, kreativer und liebenswerter Seite sich die vermeintliche „Bestie“ Homo sapiens zeigen kann.

6. Immunisiere dich nicht gegen Kritik! Ehrliche Kritik ist ein Geschenk, das du nicht abweisen solltest. Durch solche Kritik hast du nicht mehr zu verlieren als deine Irrtümer, von denen du dich besser heute als morgen verabschiedest. Habe Mitleid mit jenen Kritikunfähigen, die sich aus tiefer Angst heraus als „unfehlbar“ und ihre Dogmen als „heilig“ (unantastbar) darstellen müssen. Sie sollten in einer modernen Gesellschaft nicht mehr ernst genommen werden.

7. Sei dir deiner Sache nicht allzu sicher! Was uns heute als richtig erscheint, kann schon morgen überholt sein! Zweifle aber auch am Zweifel! Selbst wenn unser Wissen stets begrenzt und vorläufig ist, solltest du entschieden für das eintreten, von dem du überzeugt bist. Sei dabei aber jederzeit offen für bessere

Argumente, denn nur so wird es dir gelingen, den schmalen Grat jenseits von Dogmatismus und Beliebigkeit zu meistern.

8. Überwinde die Neigung zur Traditionsblindheit, indem du dich gründlich nach allen Seiten hin informierst, bevor du eine Entscheidung triffst! Du verfügst als Mensch über ein außerordentlich lernfähiges Gehirn, lass es nicht verkümmern! Achte darauf, dass du in Fragen der Ethik und der Weltanschauung die gleichen rationalen Prinzipien anwendest, die du beherrschen musst, um ein Handy oder einen Computer bedienen zu können. Eine Menschheit, die das Atom spaltet und über Satelliten kommuniziert, muss die dafür notwendige Reife besitzen.

9. Genieße dein Leben, denn dir ist höchstwahrscheinlich nur dieses eine gegeben! Sei dir deiner und unser aller Endlichkeit bewusst, verdränge sie nicht, sondern „nutze den Tag" (Carpe diem)! Gerade die Endlichkeit des individuellen Lebens macht es so ungeheuer kostbar! Lass dir von niemandem einreden, es sei eine Schande, glücklich zu sein! Im Gegenteil: Indem du die Freiheiten genießt, die du heute besitzt, ehrst du jene, die in der Vergangenheit im Kampf für diese Freiheiten ihr Leben gelassen haben!

10. Stelle dein Leben in den Dienst einer „größeren Sache", werde Teil der Tradition derer, die die Welt zu einem besseren, lebenswerteren Ort machen woll(t)en! Eine solche Haltung ist nicht nur ethisch vernünftig, sondern auch das beste Rezept für eine sinnerfüllte Existenz. Es scheint so, dass Altruisten die cleveren Egoisten sind, da die größte Erfüllung unseres Eigennutzes in seiner Ausdehnung auf Andere liegt. Wenn du dich selber als Kraft im „Wärmestrom der menschlichen Geschichte" verorten kannst, wird dich das glücklicher machen, als es jeder erdenkliche Besitz könnte. Du wirst intuitiv spüren, dass du nicht umsonst lebst und auch nicht umsonst gelebt haben wirst!"[304]

Die zehn Angebote des „evolutionären Humanismus" wurden von der „Kirche des Fliegenden Spaghettimonsters Deutschland e.V." übernommen und auf ihrer Internetseite veröffentlicht. Die einzige Abweichung besteht darin, dass der erste Teilsatz des 10. Angebots – „Stelle dein Leben in den Dienst einer ‚größeren Sache'!" – abgelehnt wird. Zur Begründung äußert sich die „Kirche des Fliegenden Spaghettimonsters Deutschland e.V." wie folgt:

> „Für uns gibt es keine größere Sache als uns selbst. Wir erkennen, uns kann es nur gut gehen, wenn es den anderen um uns herum nicht schlecht geht. So helfen wir anderen

---

304 Quelle: https://www.giordano-bruno-stiftung.de/leitbild/zehn-angebote, aufgerufen am 07.08.2022; Text findet sich auch bei *Schmidt-Salomon*, Manifest des evolutionären Humanismus, ^{2}2014, S. 130 ff.; Hervorhebungen im Original.

und dienen dabei uns selbst. Deshalb haben wir diesen Halbsatz aus dem 10. Angebot gestrichen.“[305]

Kritisiert wird die Giordano-Bruno-Stiftung insbesondere aufgrund der Namensgebung. So sei Giordano Bruno tiefreligiös gewesen, während die Giordano-Bruno-Stiftung alles Religiöse kategorisch ablehne. Der Namensgeber der Stiftung wäre also nicht mit ihren Zielen und Inhalten einverstanden gewesen.[306]

bb) Bildung und Erziehung

Ein weiteres satzungsgemäßes Ziel der „Kirche des Fliegenden Spaghettimonsters Deutschland e.V.“ ist die Förderung von Bildung und Erziehung. Der ehemalige Vorsitzende der „Kirche des Fliegenden Spaghettimonsters Deutschland e.V.“ führte diesbezüglich im Interview aus, dass man versuche, entsprechende Inhalte an Schulen zu vermitteln. So habe man ein Curriculum für Schulen verfasst. Religionskundelehrer hätten Interesse bekundet. Von Schulen im Berliner Raum sei er gelegentlich eingeladen worden, ebenso von der theologischen Fakultät der Humboldt-Universität zu Berlin. Viele Schüler würden sich direkt an die „Kirche des Fliegenden Spaghettimonsters Deutschland e.V.“ wenden, da sie Arbeiten über das „Fliegende Spaghettimonster“ schreiben wollen. Schüler machten auch einen Großteil der Mitglieder „Kirche des Fliegenden Spaghettimonsters Deutschland e.V.“ aus. Weitere Bildungs- und Erziehungsangebote bestehen nicht.[307]

cc) Kunst und Kultur

Das satzungsgemäße Ziel der Förderung von Kunst und Kultur wird von der „Kirche des Fliegenden Spaghettimonsters Deutschland e.V.“ durch das Mittel der Satire umgesetzt. Diesbezüglich sagte der ehemalige Vorsitzende im Interview, dass alles, was die „Kirche des Fliegenden Spaghettimonsters Deutschland e.V.“ mache, Kleinkunst sei. Insbesondere bei der sog. „Nudelmesse“ handle es sich um eine reine Kabarettnummer.

---

305 Quelle: https://www.pastafari.eu/verein/10-angebote-des-evolutionaeren-humanismus/, aufgerufen am 07.08.2022.

306 *Mynarek*, Vom wahren Geist der Humanität, Juli 2017, S. 15.

307 Interview mit R. Weida, S. 8 (Anlage 1).

Ein weiteres Ziel in diesem Kontext besteht in der Auslobung eines Kunstpreises nach dem Vorbild des Bundes für Geistesfreiheit und der Giordano-Bruno-Stiftung. Zudem wurde eine eigene „Pastafari-Musik" entwickelt, welche auf der CD „Wir singen dem Monster ein Lied" zu finden ist.[308]

d) *Fazit*

Die „Kirche des Fliegenden Spaghettimonsters Deutschland e.V." nutzt die Satire, um ihrer Ablehnung alles Transzendentalen Ausdruck zu verleihen. Nicht die Religion, sondern nur die Wissenschaft könne Antworten auf die Frage nach der Entstehung des Universums und der Menschheit geben. Insoweit verstehen sich die Anhänger als Naturalisten. In der Konsequenz fordert die „Kirche des Fliegenden Spaghettimonsters Deutschland e.V.", dass wissenschaftlich ausgerichtete Weltanschauungen Religionen gleichgestellt werden sollten, womit jedoch nicht gemeint ist, dass erstere dieselben Sonderrechte haben sollten wie letztere, sondern dass den Kirchen diese Sonderrechte aberkannt werden und sie stattdessen dem Vereinsrecht unterstellt werden. Die Zielstellung lautet also, dass weder religiöse noch weltanschauliche Gruppierungen Sonderrechte erhalten. Nur so könne wahre Gleichberechtigung hergestellt werden.

Die „Kirche des Fliegenden Spaghettimonsters Deutschland e.V." hat sich der Förderung des „evolutionären Humanismus" verschrieben, welcher sich im Geiste seiner naturalistischen Ausrichtung gegen alles Transzendentale richtet und den Menschen als zufällig entstandene Primartenart sieht, welche laut wissenschaftlichen Erkenntnissen das Potenzial hat, die Lebensverhältnisse aller Menschen so zu gestalten, dass eine freie Persönlichkeitsentfaltung möglich ist.

Vor diesem Hintergrund bekennt sich die „Kirche des Fliegenden Spaghettimonsters Deutschland e.V." zur Giordano-Bruno-Stiftung, welche es sich zum Ziel gesetzt hat, den „evolutionären Humanismus" zu vertreten und zu verbreiten. Wie die Giordano-Bruno-Stiftung ist die „Kirche des Fliegenden Spaghettimonsters Deutschland e.V." dezidiert kirchenkritisch. Ihre Kritik an Religionen bzw. religiösen Lehren sowie an den Sonderrechten der Kirchen äußert die „Kirche des Fliegenden Spaghettimonsters Deutschland e.V." durch die oben beschriebene Satire.

Um die zentrale Frage der vorliegenden Arbeit zu beantworten, ob antireligiöse bzw. antikirchliche Gruppierungen wie die „Kirche des Fliegenden Spaghettimonsters Deutschland e.V." als Religions- oder Weltanschauungsgemeinschaften

308 Interview mit R. Weida, S. 9 (Anlage 1).

den Schutz von Art. 4 GG genießen, soll im Folgenden herausgearbeitet werden, welche Garantien das Grundrecht enthält und welche Voraussetzungen erfüllt sein müssen, um den Schutz von Art. 4 GG als Gruppe in Anspruch nehmen zu können. Auf dieser Basis soll anschließend geprüft werden, ob die in dieser Arbeit als Beispiel betrachtete „Kirche des Fliegenden Spaghettimonsters Deutschland e.V.“ diese Voraussetzungen erfüllt.

C. Der Schutz von Religion und Weltanschauung im GG

I. Entstehungsgeschichte des Grundrechts der Religionsfreiheit in Deutschland

Die wichtigste Grundlage für die religiöse und weltanschauliche Selbstbestimmung sowohl des Einzelnen als auch von Religions- und Weltanschauungsgemeinschaften ist Art. 4 Abs. 1 und 2 GG.[309] Nach dem Wortlaut des Art. 4 Abs. 1 GG sind die Freiheiten des Glaubens, des Gewissens und des religiösen und weltanschaulichen Bekenntnisses unverletzlich. Art. 4 Abs. 2 GG gewährt die ungestörte Religionsausübung. Ergänzt wird die Religionsfreiheit für Religions- und Weltanschauungsgemeinschaften durch das Recht auf Selbstbestimmung über die eigenen Angelegenheiten in Art. 140 GG i. V. m. Art. 137 III WRV.[310] Auf europäischer Ebene gewährt zudem Art. 9 der EMRK Gedanken-, Gewissens- und Religionsfreiheit, wobei die EMRK nach Art. 59 Abs. 2 GG auf Ebene des einfachen Bundesrechts im Rang unter dem des GG steht. Europarechtlich normiert Art. 10 GRC Religionsfreiheit.

In den in Art. 4 Abs. 1 und 2 GG verbürgten Rechten werden Grundrechte aller Menschen gesehen. So wird deklariert, dass die Glaubens-, Gewissens-, Bekenntnis- und Religionsfreiheit zum ältesten Grundrechtsbestand gehört.[311] Die Entwicklungsgeschichte dieser Freiheiten reicht dementsprechend weit zurück. So haben sich die Strukturen, auf denen die moderne Religionsfreiheit beruht, bereits im Hochmittelalter entwickelt. Papst und Kirche gewannen in der Mitte des 11. Jahrhunderts gegenüber der weltlichen

---

309 So schon *Muckel*, Religiöse Freiheit und staatliche Letztentscheidung, 1997, S. 125.

310 BVerfG, Beschl. v. 25.03.1980 – 1 BvR 159/78, BVerfGE 53, 366 (401); *Antes/de Wall/Ebertz u. a.*, Religions- und Weltanschauungsfreiheit, 2018, S. 11; *Unruh*, in: v. Mangoldt/Klein/Starck (Hrsg.), Kommentar zum GG, Art. 137 WRV, Rn. 271; *Jurina*, Der Rechtsstatus der Kirchen und Religionsgemeinschaften im Bereich ihrer eigenen Angelegenheiten, S. 56; a.A. *Listl*, der die These entwickelt hat, dass das Recht der Kirchen auf selbständige Gestaltung ihres Internbereichs sich bereits aus Art. 4 GG ergebe, so dass Art. 137 Abs. 3 WRV lediglich deklaratorischen Charakter habe, vgl. *Listl*, Essener Gespräche zum Thema Staat und Kirche 3, S. 87, S. 137; zur These *Listls* vertiefend *Jurina*, a. a. O. S. 51 ff.

311 *Stern*, Das Staatsrecht der Bundesrepublik Deutschland, Band IV/2, 2011, S. 890.

Gewalt an Selbständigkeit und organisatorischer Freiheit,[312] sodass die Kirche in der Folge mit dem kanonischen Recht eine eigene Rechtsordnung entwickelte. Dies führte jedoch noch nicht zu einer strengen Trennung zwischen weltlicher Herrschaft und Kirche, da erstere noch immer Einfluss auf letztere hatte, umgekehrt aber auch weiterhin religiös gebunden war. Die Religionsfreiheit nach heutigem Verständnis entstand erst mit der Entwicklung des Christentums in der Moderne. Damit einhergehend kam es, abhängig davon, welche Staaten man betrachtet, zu einer mehr oder minder vollständigen Unterscheidung von Staat und Kirche und somit zur Säkularisierung des Staates.[313]

In Deutschland lag der Entwicklung der Religionsfreiheit nicht der Gedanke der individuellen Freiheit zugrunde, sondern zum einen der Gedanke der Toleranz des Nebeneinanders freier religiöser Bekenntnisse sowie zum anderen die Frage nach dem Verhältnis zwischen Staat und Kirche.[314] Im Augsburger Religionsfrieden von 1555 wurde die freie Konfessionswahl der Landesfürsten vereinbart, die es diesen ermöglichte, die Religionszugehörigkeit ihres Territoriums (*cuius regio, eius religio*) und somit die religiöse Zugehörigkeit der Bürger dieses Territoriums selbständig zu regeln (*ius reformandi*), wobei strikt zwischen katholisch, lutherisch und reformiert unterschieden wurde.[315] Die erste individuelle Freiheit ist dabei im Recht des *ius emigrandi* zu sehen, welches den Untertanen eines Territoriums gestattete, aus religiösen Gründen in ein Territorium ihrer Konfession auszuwandern.[316] Im Westfälischen Frieden von 1648 wurde mit der Möglichkeit der Hausandacht (*exercitium religionis privatum*) ein weiteres individuelles Recht geschaffen.[317]

Die Grundlage für die Religionsfreiheit im heutigen Verständnis wurde mit der französischen Erklärung der Menschen- und Bürgerrechte von 1789 gelegt.[318] Das Gedankengut der Aufklärung wirkte auf die Verwaltungspraxis

---

312 *Starck*, in: v. Mangoldt/Klein/Starck (Hrsg.), Kommentar zum GG, Art. 4 GG, Rn. 1.

313 *Starck*, in: v. Mangoldt/Klein/Starck (Hrsg.), Kommentar zum GG, Art. 4 GG, Rn. 1.

314 Vgl. dazu schon ausführlich *v. Campenhausen*, in: Isensee/Kirchhof (Hrsg.), Handbuch des Staatsrechts, 2009, Rn. 3.

315 *Heckel*, in: ZAR 34 (2014) 157, 160; *Zander*, „Europäische" Religionsgeschichte, S. 293.

316 *Gotthard*, Der Augsburger Religionsfriede, S. 8; *v. Campenhausen/de Wall*, Religionsverfassungsrecht, [5]2022, S. 13.

317 *Mager*, in: v. Münch/Kunig (Hrsg.), Grundgesetz, Art. 4 GG, Rn. 2.

318 Art. 10 der Déclaration des Droits de l'Homme et du Citoyen de 1789: „Nul ne droit être inquieté pour ses opinions, même religieuses, pourvu qu leur manifestation ne

in Religionsangelegenheiten ein, sodass sich die Religionsfreiheit nicht mehr auf die drei Hauptreligionen katholisch, lutherisch und reformiert beschränkte, sondern nun auch gegenüber kleineren christlichen Religionsgemeinschaften wie den Mennoniten und Baptisten Toleranz geübt wurde.[319] Im Jahre 1850 trat mit Art. 12 der revidierten Verfassungsurkunde Preußens die Freiheit der Vereinigung zu Religionsgesellschaften und zur gemeinsamen häuslichen und öffentlichen Religionsausübung für alle Religionsgemeinschaften hinzu.[320] Ergab sich die Toleranz aus praktischen politischen Erwägungen, war die Glaubensfreiheit ein konstitutives Prinzip von Staat und Gesellschaft.[321]

Die Weimarer Reichsverfassung von 1919 brachte die freie Religionsausübung des Einzelnen mit sich, indem der an § 147 der Paulskirchenverfassung von 1849 angelehnte Art. 135 WRV normierte:

> „Alle Bewohner des Reichs genießen volle Glaubens- und Gewissensfreiheit. Die ungestörte Religionsausübung wird durch die Verfassung gewährleistet und steht unter staatlichem Schutz."

Diese Norm der Weimarer Reichsverfassung ließ eine freiheitliche Entwicklung der Religionsfreiheit in aufsteigender Linie erkennen, denn zum ersten Mal handelte es sich um unmittelbar geltendes Recht, genauer gesagt um reichsverfassungsrechtliche Verbürgungen, die sich als Grundrechte direkt gegen den Staat richteten. Die Religionsfreiheit war nunmehr ein umfassendes Recht, welches die Freiheit einräumte, jeden beliebigen bzw. keinen Glauben zu haben, sich zu dieser Entscheidung zu bekennen oder es zu unterlassen und Inhalte seines Glaubens zu verbreiten oder dazu zu schweigen. Die Unterscheidung zwischen häuslicher und öffentlicher Religionsausübung entfiel. Nunmehr war es auch das Recht der Erziehungsberechtigten, darüber zu entscheiden, ob ihre Kinder einer Religion zugehörig sein sollten oder nicht, welche Religion dies sein sollte und ob die Kinder am Religionsunterricht teilnehmen sollten oder nicht.[322]

---

trouble pas l'ordre public établi par la loi", siehe *Sydow*, in: Dreier (Hrsg.), Grundgesetz, 4. Aufl., Art. 4 Rn. 49 ff.; *Di Fabio*, in: Dürig/Herzog/Scholz, Grundgesetz, Art. 4 GG, Rn. 43 f.

319 *Starck*, in: v. Mangoldt/Klein/Starck (Hrsg.), Kommentar zum GG, Art. 4 GG, Rn. 4.

320 *Kokott*, in: Sachs (Hrsg.), Grundgesetz, Art. 4, Rn. 1.

321 *Morlok*, in: Dreier (Hrsg.), Grundgesetz, Art. 4, Rn. 9; *Link*, Kirchliche Rechtsgeschichte, ^{3}2019, S. 159.

322 *Stern*, Das Staatsrecht der Bundesrepublik Deutschland, Band IV/2, 2011, S. 907 ff.

Gänzlich schrankenlos war die Religionsfreiheit der Weimarer Reichsverfassung indes nicht. So normierte Art. 135 S. 3 WRV: „Die allgemeinen Staatsgesetze bleiben hiervon unberührt." Dieser Gesetzesvorbehalt wurde dahingehend interpretiert, dass die Religionsfreiheit ihre Schranken in den Staatsgesetzen zu finden hatte, sodass sich in der Folge der Grundsatz „Staatsgewalt geht vor Religionsgebot" etablierte. Als Beispiel nennt *Anschütz* in seiner Kommentierung der Reichsverfassung von Weimar § 67 PStG, welcher die kirchliche Trauung zeitlich vor der standesamtlichen Eheschließung untersagte. Weiter wies er darauf hin, dass die Religionsfreiheit dann Schranken begegne, wenn ihre Ausübung durch staatsgefährdendes, sicherheits- oder sittenwidriges Handeln ausgeübt werde. Sämtliche einschränkenden Gesetze mussten jedoch allgemeinen Charakter haben, durften die Religionsfreiheit also nicht gezielt einschränken.[323]

Art. 4 GG kennt diesen Gesetzesvorbehalt nicht mehr, wenngleich bei der Entstehung des GG im Grundsatzausschuss ausführlich über diesen Punkt debattiert wurde. Der Abgeordnete *Süsterhenn* (CDU) merkte dazu an:

> „Mit der Formel ‚im Rahmen der allgemeinen Gesetze' wäre es möglich, durch einfaches Gesetz das Recht auf ungestörte Religionsausübung zu beseitigen. Wir legen aber Wert darauf, die ungestörte Religionsausübung in der Verfassung ausdrücklich festzulegen, und zwar so, dass dieses Recht nicht durch einen allgemeinen Gesetzesvorbehalt aufgeweicht werden kann."[324]

Zudem zeigte er auf, dass die Kirchen mit einem Gesetzesvorbehalt schlechter gestellt wären als Presse, Rundfunk und Film. Infolge dieser Argumente wurde der allgemeine Gesetzesvorbehalt mit überwiegender Mehrheit gestrichen.[325]

II. Abgrenzung einzelner Freiheitsrechte des Art. 4 Abs. 1 und 2 GG

Dem Wortlaut nach differenziert Art. 4 Abs. 1 und 2 GG zwischen verschiedenen Gewährleistungen, nämlich der Glaubensfreiheit, der Gewissensfreiheit, der Bekenntnisfreiheit und der Religionsausübungsfreiheit. Wie im

---

323 *Stern*, Das Staatsrecht der Bundesrepublik Deutschland, Band IV/2, 2011, S. 909.

324 Zit. n. *Stern*, Das Staatsrecht der Bundesrepublik Deutschland, Band IV/2, 2011, S. 915.

325 *Stern*, Das Staatsrecht der Bundesrepublik Deutschland, Band IV/2, 2011, S. 915 m. w. N.

Folgenden gezeigt wird, sieht das BVerfG trotz dieser Differenzierung in Art. 4 Abs. 1 und 2 GG in ständiger Rechtsprechung ein einheitliches Grundrecht der Religionsfreiheit.[326] Auch in der Literatur wird überwiegend diese Auffassung vertreten.[327]

1. Religionsfreiheit als einheitliches Grundrecht

Die Ansicht, dass das Grundrecht der ungestörten Religionsausübung aus Art. 4 Abs. 2 GG an sich bereits im Begriff der Glaubens- und Bekenntnisfreiheit aus Art. 4 Abs. 1 GG enthalten sei, vertrat das BVerfG erstmals in seiner Entscheidung zum sog. „Lumpensammlerfall".[328] Dort argumentierte das BVerfG, der Begriff der Glaubens- und Bekenntnisfreiheit umfasse unabhängig davon, ob es sich um ein religiöses Bekenntnis oder um eine religionsfremde oder religionsfreie Weltanschauung handelt, nicht nur die innere Freiheit zu glauben oder nicht zu glauben – d. h. sich zu einem Glauben zu bekennen, diesen zu verschweigen bzw. sich von einem bisherigen Glauben loszusagen und einem anderen Glauben zuzuwenden –, sondern ebenso die Freiheit des kultischen Handelns, des Werbens und der Propaganda. Demnach sei die ungestörte Religionsausübung ein Bestandteil der dem Einzelnen sowie der religiösen und weltanschaulichen Vereinigung zustehenden Glaubens- und Bekenntnisfreiheit. Dementsprechend gehe die Freiheit der Religionsausübung, so das BVerfG, mindestens seit der Weimarer Reichsverfassung inhaltlich in der Bekenntnisfreiheit auf.[329]

Die in Art. 4 Abs. 2 GG normierte besondere Gewährleistung der gegen Eingriffe und Angriffe des Staates geschützten Religionsausübung erkläre sich historisch aus der Vorstellung des besonderen *exercitium religionis* und insbesondere

---

326 BVerfG, Beschl. v. 16.10.1968 – 1 BvR 241/66, BVerfGE 24, 236 (245); BVerfG, Beschl. v. 05.02.1991 – 2 BvR 263/86, BVerfGE 83, 341 (354); BVerfG, Beschl. v. 24.09.2003 – 2 BvR 1436/02, BVerfGE 108, 282 (297); BVerfG, Beschl. v. 01.12.2009 – 1 BvR 2858/07, BVerfGE 125, 39 (79); BVerfG, Beschl. v. 27.01.2015 – 1 BvR 471/10, BVerfGE 138, 296 (329); BVerfG, Beschl. v. 18.10.2016 – 1 BvR 354/11, KirchE 68, 220 (231).

327 *Jarass*, in: Jarass/Pieroth (Hrsg.), Kommentar zum GG, Art. 4 GG, Rn. 1; *I. Schmidt*, in: Müller-Glöge/Preis/Schmidt (Hrsg.), Erfurter Kommentar zum Arbeitsrecht, Art. 4 GG, Rn. 1; *Germann*, in: Epping/Hillgruber (Hrsg.), BeckOK GG, Art. 4 GG, Rn. 19; *Manssen*, Staatsrecht II, [19]2022, S. 107; *Gröpl/Windthorst/v. Coelln*, Grundgesetz, [5]2022, S. 132; *Hufen*, Staatsrecht II, [9]2021, S. 367; *Zippelius/Würtenberger*, Deutsches Staatsrecht, [33]2020, S. 275; zur Gegenauffassung vgl. die Nachweise ab C II 2.

328 BVerfG, Beschl. v. 16.10.1968 – 1 BvR 241/66, BVerfGE 24, 236–252.

329 BVerfG, Beschl. v. 16.10.1968 – 1 BvR 241/66, BVerfGE 24, 236 (245).

aus der Abwehrhaltung gegenüber den Störungen der Religionsausübung, zu denen es unter der nationalsozialistischen Gewaltherrschaft gekommen war. Art. 4 Abs. 2 GG habe also den Sinn einer Klarstellung dahingehend, dass Träger des besagten Grundrechts auch eine Gemeinschaft sein könne, deren religiöses Daseins- und Betätigungsrecht hinsichtlich der Form und des Inhalts, der Teilnahme und der Art der Ausübung (in der Familie, im Haus und in der Öffentlichkeit) geschützt sei, soweit sie sich im Rahmen gewisser übereinstimmender sittlicher Grundanschauungen der heutigen Kulturvölker halte.[330]

In der sog. Baha'i-Entscheidung[331] wiederholte der Zweite Senat des BVerfG, dass die in Art. 4 GG verbürgte Religionsfreiheit umfassend zu verstehen sei. In der Begründung griff das BVerfG auf die oben zitierte Rumpelkammerentscheidung zurück, um darzustellen, dass die religiöse Vereinigungsfreiheit, welche in Art. 4 Abs. 1und 2 GG nicht ausdrücklich benannt ist, von der Religionsfreiheit im Sinne des Art. 4 GG umfasst ist. Es sei Intention des Verfassungsgebers gewesen, nach der Erfahrung der Religionsverfolgung durch das NS-Regime Religionsfreiheit nicht nur im Rahmen bestimmter Teilfreiheiten zu gewährleisten; keines der religiösen Freiheitsrechte, die nach langer geschichtlicher Entwicklung schließlich in der Weimarer Reichsverfassung Anerkennung gefunden hatten, sollte ausgeschlossen werden. Dies, so das BVerfG, werde auch durch die Entstehungsgeschichte des Art. 4 GG bestätigt, da in den ersten drei Lesungen des Parlamentarischen Rats noch die Freiheit der Vereinigung zu Religions- und Weltanschauungsgesellschaften anerkannt wurde und der entsprechende Passus erst in der vierten Lesung, also nach der Übernahme des Art. 137 Abs. 2 WRV in das Grundgesetz, für entbehrlich gehalten wurde. Dazu sei es nur gekommen, um eine Doppelgewährleistung zu vermeiden. Daher sei davon auszugehen, dass Art. 4 Abs. 1 und 2 sich für die Gewährleistung der religiösen Vereinigungsfreiheit auf Art. 140 GG/137 Abs. 2 WRV beziehe und diese in ihrem normativen Gehalt mitumfasse.[332]

Auch in der Kopftuch-Entscheidung des BVerfG vom 24.09.2003[333] bekräftigte der Zweite Senat seine Auffassung, dass in den beiden Absätzen des Art. 4 GG ein umfassend zu verstehendes einheitliches Grundrecht zu sehen sei. Hierfür wurden keine neuen Argumente angeführt; stattdessen wurde auf die beiden zuvor genannten Entscheidungen rekurriert.

---

330 BVerfG, Beschl. v. 16.10.1968 – 1 BvR 241/66, BVerfGE 24, 236 (246).
331 BVerfG, Beschl. v. 05.02.1991 – BVerfGE 83, 341–362.
332 BVerfG, Beschl. v. 05.02.1991 – 2 BvR 263/86, BVerfGE 83, 341 (355).
333 BVerfG, Urt. v. 24.09.2003 – 2 BvR 1436/02, BVerfGE 108, 282–340.

Als weitere Quelle nannte das BVerfG den „Gesundbeter-Beschluss“[334] sowie einen Beschluss zur Nachbesteuerung bei einem Kirchenaustritt.[335] In beiden Beschlüssen äußerte sich das BVerfG indes nicht wörtlich dahingehend, dass es sich bei den Garantien aus Art. 4 Abs. 1 und 2 GG um ein einheitliches Grundrecht handele und die Freiheit der Religionsausübung inhaltlich in der Bekenntnisfreiheit aufgehe. Stattdessen schrieb das BVerfG im „Gesundbeter-Beschluss“, dass die Glaubensfreiheit nicht nur die innere Freiheit zu glauben oder nicht zu glauben umfasse, sondern auch die äußere Freiheit, den Glauben zu manifestieren, sich zu ihm zu bekennen und ihn zu verbreiten. Dazu gehöre auch das Recht des Einzelnen, sein gesamtes Verhalten an den Lehren seines Glaubens auszurichten und seiner inneren Glaubensüberzeugung gemäß zu handeln.[336] Im Beschluss zur Nachbesteuerung bei einem Kirchenaustritt argumentierte das BVerfG, die Glaubens- und Bekenntnisfreiheit gewährleiste, dass jeder über sein Bekenntnis und seine Zugehörigkeit zu einer Kirche, die durch dieses Bekenntnis bestimmt ist, selbst und frei von staatlichem Zwang entscheiden könne. Dies schließe zum einen die Freiheit ein, einer Kirche fernzubleiben, sowie zum anderen die Freiheit, sich jederzeit durch Austritt von der kirchlichen Mitgliedschaft mit Wirkung für das staatliche Recht zu befreien.[337]

Beiden Beschlüssen ist zu entnehmen, dass die Glaubens- und Bekenntnisfreiheit extensiv auszulegen ist und dass das BVerfG mithin auch in diesen Beschlüssen von einem einheitlichen Grundrecht ausgeht.[338] Diese Auffassung bestätigte das BVerfG im Jahr 1995 in der Kruzifix-Entscheidung mit der dortigen Feststellung, zur Glaubensfreiheit gehöre nicht nur die Freiheit, einen Glauben zu haben, sondern auch die Freiheit, nach den eigenen Glaubensüberzeugungen zu leben und zu handeln.[339]

Einige Jahre später zitierte der Erste Senat des BVerfG in seinem Urteil zu den Berliner Ladenöffnungszeiten exakt dieselben Quellen, als er verkündete, dass die beiden Absätze des Art. 4 GG ein umfassend zu verstehendes

---

334 BVerfG, Beschl. v. 19.10.1971 – 1 BvR 387/65, BVerfGE 32, 98–111.

335 BVerfG, Beschl. v. 08.02.1977 – 1 BvR 329/71, BVerfGE 44, 37–59.

336 BVerfG, Beschl. v. 19.10.1971 – 1 BvR 387/65, BVerfGE 32, 98 (106).

337 BVerfG, Beschl. v. 08.02.1977 – 1 BvR 329/71, BVerfGE 44, 37 (49).

338 Teilweise wird allerdings auch von einer exzessiven Ausdehnung des Art. 4 Abs. 2 GG auf Handlungen gesprochen, die sich äußerlich neutral darstellen, wenn die Glaubensfreiheit das Recht des Einzelnen enthalte, sein gesamtes Verhalten an den Lehren seines Glaubens auszurichten und seiner inneren Glaubensüberzeugung gemäß zu handeln. Vgl. *Czermak/Hilgendorf*, Religions- und Weltanschauungsrecht, ^{2}2018, S. 60.

339 BVerfG, Beschl. v. 16.05.1995 – 1 BvR 1087/91, BVerfGE 93, 1 (15).

einheitliches Grundrecht enthalten.[340] Neue Argumente brachte auch diese Entscheidung nicht.

Auch in der weiteren Kopftuch-Entscheidung vom 27.01.2015 wiederholte der Erste Senat diese Feststellung wortwörtlich unter Zitation derselben Quellen und ohne weitere Erörterungen.[341] Dasselbe Muster zeigt sich im Kammerbeschluss zur Ausgestaltung von Kopftuchverboten in Kindertagestätten.[342] Dort entschied das BVerfG, dass Art. 4 Abs. 1 und 2 GG ein umfassend zu verstehendes einheitliches Grundrecht enthalte, wobei wiederum die genannten Quellen genutzt wurden. In dieser Entscheidung wies das BVerfG nunmehr jedoch darauf hin, dass es sich hierbei um ständige Rechtsprechung handele. Eine weitere Begründung erfolgte auch hier nicht.[343]

Diese nunmehr ständige Rechtsprechung führt im konkreten Einzelfall regelmäßig zu der Frage, ob ein Verhalten, das vom Schutzbereich des umfassenden Grundrechts der Religionsfreiheit aus Art. 4 Abs. 1 und 2 GG erfasst ist, an das Selbstverständnis desjenigen anknüpft, der den grundrechtlichen Schutz begehrt.[344]

Zusammenfassend ist den Begründungen des BVerfG – welchen wie aufgezeigt an vielen Stellen in der Literatur gefolgt wird – mithin zu entnehmen, dass es sich nach Einschätzung des Gerichts bei den Gewährleistungen des Art. 4 Abs. 1 und 2 GG um ein einheitliches Grundrecht der Religionsfreiheit handele, welches die religiöse Vereinigungsfreiheit aus Art. 140 GG i. V. m. 137 Abs. 2 WRV mit umfasse und in dem Sinn extensiv auszulegen sei, dass der Einzelne das Recht habe, sein gesamtes Leben und jede seiner Handlungen an seinem Glauben und den entsprechenden Lehren auszurichten, sofern diese Ausfluss einer religiösen Überzeugung seien. Ob dem so sei, hänge dabei vom Selbstverständnis desjenigen ab, der sich auf dieses Grundrecht berufe.

Über diese Begründungen hinaus sind in der Literatur praktische Erwägungen zu finden, die für die Annahme eines einheitlichen Grundrechts sprechen. So wird auf Abgrenzungsschwierigkeiten hingewiesen sowie darauf, dass sich die Rechtsprechung des BVerfG nicht auf terminologische Abgrenzungsbemühungen einlasse.[345] Letzteres wird einsichtig, wenn man den in der Einleitung

---

340 BVerfG, Urt. v. 01.12.2009 – 1 BvR 2858/07, BVerfGE 125,39 (79).

341 BVerfG, Beschl. v. 27.01.2015 – 1 BvR 471/10, BVerfGE 138, 296 (329).

342 BVerfG, Beschl. v. 18.10.2016 – 1 BvR 354/11, KirchE 68, 220–238.

343 BVerfG, Beschl. v. 18.10.2016 – 1 BvR 354/11, KirchE 68, 220 (231).

344 *de Wall/Muckel*, Kirchenrecht, ^{6}2022, S. 68.

345 *Kokott*, in: Sachs (Hrsg.), Grundgesetz, Art. 4, Rn. 16.

erwähnten Wandel der Gesellschaft und des religiösen und weltanschaulichen Lebens in Deutschland betrachtet. Um seine Rechtsprechung diesem Wandel anpassen zu können, müsste das BVerfG im Ungefähren bleiben, obgleich dies bisher unterbleibt.

Weiterhin wird in der Literatur argumentiert, die rechtliche Gleichbehandlung der verschiedenen Teilgarantien lasse es müßig erscheinen zu klären, ob ein Sachverhalt als Akt des Glaubens, der Religionsausübung, des religiösen oder des weltanschaulichen Bekenntnisses eingeordnet werde, da alle diese Handlungsalternativen gleichermaßen grundrechtliche Freiheiten darstellen und somit entsprechenden Schutz genießen.[346]

2. Abgrenzung einzelner Gewährleistungen religiöser Freiheit

Als Gegenauffassung zur gerade dargestellten Sichtweise wird insbesondere von *Muckel* vertreten, dass sich in Art. 4 Abs. 1 und 2 GG verschiedene Gewährleistungen finden.[347] Als stärkstes Argument hierfür wird der Wortlaut der Verfassung genannt, der auf eine Unterscheidung einzelner Gewährleistungen in Art. 4 Abs. 1 GG hindeute. Zudem sei festzuhalten, dass Glauben, Gewissen und Bekenntnis schon begrifflich nicht dasselbe seien. Weiterhin habe der Verfassungsgeber die Eigenständigkeit der Glaubensfreiheit und der Bekenntnisfreiheit deutlich betont, indem er die Freiheit des Gewissens zwischen die beiden Gewährleistungen gesetzt habe. Die Eigenständigkeit beider Garantien werde darüber hinaus auch dadurch betont, dass allein das Bekenntnis näher als religiöses und weltanschauliches bezeichnet wird.[348]

Mit Blick auf die Entstehungsgeschichte verweist *Muckel* auf den Umstand, dass die Mütter und Väter des Grundgesetzes eine besondere Erwähnung der Religionsausübung für notwendig erachteten, wenn der Abgeordnete *Dr. Süsterhenn* betonte, dass und in welcher Hinsicht die Freiheit der Religionsausübung den Schutz des religiösen Bekenntnisses ergänze. Im Zuge der Diskussion, ob die Freiheit der Religionsausübung unter den Vorbehalt der „allgemeinen Gesetze“ gestellt werden sollte, hatte man die Auswirkungen eines solchen Vorbehaltes

346 *Morlok*, in: Dreier (Hrsg.), Grundgesetz, Art. 4, Rn. 58.

347 *Muckel*, Religiöse Freiheit und staatliche Letztentscheidung, 1997, S. 126–130; *Di Fabio*, in: Dürig/Herzog/Scholz, Grundgesetz, Art. 4 GG, Rn. 51.

348 *Muckel*, Religiöse Freiheit und staatliche Letztentscheidung, 1997, S. 127.

nur für die Freiheit der Religionsausübung im Blick und dachte allein über das Verhältnis dieser Gewährleistungen zu anderen Grundrechten nach.[349]

Auch die getrennte Entwicklung der verschiedenen Garantien zeige, dass es sich um verschiedene Gewährleistungen handle.[350] Dies werde deutlich, wenn man sich den Unterschied vergegenwärtigt, der zwischen der Religionsausübungsfreiheit auf der einen Seite bestehe, die sich zunächst auf den häuslichen Bereich beschränkte und erst später auch die öffentliche Ausübung umfasste, und der Garantie, einen Glauben zu haben oder nicht, auf der anderen Seite.

Schließlich spreche gegen die Interpretation des Art. 4 Abs. 1 und 2 GG als umfassendes Grundrecht, dass die Grenzen eines solchen Rechts und damit zugleich seine Unterscheidbarkeit von thematisch verwandten Gewährleistungen im Ungefähren bleiben müssen. Die einzelnen Grundrechte verbürgten Freiheiten, die auf bestimmte Lebensbereiche bezogen sind, was voraussetze, dass diese nach ihrem sachlichen Gewährleistungsgehalt voneinander abgegrenzt werden können.[351]

Wie Muckel argumentiert auch *Di Fabio*, dass die Gesamtbetrachtung des BVerfG hauptsächlich an die besondere Verbindung der religionsspezifischen Gehalte der beiden Absätze des Art. 4 Abs. 1 und 2 GG im Hinblick auf die inkorporierten staatskirchenrechtlichen Verfassungsvorschriften (Art. 140 GG) anknüpfe, während die Gewährleistungen der Gewissensfreiheit und der Weltanschauungsfreiheit, die beide religionsspezifisch sein können, nicht angesprochen werden. Die Gewissensfreiheit trete zwar entwicklungsgeschichtlich gemeinsam mit der religiösen Glaubensfreiheit auf, changiere in ihrer Bedeutung aber je nach religiösem und gesellschaftlichem Kontext.[352]

Hinsichtlich der Gewissensfreiheit verweist *Di Fabio* auch darauf, dass sich im Laufe der geschichtlichen Entwicklung der Religionsfreiheit zunehmend gezeigt habe, dass das Grundrecht auf Gewissensfreiheit auch als nicht religiös eingebunden verstanden wurde. Insbesondere haben sich Gewissensentscheidungen mit Entstehen der neuzeitlichen Bewusstseinsphilosophie, des Idealismus und der Aufklärung auch gegen religiöse Glaubensgehalte und die mit ihnen verbundenen Herrschaftsstrukturen gerichtet. Daraus habe sich ableiten lassen, dass Gewissen und Glaube empirisch und theologisch zwar in vielen Fällen

349 *Muckel*, Religiöse Freiheit und staatliche Letztentscheidung, 1997, S. 128, mit Verweis auf *v. Doemming/Füßlein,/Matz*, JöR (n.F.) Bd. 1 (1951), S. 74.

350 *Muckel*, Religiöse Freiheit und staatliche Letztentscheidung, 1997, S. 129.

351 *Muckel*, Religiöse Freiheit und staatliche Letztentscheidung, 1997, S. 129 f.

352 *Di Fabio*, in: Dürig/Herzog/Scholz, Grundgesetz, Art. 4 GG, Rn. 42 f.

zusammengehören und im weltdeutenden und egoimperativen Sinn verbunden, aber eben nicht deckungsgleich seien. Als Konsequenz dieser Entkopplung sei die Gewissensfreiheit als eigenständiges Grundrecht zu begreifen.[353]

Mit Verweis auf *Badura*[354] versteht auch *Di Fabio* im Weiteren neben der Religionsfreiheit auch die Weltanschauungsfreiheit als eigenständigen Gewährleistungsgehalt einer glaubensadäquaten inneren Überzeugungsbildung. Das Grundgesetz sollte nicht allein transzendente Überzeugungsbildungen schützen, sondern auch immanente Weltdeutungen von prinzipiell gleichem Rang und Wert. Seit der französischen Revolution richten sich Weltanschauung nämlich in aller Regelmäßigkeit gegen religiöse Weltdeutungen und versuchen, alternative Erklärungen für die Stellung des Menschen in der Welt zu bieten, die ohne transzendente und theologische Inhalte auskommen.[355] Hinsichtlich der Gegenwart nimmt *Di Fabio* unter Bezugnahme auf *Badura* das Freidenkertum und deren humanistische Vereinigungen in den Blick, welche die Weltanschauungsfreiheit gemeinsam wahrnehmen und insofern den religiös Gläubigen und den Religionsgemeinschaften entsprechen.[356]

Zwar müssten bei der Interpretation stets die engen Verflechtungen der verschiedenen Gewährleistungen berücksichtigt werden, welche sich aus der Systematik und der Entstehungsgeschichte ergeben. Aufgrund der vorgenannten Argumente seien die Gewährleistungsgehalte des Art. 4 GG, so wie der Wortlaut es vorsieht, dennoch als einzelne und mit dem jeweils selben Schutzniveau ausgestattete Verbürgungen anzusehen.[357]

3. Stellungnahme

Die letztgenannte Ansicht ist der zuvor geschilderten Auffassung vorzuziehen. Der Wortlaut des Gesetzes ist ein starkes Argument hierfür. Das Grundgesetz spricht von Glaubensfreiheit, Gewissensfreiheit, religiöser und weltanschaulicher Bekenntnisfreiheit und von der Freiheit der ungestörten Religionsausübung. Glaube und Gewissen sind nicht dasselbe, denn es ist möglich, an einen kriegerischen und rachsüchtigen Gott zu glauben und gleichwohl nur unter Gewissensnot gewalttätig handeln zu können. Etwas zu glauben bedeutet nicht,

---

353 *Di Fabio*, in: Dürig/Herzog/Scholz, Grundgesetz, Art. 4 GG, Rn. 47 f.

354 *Badura*, Staatsrecht, [7]2018, C. Rn. 59.

355 *Di Fabio*, in: Dürig/Herzog/Scholz, Grundgesetz, Art. 4 GG, Rn. 43.

356 *Di Fabio*, in: Dürig/Herzog/Scholz, Grundgesetz, Art. 4 GG, Rn. 43; *Badura*, Staatsrecht, [7]2018, C. Rn. 59.

357 *Di Fabio*, in: Dürig/Herzog/Scholz, Grundgesetz, Art. 4 GG, Rn. 51.

sich auch dazu zu bekennen, und etwas zu glauben und sich dazu zu bekennen begründet für sich allein genommen noch keine Ausübung seiner Religion, jedenfalls nicht, wenn das Sich-Bekennen nicht in der Verbreitung des eigenen Glaubens liegt. Mit diesem Wortlautargument wird deutlich, dass Art. 4 Abs. 1 und 2 GG von verschiedenen Szenarien spricht, welche sich jeweils auf bestimmte Lebensbereiche beziehen.[358] Schon daher ist eine Trennung der verschiedenen Gewährleistungen notwendig.

Die Entstehungsgeschichte des Art. 4 Abs. 1 und 2 GG spricht ebenso wenig für ein einheitliches Grundrecht wie die Entstehungsgeschichte der Religionsfreiheit insgesamt. Dass die Mütter und Väter des Grundgesetzes intensiv darüber beraten haben, die Religionsausübungsfreiheit unter den Vorbehalt allgemeiner Gesetze zu stellen, macht jeden Gedankengang dahingehend, der Gesetzgeber habe entgegen dem Wortlaut ein einheitliches Grundrecht normieren wollen, obsolet. Denn wäre dies der Fall gewesen, wäre nicht zu diskutieren gewesen, ob einzelne Gewährleistungen, sondern ob das vermeintlich umfassende Grundrecht unter den Vorbehalt der allgemeinen Gesetze zu stellen sei. Die historische Entwicklung der Religionsfreiheit lässt ebenfalls nichts anderes erkennen, da sich zuerst die Freiheit des *exercitium religionis privatum* und erst dann die des *exercitium religionis publicum* entwickelte.[359]

Wie bereits in dem Streit, ob Art. 4 GG ein einheitliches Grundrecht der Religionsfreiheit vorhalte oder es sich um verschiedene Gewährleistung handele, beschrieben,[360] wird als Argument für ein einheitliches Grundrecht der Umstand angeführt, dass die religiöse Vereinigungsfreiheit in den ersten Entwurfsfassungen des späteren Art. 4 GG vorgesehen gewesen und nur deshalb nicht in diesen aufgenommen worden sei, weil Art. 137 Abs. 2 WRV über Art. 140 GG in das Grundgesetz inkorporiert wurde, sodass eine Doppelgewährleistung verhindert werden sollte. Gerade dieses Argument spricht aber nicht für, sondern gegen ein einheitliches Grundrecht. Denn es wird deutlich, dass die Gründungsväter die religiöse Vereinigungsfreiheit durchgehend als eine eigenständige Gewährleistung verstanden haben. Zudem liegt ein deutlicher Wertungswiderspruch vor: Träfe die Annahme zu, dass Art. 4 Abs. 2 GG vollständig in Art. 4 Abs. 1 GG aufgeht, also nur klarstellend aufgeführt wurde, läge eine klare Doppelgewährleistung vor. Gerade das Bemühen der Mütter und Väter des Grundgesetzes,

---

358 Vgl. *Muckel*, Religiöse Freiheit und staatliche Letztentscheidung, 1997, S. 129.
359 Vgl. insoweit die Erläuterungen oben unter C. I.
360 Siehe oben C. II. 1.

eine solche zu verhindern, spricht also gegen die Annahme eines einheitlichen Grundrechts.

Es mag zutreffen, dass die Ansicht, es lägen verschiedene Gewährleistungen vor, zu Abgrenzungsschwierigkeiten führt. Hieraus ergibt sich aber kein belastbares Argument gegen diese Auffassung, da sich Abgrenzungsschwierigkeiten bei der Anwendung des Rechts regelmäßig ergeben. Sie fordern eine gründliche Sachverhaltsermittlung, zeigen aber nicht, dass die zugrundeliegende Auffassung falsch sein muss. Entsprechend kann auch das Argument nicht überzeugen, es sei müßig zu prüfen, ob ein Sachverhalt als ein Akt des Glaubens oder der Religionsausübung, des religiösen oder des weltanschaulichen Bekenntnisses einzuordnen sei, da alle diese Handlungsalternativen gleichermaßen grundrechtliche Freiheiten darstellten.[361] Genau diese Prüfung ist ureigene Aufgabe der Gerichte und die Erfüllung derselben Verpflichtung aus dem Grundrecht auf rechtliches Gehör.

4. Bedeutung für die vorliegende Untersuchung

Zur Erörterung der Fragestellung, ob antireligiöse oder antikirchliche Gemeinschaften unter den Schutz von Art. 4 Abs. 1 und 2 GG fallen, ist dieser Streit von nicht unerheblicher Bedeutung. Denn wenn die verschiedenen grundrechtlichen Gewährleistungen nicht mehr klar voneinander abgegrenzt werden können, wie es der Auffassung des BVerfG entspricht, dann führt dies zu rechtssystematischen Problemen bei der Abgrenzung religiöser Freiheiten von anderen Grundrechten, namentlich der allgemeinen Handlungsfreiheit aus Art. 2 Abs. 1 GG, aber auch der Vereinigungsfreiheit aus Art. 9 GG und der Meinungs- und Wissenschaftsfreiheit aus Art. 5 GG. Weiterhin führt diese Auffassung auch zu internen Abgrenzungsschwierigkeiten zwischen den verschiedenen Gewährleistungen aus Art. 4 Abs. 1 und 2 GG, was dann zum Tragen kommt, wenn diese sich direkt gegenüberstehen.[362] Beide Problemlagen tangieren die Frage, ob antireligiöse bzw. antikirchliche Gemeinschaften unter dem Schutz von Art. 4 Abs. 1 und 2 GG stehen können. Der in der Einleitung beschriebene Pluralismus führt zu individuell sehr unterschiedlichen religiösen und weltanschaulichen Vorstellungen, die den in der Sache entscheidenden Beamten und Richtern fremd sein können. Vor diesem Hintergrund birgt die vom BVerfG vertretene Auffassung ein Risiko für den Missbrauch des Grundrechts in sich, da es ihr zufolge

361 Siehe oben C II. 1; so *Morlok*, in: Dreier (Hrsg.), Grundgesetz, Art. 4, Rn. 58.
362 *de Wall/Muckel*, Kirchenrecht, ^{6}2022, S. 70.

hauptsächlich vom Selbstverständnis des Akteurs abhängt, ob eine Handlung Ausfluss einer religiösen oder weltanschaulichen Überzeugung ist oder nicht.[363] Um dies zu verhindern, müsste der extensiven Auslegung mit effektiven Schranken begegnet werden. Schon 1997 stellte *Muckel* aber fest, dass es dem BVerfG bis dato nicht gelungen war, effektive Schranken aufzuzeigen.[364] Diese Feststellung gilt bis heute fort.[365]

Der Missbrauchsgedanke fand im Zusammenhang mit Art. 4 GG zwar Eingang in die Rechtsprechung des BVerfG. So hatte das BVerfG im Sinne des Rechtsgedankens, dass die missbräuchliche Ausübung eines Grundrechts von der Rechtsprechung nicht geschützt werde, entschieden, dass Personen, die anderen für die Lösung von ihrem Glauben unter Ausnutzung besonderer Verhältnisse[366] Genussmittel versprechen, nicht unter dem Schutz der Glaubensfreiheit stehen.[367] Insofern führte der Missbrauchsgedanke also zu einer Schutzbereichslösung. Diese wurde von der Rechtsprechung aber nicht weiterverfolgt.[368] Vielmehr stellte das BVerfG später fest, dass die Möglichkeit des Grundrechtsmissbrauchs ein rechtfertigender Grund für Grundrechtsbeschränkungen, nicht aber für Schutzbereichsabgrenzungen sein könne.[369]

Zusammenfassend ist daher festzuhalten, dass die Rechtsprechung des BVerfG mit ihrer extensiven Auslegung, der bis heute keine effektive Schranke entgegengehalten werden kann, zu einer anderen Sicht auf die mit dieser Arbeit aufgeworfene Frage führen dürfte als die Annahme, dass kein umfassendes Grundrecht, sondern verschiedene Garantien vorliegen und dass der Grundrechtsschutz weniger extensiv auszulegen ist.

III. Unterscheidung zwischen Religion und Weltanschauung

Art. 4 Abs. 1 GG spricht *expressis verbis* von dem Schutz des religiösen und des weltanschaulichen Bekenntnisses. Dieser Wortlaut lässt vermuten, dass die

---

363 *de Wall/Muckel, Kirchenrecht*, 62022, S. 70 f.

364 *Muckel*, Religiöse Freiheit und staatliche Letztentscheidung, 1997, S. 16 ff.

365 *de Wall/Muckel*, Kirchenrecht, 62022, S. 72.

366 In diesem Fall wurde einem Gefängnisinsassen von einem Mithäftling Tabak versprochen, wenn dieser aus der Kirche austritt.

367 BVerfG, Beschl. v. 08.11.1960 – 1 BvR 59/56, BVerfGE 12, 1 (5).

368 Vgl. dazu *Stemmler*, Das „Neminem-laedere-Gebot", 2005, S. 160.

369 BVerfG, Beschl. v. 25.03.1992 – 1 BvR 1430/88, BVerfGE 85, 386 (397); *Stemmler*, Das „Neminem-laedere-Gebot", 2005, S. 160.

Begriffe „Religion“ und „Weltanschauung“ inhaltlich klar voneinander getrennt werden können.[370] Art. 33 Abs. 3 GG differenziert ebenfalls zwischen religiösem Bekenntnis und Weltanschauung, und auch der europäische Gesetzgeber unterscheidet in Art. 10 der GRC zwischen Religion und Weltanschauung. Die genannten Normen gehen daher davon aus, dass entsprechende Abgrenzungskriterien existieren, die eine Subsumtion ermöglichen. Dieser Schluss wird auch durch die in Art. 140 GG i. V. m. Art. 137 Abs. 7 WRV zu findende Gegenüberstellung von Religionsgesellschaften und solchen Vereinigungen nahegelegt, die sich die gemeinschaftliche Pflege einer Weltanschauung zur Aufgabe machen. Da sich entsprechende textliche Unterscheidungen zudem in mehreren Landesverfassungen und einer Vielzahl von Landesgesetzen finden, ist die Rechtsprechung lange Zeit davon ausgegangen, dass eine Unterscheidung zwischen Religion und Weltanschauung möglich sein müsse und der Staat Rechtsbegriffe nach weltanschaulich neutralen Gesichtspunkten definieren dürfe.[371] Hierzu wurde auf die staatliche Definitionskompetenz für verfassungsrechtliche Begriffe verwiesen.[372]

1. Notwendigkeit der Abgrenzung

Es stellt sich also die Frage, ob eine Abgrenzung von Religion und Weltanschauung zulässig bzw. geboten ist und falls ja, wie sie vorzunehmen ist. Im Folgenden sollen zunächst einige Argumente betrachtet werden, die für bzw. gegen die Notwendigkeit einer Abgrenzung sprechen.

a) Keine praktische Relevanz

Gegen die Notwendigkeit einer Differenzierung zwischen Religion und Weltanschauung wird angeführt, dass angesichts der rechtlichen Gleichstellung von Religion und Weltanschauung in Art. 4 GG und der damit fehlenden praktischen Relevanz keine entsprechende Abgrenzung erforderlich sei.[373] Hierüber besteht in der Literatur weitestgehend Übereinstimmung. Dieser Auffassung

370 *Muckel*, Religiöse Freiheit und staatliche Letztentscheidung, 1997, S. 135.

371 BVerwG, Urt. v. 14.11.1980 – 8 C 12/79, juris; *Hoffmann*, Die Weltanschauungsfreiheit, S. 28.

372 BVerfG, Beschl. v. 16.10.1968 – 1 BvR 241/66, BVerfGE 24, 236 (247 f.); *Hoffmann*, Die Weltanschauungsfreiheit, S. 28.

373 *Morlok*, in: Dreier (Hrsg.), Grundgesetz, Art. 4, Rn. 137; *Korioth*, in: Dürig/Herzog/Scholz, Grundgesetz, Art. 137 WRV, Rn. 103; *Ehlers*, in: Sachs (Hrsg.), Grundgesetz, Art. 137 WRV, Rn. 38; *Unruh*, in: v. Mangoldt/Klein/Starck (Hrsg.), Kommentar zum GG, Art. 137 WRV, Rn. 271; *Wilms*, Staat, Kirche, Verwaltung, 2001, 493.

kann allerdings entgegengehalten werden, dass das staatliche Recht auch dann nicht von der Aufgabe entbunden werden kann, eine Unterscheidung zwischen Religion und Weltanschauung vorzunehmen, wenn diese Differenzierung angesichts der verfassungsrechtlichen Gleichbehandlung durch Art. 4 GG nur von geringer praktischer Relevanz ist.[374]

b) Kein staatliches Definitionsverbot

Weiterhin wird in der Literatur diskutiert, ob eine Unterscheidung überhaupt erlaubt ist oder ob darin nicht bereits ein Eingriff in den durch den Grundrechtsträger selbst gestalteten Normbereich zu sehen sei, sodass ein staatliches Definitionsverbot angezeigt wäre. Dies wird aber ebenfalls überwiegend abgelehnt, da die Definitionshoheit über Rechtsbegriffe als Ausdruck staatlicher Souveränität bewertet wird.[375] Dass auch das BVerfG die Definitionshoheit beim Staat sieht, hat es bereits im Jahr 1968 im „Rumpelkammerbeschluss" deutlich gemacht.[376]

c) Weltanschauung als Oberbegriff

Eine weitere Möglichkeit besteht darin, die Begriffe „Religion" und „Weltanschauung" nicht direkt voneinander abzugrenzen, sondern vielmehr zu argumentieren, dass der Begriff „Weltanschauung" als Oberbegriff fungiere, sodass der Begriff „Religion" unter diesen falle.[377] Es wären also alle Religionen Weltanschauungen, aber nicht alle Weltanschauungen umgekehrt Religionen.[378] Dies erscheint auf den ersten Blick schlüssig, da religiöse Sichtweisen wie beispielsweise der monotheistische Glaube an einen Gott offenbar Weltanschauungen darstellen, aber nicht alle Weltanschauungen umgekehrt religiöse Elemente beinhalten. Der Verfassungsgeber scheint diesen Ansatz indes nicht verfolgt zu haben, da er Religion und Weltanschauung *expressis verbis* nebeneinander erwähnt und ihnen denselben grundrechtlichen Schutz bzw. dieselbe Priorität zuweist.

Auch die Entwicklungsgeschichte zeigt, dass der Verfassungsgeber den Begriff der Weltanschauung nicht als Oberbegriff verstand, welcher die Religion

---

374 *Mertesdorf*, Weltanschauungsgemeinschaften, 2008, S. 87.

375 *Hoffmann*, Die Weltanschauungsfreiheit, S. 29.

376 BVerfG, Beschl. v. 16.10.1968 – 1 BvR 241/66, BVerfGE 24, 236 (245).

377 *Trofaier-Leskovar*, öarr 67 (2020), 84 ff.; *Schmidt-Salomon*, Weltanschauungsrecht, 2019, S. 61, 81.

378 *Rath*, Weltanschauungsrecht, 2019, S. 103.

mitumfasst. So wurde der Schutz der Weltanschauung bei der Schaffung des Grundgesetzes vom Parlamentarischen Rat zunächst nicht berücksichtigt, und im Entwurf einer Norm zur Religionsfreiheit wurde lange Zeit nur die Freiheit des Glaubens, des Gewissens und der Überzeugung geschützt. Allerdings wiesen die Abgeordneten *Weber* und *von Mangoldt* darauf hin, dass der Schutz des Glaubens und des Gewissens nicht ausreiche, sondern dass auch moralische Grundsätze und Überzeugungen einbezogen werden müssten. Später argumentierte der Sachverständige *Thoma*, dass nicht allein die Freiheiten des Glaubens und der Überzeugung zu schützen seien, sondern dass es vielmehr um die Freiheit des offenen Bekenntnisses aller Überzeugungen gehe. Als Reaktion hierauf wurde der heutige Art. 4 GG geschaffen, der die Unverletzlichkeit des religiösen und weltanschaulichen Bekenntnisses nebeneinander garantiert.[379]

2. Möglichkeiten der Abgrenzung

Wie oben aufgezeigt,[380] unterscheidet die Verfassung selbst zwischen Religion und Weltanschauung und eine entsprechende Unterscheidung war auch Intention des Parlamentarischen Rates. Dass diese Differenzierung kaum praktische Bedeutung hat, ist nicht mit der Verfassung zu begründen, sondern auf die spezifische Auslegung der Unterscheidung in der Rechtsprechung zurückzuführen.[381] Dass die Unterscheidung fortschreitend schwieriger wird, ist das Resultat der zu Beginn der vorliegenden Arbeit dargestellten Entwicklung des Pluralismus und der vielen verschiedenen Erscheinungsformen von religiösen und weltanschaulichen Gruppierungen. Weder die geringe praktische Bedeutung noch die Schwierigkeiten bei der Differenzierung können also eine Rechtfertigung dafür sein, eine Unterscheidung zwischen dem Begriff der Religion und dem Begriff der Weltanschauung grundsätzlich zu ignorieren.

Die in dieser Arbeit als Beispiel genutzte „Kirche des Fliegenden Spaghettimonsters Deutschland e.V." ist nach ihrem eigenen Selbstverständnis eine Weltanschauungsgemeinschaft.[382] Angesichts der Tatsache, dass die „Gottheit" des „Fliegenden Spaghettimonsters" erkennbar als Satire genutzt wird und alles Transzendentale kategorisch abgelehnt wird, ist dies im Ansatz nachvollziehbar.

---

379 *Mertesdorf*, Weltanschauungsgemeinschaften, 2008, S. 69 ff.

380 C. III.

381 *Mertesdorf*, Weltanschauungsgemeinschaften, 2008, S. 88.

382 Quelle: https://www.pastafari.eu/verein/satzung-beitragsordnung/, aufgerufen am 15.08.2022.

Es erscheint daher geboten, näher auf den Begriff der Weltanschauung, notwendigerweise auch in Abgrenzung zu dem der Religion, einzugehen.

a) Merkmale der Transzendenz und der Immanenz

Sofern in Literatur und Rechtsprechung eine Abgrenzung zwischen den Begriffen „Religion“ und „Weltanschauung“ erfolgt, wird meist auf ein Urteil des BVerwG Bezug genommen, dass ein klassisches Abgrenzungskriterium enthält. Laut diesem Kriterium legen Religionen eine umfassende, den Menschen überschreitende (transzendente) Wirklichkeit zugrunde, während sich Weltanschauungen auf innerweltliche (immanente) Bezüge beschränken.[383] Diesem Ansatz folgend handelt es sich bei Weltanschauungen um gedankliche Systeme, die eine wertende Stellungnahme zum Sinn des Weltgeschehens bieten, ohne dabei auf Gott bzw. Götter, das Jenseits oder auf Transzendenz zurückgreifen. Als Weltanschauung können dementsprechend auch Modelle aus Philosophie und Wissenschaft fallen, wobei diese zugleich von der Wissenschaftsfreiheit geschützt sind.[384] Das bedeutet jedoch nicht, dass jede Weltsicht säkulärer Art eine Weltanschauung ist; vielmehr muss letztere sich am gleichen umfassenden Anspruch wie religiöse Überzeugungen messen lassen, Antworten auf die grundlegenden Fragen des Woher und des Wohin menschlicher Existenz bieten und Konsequenzen haben für das Handeln des Menschen in dieser Welt.[385]

Bereits in den 1920er Jahren wurde jedoch auf die Schwierigkeiten bei dem Versuch hingewiesen, eine juristisch fassbare Unterscheidung zwischen Religion und Weltanschauung anhand der Kriterien Transzendenz und Immanenz vorzunehmen.[386] Auch aus späterer Sicht wurde dieser Diagnose durch *Muckel* zugestimmt, und zwar mit der Begründung, dass die Philosophie der okzidentalen Antithese von Transzendenz und Immanenz den Boden entzogen habe.[387] Auch von anderen wird die Ansicht vertreten, dass die genannten Kriterien nicht ausreichen, um Abgrenzungsprobleme zu beheben. Denn eine Abgrenzung von Weltanschauung gegenüber beispielsweise Psychagogie oder Meditation sei nicht ohne Weiteres vorzunehmen, da unklar sei, ob diese Erscheinungen der

---

383 BVerwG, Urt. v. 27.03.1992 – 7 C 21/90, BVerwGE 90, 112 (115); *Thüsing*, in: Schubert (Hrsg.), MüKo BGB, § 1 AGG, Rn. 34 f.; *Starck*, in: v. Mangoldt/Klein/Starck (Hrsg.), Kommentar zum GG, Art. 4 GG, Rn. 271.

384 *Kokott*, in: Sachs (Hrsg.), Grundgesetz, Art. 4, Rn. 25.

385 *Thüsing*, in: Schubert (Hrsg.), MüKo BGB, § 1 AGG, Rn. 36.

386 *Muckel*, Religiöse Freiheit und staatliche Letztentscheidung, 1997, S. 137 m. w. N.

387 *Muckel*, Religiöse Freiheit und staatliche Letztentscheidung, 1997, S. 137.

individuellen Sinngebung nur vermittels einer bestimmten Methode oder auch durch die Vermittlung bestimmter materieller Gehalte dienlich sind.[388] Zudem sei eine Differenzierung zwischen Religion und Weltanschauung anhand der Begriffe „Immanenz" und „Transzendenz" auch insofern problematisch, als der Begriff der Transzendenz selbst nicht eindeutig konkretisiert werden könne.[389] So wird in der Literatur beispielsweise auf theologische Konzepte hingewiesen, die bezüglich des menschlichen Lebens allein auf Innerweltliches verweisen, damit aber auf eine Synthese von Immanenz und Transzendenz abzielen. Weiterhin haben einzelne Gemeinschaften dem Grundsatz nach einen immanenten Erklärungsansatz ihres metaphysischen Gedankenkomplexes, der in einzelnen Punkten jedoch transzendentale Züge aufweist. Als Beispiel wird die Lehre der Anthroposophie von Rudolph Steiner genannt, die fast ausnahmslos als Weltanschauung eingeordnet wird, aber sowohl immanente als auch transzendentale Züge hat. Umgekehrt wird auf den Buddhismus verwiesen, dem die Vorstellung einer personifizierten Göttlichkeit fremd ist, aber allgemein als Religion angesehen wird.[390]

Zugunsten einer Abgrenzung anhand der Kriterien Transzendenz und Immanenz wird angeführt, dass die Begriffe „Religion" und „Weltanschauung" bzw. „religiös" und „weltanschaulich" im Verfassungstext nicht als Synonyme verwendet werden und in historischer Perspektive auf zwei Typen von Sinnsystemen verweisen. Die Begriffe „Transzendenz" und „Immanenz" als historisch verständliche Typusbezeichnungen seien hierbei gut dazu geeignet, den Schutzgegenstand der Religions- und Weltanschauungsfreiheit zu umreißen. Wie oben bereits angedeutet,[391] hat auch das BVerwG die Kriterien Transzendenz und Immanenz in seiner Rechtsprechung zur „Osho-Bewegung" übernommen, wenn es von der Prämisse ausgeht, dass

> „unter Religion oder Weltanschauung […] einer mit der Person der Menschen verbundene Gewissheit über bestimmte Aussagen zum Weltganzen sowie zur Herkunft und zum Ziel des menschlichen Lebens zu verstehen [ist]; dabei legt die Religion eine den Menschen überschreitende und umgreifende (‚transzendente') Wirklichkeit

388 *Unruh*, in: v. Mangoldt/Klein/Starck (Hrsg.), Kommentar zum GG, Art. 137 WRV, Rn. 271.

389 *Hoffmann*, Die Weltanschauungsfreiheit, S. 35.

390 *Hoffmann*, Die Weltanschauungsfreiheit, S. 35 f.

391 C. III. 2. a).

zugrunde, während sich die Weltanschauung auf innerweltliche (‚immanente') Bezüge beschränkt."[392]

b) *Einordnung nach dem Selbstverständnis*

Angesichts der oben beschriebenen Schwierigkeiten bei dem Versuch, eine eindeutige und juristisch fassbare Abgrenzung zwischen Religion und Weltanschauung zu entwickeln, wird argumentiert, dass die Zuordnung zur einen oder anderen Kategorie im Zweifel nach Maßgabe des Selbstverständnisses der jeweiligen Gemeinschaft vorzunehmen sei.[393] Letztlich bestimme somit die Gemeinschaft bzw. die Überzeugung des Einzelnen darüber, ob eine Religion oder eine Weltanschauung vorliegt.[394] Diese Sichtweise entspricht auch der sog. „Lumpensammler-Entscheidung" des BVerfG.[395] Dort stellte das BVerfG fest, dass es dem religiös-neutralen Staat obliege, verfassungsrechtliche Begriffe nach neutralen und allgemeingültigen, also nicht konfessionell oder weltanschaulich gebundenen Gesichtspunkten zu interpretieren. Dabei müsse der Staat in einer pluralistischen Gesellschaft – in welcher die Rechtsordnung das religiöse oder weltanschauliche Selbstverständnis wie bei der Kultusfreiheit voraussetze – bei der Auslegung einer sich aus einem Bekenntnis oder einer Weltanschauung ergebenden Weltanschauungs- oder Religionsausübung jedoch das Selbstverständnis der jeweiligen Person bzw. Gruppierung berücksichtigen, da er andernfalls die den Kirchen sowie den Religions- und Weltanschauungsgemeinschaften gewährte Eigenständigkeit und Selbständigkeit in ihren eigenen Bereichen verletzen würde.[396] Diese Art der Beurteilung dürfte jedenfalls dann zu einem befriedigenden Ergebnis führen, wenn bereits feststeht, dass es sich bei der von der fraglichen Gruppierung vertretenen Lehre entweder um eine Religion oder aber um eine Weltanschauung handelt, es abseits des Selbstverständnis jedoch keine Möglichkeit gibt, eine Zuordnung zu einem dieser beiden Begriffe vorzunehmen.

Im Jahre 1991 hat sich das BVerfG erneut mit der Frage des Selbstverständnisses befasst. In der sog. „Baha'i-Entscheidung"[397] wurde festgestellt, dass es

392 BVerwG, Urt. v. 27.03.1992 – 7 C 21/90, BVerwGE 90, 112 (115); BVerwG NJW 2006, S. 1303; *Mertesdorf*, Weltanschauungsgemeinschaften, 2008, S. 97.

393 *Mager*, in: v. Münch/Kunig (Hrsg.), Grundgesetz, Art. 4 GG, Rn. 25.

394 *Muckel*, Religiöse Freiheit und staatliche Letztentscheidung, 1997, S. 137; *Unruh*, in: v. Mangoldt/Klein/Starck (Hrsg.), Kommentar zum GG, Art. 137 WRV, Rn. 271.

395 BVerfG, Beschl. v. 16.10.1998 – 1 BvR 241/66, BVerfGE 24, 236–252.

396 BVerfG, Beschl. v. 16.10.1998 – 1 BvR 241/66, BVerfGE 24, 236 (247 f.).

397 BVerfG, Beschl. v. 05.02.1991 – 2 BvR 263/86, BVerfGE 83, 341–362.

nicht nur auf das Selbstverständnis einer Gemeinschaft ankomme, ob es sich um eine Religion oder um eine Weltanschauung handelt. Stattdessen müsse es sich bei der fraglichen Gruppierung auch dem geistigen Gehalt und dem äußeren Erscheinungsbild nach um eine Religion oder Religionsgemeinschaft handeln.[398] Ein Jahr später stellte das BVerfG klar, dass dasselbe auch für Weltanschauungen gelte.[399] In beiden Entscheidungen ging es zwar nicht um die Frage, wie man den Begriff der Religion von dem der Weltanschauung abgrenzt, sondern darum, ob auf die jeweils fragliche Gruppierung überhaupt eine dieser beiden Alternativen zutrifft. Gleichwohl sind diese Entscheidungen auch für die hier untersuchte Frage nach der Differenzierung zwischen Religion und Weltanschauung relevant. Denn zusammenfassend lässt sich feststellen, dass auf der ersten Stufe die Abgrenzungskriterien der Transzendenz und Immanenz herangezogen werden können. Wenn anhand dieser Kriterien keine Abgrenzung möglich ist, weil die Übergänge zu fließend sind oder die Inhalte der zugrundeliegenden Lehre mehrere Deutungen zulässt, ist auf der nächsten Stufe auf das Selbstverständnis abzustellen, wobei dieses jedoch nicht allein maßgebend ist. Der geistige Gehalt und das äußere Erscheinungsbild müssen zum proklamierten Selbstverständnis als immanente oder transzendente Lehre passen. Wenn auch unter Berücksichtigung dieser Kriterien keine eindeutige Abgrenzung möglich ist, kommt es zuletzt allein auf das Selbstverständnis an, welches durchaus noch einer Plausibilitätsprüfung unterzogen werden muss.

c) Negative Abgrenzung zur Religion

Mitunter wird die Weltanschauung auch negativ vom Begriff der Religion abgegrenzt. So wird vertreten, eine negative Religionsfreiheit, die das Recht beinhaltet, keiner Religion anzugehören, sei zugleich eine positive Weltanschauungsfreiheit, da eine areligiöse oder antireligiöse Haltung eine Weltanschauung sei.[400] Weiterhin wird vertreten, dass Weltanschauungen durch eine a- bzw. antireligiöse Grundlage der Erklärung des Weltganzen geprägt seien.[401] Beides vermag allerdings nur auf den ersten Blick zu überzeugen. Allein daraus, keiner Religion anzugehören zu wollen, kann nicht per se auf eine areligiöse oder

398 BVerfG, Beschl. v. 05.02.1991 – 2 BvR 263/86, BVerfGE 83, 341 (353).

399 BVerwG NVwZ 1993, 357 (358); *Mertesdorf*, Weltanschauungsgemeinschaften, 2008, S. 113.

400 *Starck*, in: v. Mangoldt/Klein/Starck (Hrsg.), Kommentar zum GG, Art. 4 GG, Rn. 23 m. w. N.

401 *Hoffmann*, Die Weltanschauungsfreiheit, S. 300.

antireligiöse Haltung geschlossen werden, da dies auch Ausdruck dessen sein kann, überhaupt keine Haltung zu haben. Zudem erscheint es pauschalisierend zu behaupten, Weltanschauungen seien als solche durch eine a- bzw. antireligiöse Grundlage der Erklärung des Weltganzen geprägt. Eine Weltanschauung, die ihre Erkenntnisse nicht auf Religion stützt, ist deswegen nicht grundsätzlich antireligiös. Sie mag areligiös sein, doch das bedeutet nicht, dass sie von der Areligiosität geprägt ist. Der Vorschlag, den Begriff der Weltanschauung negativ von dem der Religion abzugrenzen, überzeugt daher nicht.

3. Fazit

Auch wenn die praktische Relevanz dieser Differenzierung gering ist, können und dürfen die Begriffe „Religion“ und „Weltanschauung“ voneinander abgegrenzt werden. Dabei kann diese Abgrenzung, solange es unproblematisch ist, anhand der Kriterien Transzendenz und Immanenz vorgenommen werden. Erst wenn hierbei Grenzen erreicht werden, ist das Selbstverständnis heranzuziehen, wobei auch das äußere Erscheinungsbild und der geistige Gehalt zu berücksichtigen sind. Erst wenn selbst dann keine eindeutige Abgrenzung möglich ist, kommt es allein auf das Selbstverständnis an, welches sodann noch einer Plausibilitätsprüfung zu unterziehen ist.

IV. Garantien und Ziele der Religions- und Weltanschauungsfreiheit aus Art. 4 Abs. 1 und 2 GG

1. Der Schutz des Einzelnen

Art. 4 Abs. 1 und 2 GG bietet grundrechtlichen Schutz für alle natürlichen Personen.[402] Die Möglichkeit, religiöse und weltanschauliche Überzeugungen sowohl als Einzelner als auch in Gemeinschaften zu haben und zu leben, führt zu den Dimensionen der individuellen respektive der kollektiven Religionsfreiheit.[403] Bei beiden Rechten handelt es sich um Freiheitsrechte Einzelner. Um die kollektive Religionsfreiheit auch in Organisationen wirksam werden zu lassen, gewährt Art. 4 Abs. 1 und 2 GG zusätzlich die korporative Religionsfreiheit, also grundrechtlichen Schutz für Religions- und Weltanschauungsgemeinschaften.[404]

---

402 *Di Fabio*, in: Dürig/Herzog/Scholz, Grundgesetz, Art. 4 GG, Rn. 52.
403 *Germann*, in: Epping/Hillgruber (Hrsg.), BeckOK GG, Art. 4 GG, Rn. 22.
404 *Germann*, in: Epping/Hillgruber (Hrsg.), BeckOK GG, Art. 4 GG, Rn. 22.

a) *Glaubensfreiheit*

Soweit in der Literatur die Transzendenz als Wesensmerkmal des religiösen Glaubens gesehen wird, zielt der religiöse Glaube auf ein existenzielles Verständnis der Welt und des Sinns des menschlichen Lebens ab, welches sich nicht oder jedenfalls nicht vollständig mit der Erfahrung und der rationalen Begründung des Daseins erreichen lässt, sondern seine Evidenzüberzeugung und Identitätsvorstellungen aus anderen Quellen schöpft. Diese Gewissheiten erklären die Welt mit Verweis auf einen jenseitigen, im Kern unerreichbaren und somit transzendenten Bezug. Durch diesen ist der religiöse Glaube vom Wissen und von Formen des rationalen Argumentierens abgesetzt. Hierin liegt die Unterscheidung zwischen der Religionsfreiheit des Art. 4 Abs. 1 und 2 GG auf der einen und der Meinungs- und Wissenschaftsfreiheit des Art. 5 Abs. 1 S. 1, Abs. 3 S. 1 GG auf der anderen Seite begründet.[405] Dementsprechend wird definiert, dass Religionen von dem Glauben an eine umgreifende, sinnerfüllte Wirklichkeit mit einem transzendenten Bezug getragen sind, welcher auf der subjektiven Gewissheit der Eingliederung des Einzelnen in einen größeren Zusammenhang beruht, welcher nicht mit menschlichen Maßstäben zu beurteilen und durch wissenschaftliche Erkenntnisquellen nicht erschöpfend zu erklären ist.[406]

Alternativ ließe sich die Glaubensfreiheit auch ohne Rückgriff auf die Unterscheidung zwischen Transzendenz und Immanenz definieren, nämlich als die elementare Freiheit der inneren Überzeugung und der Gedankenfreiheit in Fragen des Glaubens. Nach dieser Definition macht es keinen Unterschied, ob die fraglichen Überzeugungen oder Gedanken religiöser, areligiöser oder antireligiöser Art sind.[407]

Beiden Ansichten ist gemein, dass der Glaube selbst im Gegensatz zum Bekennen oder zum Ausüben nicht als Verhalten interpretiert wird. Gegenstand der Glaubensfreiheit sind mithin allein die Überzeugungen bzw. Gedanken in Fragen des Glaubens selbst. Das „*forum internum*“[408] kann also als Kernschutzbereich des Grundrechts der Religionsfreiheit gelten.[409]

---

405 *Di Fabio*, in: Dürig/Herzog/Scholz, Grundgesetz, Art. 4 GG, Rn. 61 ff.

406 *I. Schmidt*, in: Müller-Glöge/Preis/Schmidt (Hrsg.), Erfurter Kommentar zum Arbeitsrecht, Art. 4 GG, Rn. 7.

407 *Starck*, in: v. Mangoldt/Klein/Starck (Hrsg.), Kommentar zum GG, Art. 4 GG, Rn. 34.

408 *Mager*, in: v. Münch/Kunig (Hrsg.), Grundgesetz, Art. 4 GG, Rn. 31; *Muckel*, Religiöse Freiheit und staatliche Letztentscheidung, 1997, S. 139.

409 *Listl*, Das Grundrecht der Religionsfreiheit in der Rechtsprechung der Gerichte der Bundesrepublik Deutschland, 1971, S. 64.

Die Notwendigkeit eines Schutzes dieses Bereichs wird teilweise mit dem Argument angezweifelt, dass Gedanken ohnehin unantastbar seien.[410] Dem ist allerdings entgegenzuhalten, dass die Glaubensfreiheit durch Beeinflussung der Menschen durchaus beeinträchtigt werden kann, z. B. durch Drohungen, durch psychische Eingriffe wie Hypnose oder Narkoanalyse sowie durch Lügendetektoren und sog. Plauderdrogen.[411] Wie zu Beginn der Arbeit erwähnt, existieren sog. „Psychosekten", die dafür bekannt sind, durch Psychotechniken Einfluss auf die Überzeugungen ihrer Mitglieder zu nehmen.[412] Es ist also durchaus möglich, Einfluss auf das „*forum internum*" zu nehmen. Auch vom Staat könnte der Einzelne gegen seinen Willen beeinflusst werden, beispielsweise mit ihm fremden Überzeugungen.[413] So gesehen handelt es sich bei der Glaubensfreiheit also um ein Abwehrrecht,[414] das es dem Staat verwehrt, auf die Bildung von Glaubensüberzeugungen Einfluss zu nehmen.[415]

aa) Weltanschauliche Glaubensfreiheit

Wird im Sinne der oben genannten Kriterien Transzendenz und Immanenz zwischen Religion und Weltanschauung differenziert, ist die Weltanschauungsfreiheit als eigenständiger Gewährleistungsgehalt einer glaubensadäquaten inneren Überzeugungsbildung zu sehen, die weltanschauliche Glaubensfreiheit (oder auch Gedankenfreiheit) demnach als eigene Gewährleistung. In der Konsequenz ist dann zu argumentieren, dass Art. 4 Abs. 1 und 2 GG nicht nur die transzendente Überzeugungsbildung, sondern auch die immanente Weltdeutung schützen soll.[416]

Wird hingegen vertreten, dass eine plausible Unterscheidung zwischen Religion und Weltanschauung technisch nicht durchführbar und angesichts der ausdrücklichen Gleichstellung im GG auch gar nicht notwendig ist,[417] wäre die weltanschauliche Glaubensfreiheit als in einer umfassenden Glaubensfreiheit inbegriffen anzusehen. Dies folgt auch daraus, dass Art. 4 Abs. 1 GG wörtlich weiter die Freiheit des religiösen und weltanschaulichen Bekenntnisses schützt,

---

410 *Muckel*, Religiöse Freiheit und staatliche Letztentscheidung, 1997, S. 139.

411 *Starck*, in: v. Mangoldt/Klein/Starck (Hrsg.), Kommentar zum GG, Art. 4 GG, Rn. 35.

412 Vgl. *Muckel*, Religiöse Freiheit und staatliche Letztentscheidung, 1997, S. 139.

413 *Classen*, Staatsrecht II, 2019, S. 175.

414 *Sachs*, in: Ders. (Hrsg.), Grundgesetz, Art. 1 GG Vorbemerkung, Rn. 42 ff.

415 *Listl*, Das Grundrecht der Religionsfreiheit in der Rechtsprechung der Gerichte der Bundesrepublik Deutschland, 1971, S. 63; *de Wall/Muckel*, Kirchenrecht, 62022, S. 73.

416 *Di Fabio*, in: Grundgesetz, Art. 4 GG, Rn. 43.

417 *Vosgerau*, Freiheit des Glaubens und Systematik des Grundgesetzes, 2010, S. 181.

mithin die nach außen hin gerichtete Kommunikation sowohl religiöser als auch weltanschaulicher Inhalte: die diesem Inhalt zugrundeliegende innere Seite des Glaubens kann nicht auf religiöse Inhalte beschränkt sein, sondern muss auch Überzeugungen im weltanschaulichen Sinne beinhalten.[418] Somit wäre die weltanschauliche Gedankenfreiheit also in der Glaubensfreiheit als der elementaren Freiheit aller Überzeugungen über den Sinn des Lebens und des Weltgeschehens enthalten, die keine Unterscheidung hinsichtlich religiös, areligiös oder antireligiös kennt.[419]

bb) Negative Glaubensfreiheit

Zu schützen sind jedoch auch jene Personen, die gegenüber Glaubensfragen gleichgültig sind. Sie müssen auch und insbesondere vor staatlicher Beeinflussung hinsichtlich der Annahme oder Ablehnung religiös-weltanschaulicher Gewissheiten geschützt sein. Dies wird mit negativer Glaubensfreiheit bezeichnet.[420]

Es ist aber umstritten, ob die Glaubensfreiheit aus Art. 4 Abs. 1 GG überhaupt eine solche negative Seite haben kann.[421] So bezeichnet *Ipsen* die Attribute „positiv" und „negativ" als generell verfehlt. Die individuelle Gewissheit hinsichtlich der Gesamtsicht der Welt kann sich auf ein höheres Wesen beziehen (wie es beispielsweise in monotheistischen Religionen der Fall ist), sie kann sich aber auch (wie im philosophischen Materialismus) in der Gewissheit erschöpfen, dass es ein solches höchstes Wesen nicht gibt. Laut *Ipsen* wäre es abwegig, die letztere Überzeugung im Gegensatz zur ersteren als Nichtglaube zu etikettieren und als durch die negative Glaubensfreiheit geschützt zu sehen.[422]

Diese Auffassung überzeugt, da der Atheismus durchaus ein positiver Glaube sein kann. Nichtsdestoweniger besteht weiterhin die Notwendigkeit einer negativen Glaubensfreiheit, da der Grundrechtsträger auch das Recht hat, überhaupt keinen Glauben zu haben und weder an die Existenz noch an die Nichtexistenz einer höheren Macht zu glauben. Treffend erkennt *Muckel* daher, dass der Einzelne nur dann vor dem Umschlagen der Freiheit von Zwang in einen Zwang zur Freiheit geschützt ist, wenn die Grundrechte nicht nur Garantien der Betätigung, sondern auch Garantien der Nichtbetätigung enthalten. Frei ist der Einzelne nur

---

418 Vgl. *Hoffmann*, Die Weltanschauungsfreiheit, S. 181.

419 *Starck*, in: v. Mangoldt/Klein/Starck (Hrsg.), Kommentar zum GG, Art. 4 GG, Rn. 34.

420 *Mager*, in: v. Münch/Kunig (Hrsg.), Grundgesetz, Art. 4 GG, Rn. 37.

421 *Muckel*, Religiöse Freiheit und staatliche Letztentscheidung, 1997, S. 144.

422 *Ipsen*, Grundrechte, [23]2020, S. 110.

dann, wenn sowohl die Ausübung als auch die Nichtausübung seiner Grundrechte sanktionslos bleibt.[423]

Die negative Glaubensfreiheit garantiert also das Recht des Einzelnen, einen Glauben im Sinne des Art. 4 GG nicht ausbilden zu müssen.[424] Als Beispiel für die praktische Relevanz der negativen Glaubensfreiheit wird eine staatliche Anordnung angeführt, gemäß derer auch an bekenntnisfreien Schulen in jedem Klassenzimmer ein Kruzifix anzubringen sei.[425] Diese Anordnung war Inhalt einer Verfassungsbeschwerde zum BVerfG, welche zum Ergebnis hatte, dass die Anbringung von Kruzifixen in den Unterrichtsräumen einer staatlichen Pflichtschule, die keine Bekenntnisschule ist, gegen Art. 4 Abs. 1 GG verstößt.[426] Zwar sei es laut BVerfG in einer pluralistischen Gesellschaft unmöglich, bei der Gestaltung öffentlicher Pflichtschulen allen Erziehungsvorstellungen Rechnung zu tragen, sodass sich die negative und die positive Seite der Religionsfreiheit nicht problemlos in ein und derselben staatlichen Institution verwirklichen lasse.[427] Im Grunde stützte das Gericht seine Begründung aber auf die negative Glaubensfreiheit.

Trotz dieses Beschlusses kritisiert *Vosgerau* das Konzept der negativen Glaubensfreiheit mit der Begründung, dass die grundgesetzliche Formulierung „Freiheit des Glaubens“ auch die Freiheit des Nichtglaubens impliziere. Zudem sei zu bedenken, dass es keine durchgehend-systematische, also alle Grundrechte betreffende negative Seite von Freiheitsrechten gebe.[428] Hinsichtlich der angeführten Kruzifix-Entscheidung verweist *Vosgerau* auf *Isensee*, der schon im Jahre 1996 zur Kritik am Konzept einer negativen Glaubensfreiheit die Analogie bemühte, dass die Ästhetik eines Klassenzimmers, so armselig sie auch sein möge, wohl nicht die Kunstfreiheit der Schüler verletze.[429]

Das BVerfG bestätigte in einer jüngeren Entscheidung die Annahme der negativen Glaubensfreiheit jedoch und wies erneut darauf hin, dass dem durch Art. 4 Abs. 1 und 2 GG gewährleisteten Recht zur Teilnahme an kultischen Handlungen, die ein Glaube vorschreibt oder in denen dieser Ausdruck findet, umgekehrt die Freiheit entspricht, den kultischen Handlungen eines nicht

423 *Muckel*, Religiöse Freiheit und staatliche Letztentscheidung, 1997, S. 142.
424 *de Wall/Muckel*, Kirchenrecht, [6]2022, S. 73.
425 *de Wall/Muckel*, Kirchenrecht, [6]2022, S. 73.
426 BVerfG, Beschl. v. 16.05.1995 – 1 BvR 1087/91, BVerfGE 93, 1 (23).
427 BVerfG, Beschl. v. 16.05.1995 – 1 BvR 1087/91, BVerfGE 93, 1 (22).
428 *Vosgerau*, Freiheit des Glaubens und Systematik des Grundgesetzes, 2010, S. 181 f.
429 *Vosgerau*, Freiheit des Glaubens und Systematik des Grundgesetzes, 2010, S. 182; *Isensee*, in: ZRP 29 (1996) 10, 12.

geteilten Glaubens fernzubleiben. Zwar bestehe kein Recht darauf, von fremden Glaubensbekundungen, kultischen Handlungen und religiösen Symbolen verschont zu bleiben. Hiervon zu unterscheiden sei aber eine vom Staat geschaffene Lage, in der der Einzelne ohne Ausweichmöglichkeiten dem Einfluss eines bestimmten Glaubens, den Handlungen, in denen dieser sich manifestiert, und den Symbolen, in denen er sich darstellt, ausgesetzt ist.[430]

Diese Ansicht ist begrüßenswert. Denn wenn der Staat eine derart beschriebene Lage schaffen kann, ist es nur konsequent, dass die grundrechtliche Gewährleistung ein Abwehrrecht in seiner negativen Dimension bereithält.

b) Gewissensfreiheit

Eine weitere Garantie des Art. 4 Abs. 1 GG ist die Gewissensfreiheit. Diese zählt nicht zu den religiösen Garantien im engeren Sinne, sondern stellt ein eigenständiges Grundrecht dar, welches sich von der Religionsfreiheit gelöst hat.[431] Als gesichert gilt mittlerweile die vom BVerfG in seiner Entscheidung zur Kriegsdienstverweigerung von 1960 getroffene Annahme, dass als Gewissensentscheidung jede ernste sittliche, d. h. an den Kriterien von „gut“ und „böse“ orientierte Entscheidung anzusehen ist, die der Einzelne in einer bestimmten Lage als für sich bindend und unbedingt verpflichtend innerlich erfährt, sodass er nicht ohne ernste Gewissensnot gegen sie handeln kann.[432] Anders als die religiöse oder weltanschauliche Glaubensfreiheit beschränkt sich die Gewissensfreiheit nicht auf das *„forum internum“*, sondern erstreckt sich auch auf die Freiheit, nicht von der öffentlichen Gewalt dazu verpflichtet werden zu können, gegen Gebote und Verbote des Gewissens handeln zu müssen, sodass das *„forum internum“* und das *„forum externum“* geschützt werden.[433]

Mit dem eigenständigen Grundrecht der Gewissensfreiheit wird der Fähigkeit des Menschen Rechnung getragen, sich nach eigenen sittlichen Maßstäben frei zu entscheiden und dabei von Mehrheitsmeinungen oder kollektiven Überzeugungen abzuweichen.[434] Die Maßstäbe, die hierbei für das jeweilige sittliche

---

430 BVerfG, Beschl. v. 14.01.2020 – 2 BvR 1333/17, NVwZ 2020, 461 (465 Rn. 94).

431 *de Wall/Muckel*, Kirchenrecht, ^{6}2022, S. 75.

432 BVerfG, Beschl. v. 20.12.1960 – 1 BvL 21/60, BVerfGE 12, 45 (55); *Mager*, in: v. Münch/Kunig (Hrsg.), Grundgesetz, Art. 4 GG, Rn. 84; *de Wall/Muckel*, Kirchenrecht, ^{6}2022, S. 75; *Muckel*, Religiöse Freiheit und staatliche Letztentscheidung, 1997, S. 155; *Manssen*, Staatsrecht II, ^{19}2022, S. 118.

433 BVerfG, Beschl. v. 30.06.1988 – 2 BvR 701/86, BVerfGE 78, 391 (395).

434 *Di Fabio*, in: Dürig/Herzog/Scholz, Grundgesetz, Art. 4 GG, Rn. 48.

Urteil herangezogen werden, können sowohl aus einem religiösen als auch aus einem weltanschaulichen System stammen, aber auch wissenschaftlicher Natur sein.[435]

Die Gewissensfreiheit schützt den Einzelnen. Personengesellschaften können sich hingegen nicht auf sie berufen.[436] Dies ergibt sich daraus, dass mit der Gewissensfreiheit die individuelle moralische Identität und Integrität geschützt werden sollen. Entsprechend ist Art. 19 Abs. 3 GG nicht anwendbar.[437]

In der Praxis wirft die Gewissensfreiheit Probleme auf, wenn durch die Verwaltung oder Rechtsprechung überprüft werden muss, ob bestimmte Handlungsweisen auf einer Gewissensentscheidung beruhen. Es ist nicht möglich, sich allein mit Berufung auf eine Gewissensentscheidung von Verpflichtungen zu befreien; es muss glaubhaft gemacht werden, dass ein Konflikt zwischen der fraglichen Verpflichtung und dem eigenen Gewissen besteht.[438]

c) Freiheit des religiösen und weltanschaulichen Bekenntnisses

Art. 4 Abs. 1 GG garantiert weiterhin die Unverletzlichkeit des religiösen und weltanschaulichen Bekenntnisses. Mit „Bekenntnis" ist dabei nicht die Zugehörigkeit zu einer bestimmten Glaubensgemeinschaft gemeint, und es ist auch nicht als Synonym für „Glauben" zu verstehen, da Art. 4 GG die Glaubensfreiheit *expressis verbis* erwähnt.[439] Vielmehr schützt die Bekenntnisfreiheit das Verkünden von religiösen Überzeugungen und die Freiheit, über diese zu reden.[440] Folgerichtig wird die Bekenntnisfreiheit als *lex specialis* gegenüber der Meinungsfreiheit aus Art. 5 Abs. 1 GG verstanden.[441]

aa) Positive Bekenntnisfreiheit

Das BVerfG unterscheidet zwar nicht zwischen Glauben und Bekenntnis, da es von einem einheitlichen Schutzbereich des Art. 4 Abs. 1 und 2 GG ausgeht.

---

435 *Germann*, in: Epping/Hillgruber (Hrsg.), BeckOK GG, Art. 4 GG, Rn. 88.

436 *Muckel*, Religiöse Freiheit und staatliche Letztentscheidung, 1997, S. 154; *Germann*, in: Epping/Hillgruber (Hrsg.), BeckOK GG, Art. 4 GG, Rn. 87.

437 *Mager*, in: v. Münch/Kunig (Hrsg.), Grundgesetz, Art. 4 GG, Rn. 106.

438 BVerwG, Urt. v. 03.02.1988 – 6 C 3/86 = NVwZ 1989, 60 (61); *Manssen*, Staatsrecht II, [19]2022, S. 118.

439 *Mager*, in: v. Münch/Kunig (Hrsg.), Grundgesetz, Art. 4 GG, Rn. 43.

440 *Muckel*, Religiöse Freiheit und staatliche Letztentscheidung, 1997, S. 145; *Mager*, in: v. Münch/Kunig (Hrsg.), Grundgesetz, Art. 4 GG, Rn. 43.

441 *Muckel*, Religiöse Freiheit und staatliche Letztentscheidung, 1997, S. 145.

Im sog. „Gesundbeter-Beschluss“[442] stellte das BVerfG jedoch fest, dass die Glaubensfreiheit mehr ist als religiöse Toleranz, d. h. bloße Duldung religiöser Bekenntnisse oder irreligiöser Überzeugungen, und daher nicht nur die innere Freiheit, zu glauben oder nicht zu glauben, umfasst, sondern auch die äußere Freiheit, den Glauben zu manifestieren, sich zu ihm bekennen und ihn zu verbreiten.[443]

Das Bekennen des Glaubens oder der Weltanschauung erfolgt dabei durch die mündliche, schriftliche oder bildliche Verbreitung religiöser, areligiöser, antireligiöser oder sonstiger weltanschaulicher Lehren, Vorstellungen, Überzeugungen oder Symbole. Schon der Beitritt bzw. Austritt aus einer Kirche, einer Weltanschauungsgemeinschaft oder einem sonstigen Verein oder Verband stellt in diesem Sinne ein Bekenntnis dar.[444] Auch das elterliche Recht der religiösen Kindererziehung fällt unter den Schutz der Bekenntnisfreiheit als Freiheit der Äußerung der eigenen Überzeugung.[445]

Eine weitere wesentliche Form der positiven Bekenntnisfreiheit ist das Werben für die eigene religiöse oder weltanschauliche Überzeugung. In diesem Sinne enthält die Gewährleistung nicht nur ein individuelles Abwehrrecht, sondern es gebietet auch in positivem Sinn, Raum für die aktive Betätigung der Glaubensüberzeugung und die Verwirklichung der autonomen Persönlichkeit auf weltanschaulich-religiösem Gebiet zu sichern.[446]

bb) Negative Bekenntnisfreiheit

Unter der negativen Bekenntnisfreiheit ist das Recht zu verstehen, sich nicht zu einer religiösen oder weltanschaulichen Überzeugung bekennen zu müssen. Niemand darf zur Teilnahme an religiösen Handlungen gezwungen werden und jeder darf seine religiösen bzw. weltanschaulichen Überzeugungen verschweigen.[447]

Nach einer Auffassung ergibt sich die negative Bekenntnisfreiheit aus Art. 4 GG. Zwar verbürgt Art. 140 GG i. V. m. Art. 136 Abs. 3 S. 1 WRV wörtlich das Recht, seine religiöse Überzeugung nicht offenbaren zu müssen; dieser habe aber nur deklaratorischen Charakter. Denn im Vergleich zu Art. 4 GG handle es

---

442 BVerfG, Beschl. v. 19.10.1971 – 1 BvR 387/65, BVerfGE 32, 98–111.

443 BVerfG, Beschl. v. 19.10.1971 – 1 BvR 387/65, BVerfGE 32, 98 (106).

444 *Starck*, in: v. Mangoldt/Klein/Starck (Hrsg.), Kommentar zum GG, Art. 4 GG, Rn. 36.

445 *Mager*, in: v. Münch/Kunig (Hrsg.), Grundgesetz, Art. 4 GG, Rn. 46.

446 BVerfG, Beschl. v. 17.12.1975 – 1 BvR 63/68, BVerfGE 41, 29 (49).

447 *Starck*, in: v. Mangoldt/Klein/Starck (Hrsg.), Kommentar zum GG, Art. 4 GG, Rn. 23.

sich bei Art. 136 Abs. 3 S. 1 WRV klarerweise um die spezielle Norm.[448] Somit bleibe letzterer hinter ersterem zurück.[449]

Nach einer anderen Auffassung ist das Recht, keiner Religion anzuhängen, ein Teil der positiven Weltanschauungsfreiheit, da areligiöse oder antireligiöse Haltungen Weltanschauungen seien.[450] Auf den ersten Blick mag diese Ansicht überzeugen, es gibt aber gleichwohl Bedenken. Denn die Freiheit, sich den Sinn des Lebens und des Weltgeschehens mit einem religiösen, areligiösen oder antireligiösen Glauben oder einer sonstigen Weltanschauung zu erklären, muss auch das Recht beinhalten, sich von jedweder Erklärung des Weltgeschehens fernzuhalten und keinen Sinn des Lebens zu suchen. Demzufolge muss der Grundrechtsträger auch die negative Freiheit haben, sich von jeglicher Religion fernhalten zu dürfen und auch keine sonstige Weltanschauung haben zu müssen.

d) Religionsausübungsfreiheit

Art. 4 Abs. 2 GG gewährleistet die ungestörte Religionsausübung. Er bezieht sich dabei auf alle religiös oder weltanschaulich motivierten Verhaltensweisen, mithin auch auf solche, die über das Glauben und Reden hinausgehen. Art. 4 Abs. 2 GG geht also über den Schutzbereich der Glaubensfreiheit und der Bekenntnisfreiheit hinaus.[451]

Nach der oben dargestellten Auffassung des BVerfG handelt es sich bei Art. 4 Abs. 2 GG hingegen lediglich um eine deklaratorische Feststellung dahingehend, dass die Religionen und Weltanschauungen garantierten Gewährleistungen des Abs. 1 auch Gemeinschaften zustehen.[452]

In der „Lumpensammler-Entscheidung" hat das BVerfG indes festgestellt, dass zur Religionsausübung eine große Vielzahl verschiedener Handlungen und Gebräuche gehören: Gottesdienste, Gebete, Prozessionen, der Empfang der Sakramente, das Sammeln kirchlicher Kollekten, das Glockengeläut, das Zeigen von Kirchenfahnen und die religiöse Erziehung. Zur Religionsausübung gehören darüber hinaus auch freireligiöse und atheistische Feiern sowie andere Äußerungen des religiösen und weltanschaulichen Lebens.[453] Gemäß der Rechtsprechung

---

448 *Muckel*, Religiöse Freiheit und staatliche Letztentscheidung, 1997, S. 147.

449 *Kokott*, in: Sachs (Hrsg.), Grundgesetz, Art. 4, Rn. 34; *Mager*, in: v. Münch/Kunig (Hrsg.), Grundgesetz, Art. 4 GG, Rn. 51; *Korioth*, in: Dürig/Herzog/Scholz, Grundgesetz, Art. 137 WRV, Rn. 74.

450 *Starck*, in: v. Mangoldt/Klein/Starck (Hrsg.), Kommentar zum GG, Art. 4 GG, Rn. 23.

451 *Starck*, in: v. Münch/Kunig (Hrsg.), Grundgesetz, Art. 4 GG, Rn. 70.

452 *Mager*, in: v. Münch/Kunig (Hrsg.), Grundgesetz, Art. 4 GG, Rn. 70.

453 BVerfG, Beschl. v. 16.10.1968 – 1 BvR 241/66, BVerfGE 24, 236 (246).

des BVerfG sollen von der Religionsausübungsfreiheit also nicht nur kultische Handlungen umfasst sein.

Hellermann kritisiert die „Lumpensammler-Entscheidung" des BVerfG und vertritt stattdessen die Auffassung, dass die Religionsausübungsfreiheit nur kultische Handlungen schütze. Seine Begründung lautet, dass Art. 4 Abs. 2 GG die Religionsausübung gegenüber Staat und Privaten so umfassend und vorbehaltlos, mithin ohne ausdrückliche Schranken, grundrechtlich schützen soll, dass das Handlungsrecht tatbestandlich begrenzt werden müsse. Da die in Art. 4 GG enthaltenen Grundrechte für unverletzlich erklärt werden, können sie *Hellermann* zufolge nicht jegliches religiös-weltanschaulich motivierte Handeln als solches schützen.[454]

Grundsätzlich ist *Hellermanns* Ansatz begrüßenswert. Eine übermäßige Ausweitung des Schutzes muss verhindert werden, um Missbrauch entgegenzuwirken. Versuche entsprechender Beschränkungen sehen sich aber mit verschiedenen Problemen konfrontiert: Erstens verbietet der Grundsatz der religiös-weltanschaulichen Neutralität eine Beschränkung auf typisch christliche Kultushandlungen.[455] Zweitens dürfte für Außenstehende wie Behörden und Gerichte nicht immer klar sein, welche Handlungsweisen für eine bestimmte Gruppierung als Kultushandlungen gelten und welchen Stellenwert sie jeweils innerhalb der Gruppierung haben. Mit der stetig wachsenden Zahl neuer Gruppierungen, welche sich als religiös oder weltanschaulich verstehen, verschärft sich diese Problematik. Denn der Staat muss auch diesen Gruppierungen gegenüber Offenheit beweisen und darf nicht auf dem Stand zur Zeit der Gründung des Grundgesetzes verharren.[456]

Angesichts dieser Probleme kann der Ansicht *Hellermanns* nicht gefolgt werden. Die Religionsausübungsfreiheit kann also nicht auf kultische Handlungen beschränkt werden.

aa) Umfang der Religionsausübungsfreiheit

Bei näherer Betrachtung des Umfangs der Religionsausübungsfreiheit stellt sich die Frage, ob Art. 4 Abs. 2 GG auch Weltanschauungen umfasst, was nach der „Lumpensammler-Entscheidung" des BVerfG aus dem für den Staat verbindlichen Gebot weltanschaulicher Neutralität und dem Grundsatz der Parität der Kirchen und Bekenntnisse folge.[457]

---

454 *Hellermann*, Die sogenannte negative Seite der Freiheitsrechte, 1993, S. 139.

455 *Muckel*, Religiöse Freiheit und staatliche Letztentscheidung, 1997, S. 150.

456 *Muckel*, Religiöse Freiheit und staatliche Letztentscheidung, 1997, S. 150 f.

457 BVerfG, Beschl. v. 16.10.1968 – 1 BvR 241/66, BVerfGE 24, 236 (246).

Betrachtet man nur den Wortlaut des Art. 4 Abs. 2 GG, so wird lediglich die ungestörte Religionsausübungsfreiheit garantiert. Daraus könnte der Schluss gezogen werden, dass die Ausübung der Weltanschauung ihren Schutz nicht in Art. 4 Abs. 2 GG finden könne, sondern in anderen Grundrechten wie der Meinungs- und Pressefreiheit, der Berufsfreiheit und spätestens in der allgemeinen Handlungsfreiheit finden müsse.[458]

Dass Weltanschauungen in Art. 4 Abs. 2 GG nicht *expressis verbis* erwähnt werden, lässt jedoch nicht ohne Weiteres den Schluss zu, dass sie nicht von der Religionsausübungsfreiheit umfasst sind. Zugunsten dieser Möglichkeit ist erneut der in der Einleitung beschriebene deutliche Wandel in der religiösen und weltanschaulichen Landschaft in Deutschland anzuführen, der sich in den letzten Jahrzehnten vollzogen hat. Angesichts dieser Verschiebungen scheint es nicht überzeugend, nur jene religiös motivierten Handlungen zum Maßstab für den Umfang der mit Art. 4 Abs. 2 GG geschützten Religionsausübungsfreiheit zu machen, welche zur Zeit der Entstehung des GG in Deutschland bekannt waren.[459]

Diese Argumentationslinie verfolgte auch das BVerfG in der Entscheidung zur „Heidenspaß-Party". Konkret ging es um eine Tanzveranstaltung in Bayern, die an einem Karfreitag stattfand. Das bayrische Feiertagsgesetz normiert den Karfreitag in Art. 3 als stillen Feiertag, an welchen musikalische Darbietungen jeder Art in Räumen mit Schankbetrieb verboten sind.[460] In Art. 5 Abs. 2 FTG ist normiert,

> „Die Gemeinden können aus wichtigen Gründen im Einzelfall von den Verboten der Art. 2, 3 und 4 Befreiung erteilten, *nicht jedoch für den Karfreitag.*"[461]

Das BVerfG beurteilte die „Heidenspaß-Party" indes als Ausübung der Weltanschauungsfreiheit, nämlich als „proaktive Gegenveranstaltung zum christlich verwurzelten, stillen Karfreitag."[462] Nach diesem Beschluss folgt aus dem

---

458 *Muckel*, Religiöse Freiheit und staatliche Letztentscheidung, 1997, S. 148.

459 *Muckel*, Religiöse Freiheit und staatliche Letztentscheidung, 1997, S. 151.

460 Quelle: https://www.gesetze-bayern.de/Content/Document/BayFTG-3 aufgerufen am 20.08.2023.

461 Quelle: https://www.gesetze-bayern.de/Content/Document/BayFTG-5 aufgerufen am 20.08.2023; Hervorhebung im Original. Dort findet sich auch der Hinweis, dass Art. 5 Halbsatz 2 FTG gemäß Beschl. d. BVerfG – 1 BvR 458/10 – v. 27.10.2016 (BGBl. I S 3067) mit Art. 4 Abs. 1 und 2 sowie mit Art. 8 Abs. 1 GG unvereinbar und nichtig ist.

462 BVerfG, Beschl. v. 27.10.2016 – 1 BvR 458/10, BVerfGE 143, 161 (209); *Kokott*, in: Sachs (Hrsg.), Grundgesetz, Art. 4, Rn. 56.

für den Staat verbindlichen Gebot weltanschaulich-religiöser Neutralität und dem Grundsatz der Parität der Kirchen und Bekenntnisse die Gleichstellung von Weltanschauungsgemeinschaften und Religionsgemeinschaften, sodass der Begriff der Religionsausübung extensiv ausgelegt werden muss.

bb) Bedeutung für die vorliegende Untersuchung

Vor dem Hintergrund des soeben genannten Beschlusses des BVerfG scheint die Ausübung der Weltanschauungsfreiheit von Art. 4 GG umfasst zu sein. Dies wäre für die vorliegende Arbeit von immenser Bedeutung. Denn wenn sich herausstellen sollte, dass die „Kirche des Fliegenden Spaghettimonsters Deutschland e.V." nicht nur dem Selbstverständnis zufolge, sondern auch gemäß weiteren Kriterien eine Weltanschauung im Sinne des Grundgesetzes vertritt, dann wären sämtliche satirischen Bekundungen wie beispielsweise die „Nudelmesse" im Rahmen der Weltanschauungsausübungsfreiheit von Art. 4 Abs. 1 und 2 GG geschützt. Das würde nicht nur das oben diskutierte Gerichtsurteil[463] bezüglich der Hinweisschilder auf die „Nudelmesse" am Ortseingang von Templin in ein anderes Licht rücken, sondern die grundsätzliche Frage aufwerfen, ob Religionsparodien (je nach Hintergrund) generell grundrechtlichen Schutz genießen.

2. Der Schutz der gemeinschaftlichen Ausübung des Grundrechts

Religionsfreiheit wird nur selten privat, sondern typischerweise in Gemeinschaften ausgelebt. Die Religionsfreiheit kann daher nicht bloß die Freiheit des Einzelnen schützen, sondern muss auch den Schutz von Personenzusammenschlüssen garantieren. In der Literatur sind bezüglich der religiösen Vereinigungsfreiheit regelmäßig die Begriffe „kollektive Religionsfreiheit" und „korporative Religionsfreiheit" anzutreffen,[464] die mitunter auch synonym verwendet werden.[465] In der vorliegenden Arbeit sollen die beiden Begrifflichkeiten aber wie folgt voneinander abgegrenzt werden: Während mit „kollektiver Religionsfreiheit" die Ausübung des Grundrechts aus Art. 4 GG durch mehrere Personen ohne formalisierte Verbindung gemeint ist, bezeichnet die „korporative Religionsfreiheit"

463 A. II. 2.; OLG Brandenburg, Urt. v. 02.08.2017 – Az. 4 U 84/16, juris.

464 *Germann*, in: Epping/Hillgruber (Hrsg.), BeckOK GG, Art. 4 GG, Rn. 22; *Jarass*, in: Jarass/Pieroth (Hrsg.), Kommentar zum GG, Art. 4 GG, Rn. 19; *v. Campenhausen/de Wall*, Religionsverfassungsrecht, ^{5}2022, S. 63.

465 *Czermak/Hilgendorf*, Religions- und Weltanschauungsrecht, ^{2}2018, S. 32.

die Ausübung dieses Grundrechts durch einen wie auch immer organisierten Personenzusammenschluss.[466]

Aufgrund der kollektiven bzw. korporativen Religionsfreiheit können sich gemäß Art. 4 Abs. 1 und 2 GG i. V. m. Art. 19 Abs. 3 GG auch inländische juristische Personen auf die Religions- und Weltanschauungsfreiheit berufen. Solche Vereinigungen können im Gegensatz zum Einzelnen zwar kein „*forum internum*" haben und sich dementsprechend nicht auf die Glaubens- oder Gewissensfreiheit als reine Denkfreiheiten berufen. Im Begriff der Religion bzw. der Weltanschauung kann aber auch eine überindividuelle Dimension der Gemeinschaft im Glauben, Bekennen und Handeln angelegt sein. Vereinigungen können die Überzeugungen ihrer Mitglieder verbreiten, also das Grundrecht der Bekenntnisfreiheit für sich in Anspruch nehmen. Auch das Grundrecht der Religionsausübung steht juristischen Personen zu.[467] Demnach ist die Religions- und Weltanschauungsfreiheit im „*forum externum*" im Sinne des Art. 19 Abs. 3 GG auf solche Vereinigungen anwendbar, deren Zweck auf diese überindividuelle Dimension gerichtet ist.

a) Religiöse Vereinigungsfreiheit – kein Recht aus Art. 4 Abs. 1 und 2 GG

Grundsätzlich umfasst die religiöse Vereinigungsfreiheit das Recht, Religions- und Weltanschauungsgemeinschaften zu bilden. Die verfassungsrechtliche Grundlage hierzu findet sich in Art. 140 GG i. V. m. 137 Abs. 2 und 7 WRV.

Obwohl sich die Garantie der korporativen Religions- und Vereinigungsfreiheit in Art. 4 Abs. 1 und 2 GG nicht findet, wird in der Literatur angenommen, dass sie sich aus Art. 4 Abs. 1 und 2 i. V. m. Art. 19 Abs. 3 GG ergibt.[468] Nach dieser Auffassung wird die korporative Religions- und Vereinigungsfreiheit durch Art. 137 WRV nur ergänzt, welcher die zentrale, institutionsbezogene Verfassungsnorm zu den rechtlich geschützten Handlungsmöglichkeiten von Religionsgemeinschaften ist.[469] Weiter wird sowohl in der Rechtsprechung des BVerfG als auch in der Literatur vertreten, dass dieses Recht sich bereits aus der

---

466 *Germann*, in: Epping/Hillgruber (Hrsg.), BeckOK GG, Art. 4 GG, Rn. 22; vgl. auch *Heckel*, Vom Religionskonflikt zur Ausgleichsordnung, 2007, S. 62.

467 *Muckel*, Religiöse Freiheit und staatliche Letztentscheidung, 1997, S. 169.

468 BVerfGE 83, 341 (354); *Germann*, in: Epping/Hillgruber (Hrsg.), BeckOK GG, Art. 4 GG, Rn. 29; *de Wall*, in: Stern, Sodan et al. (Hrsg.), Das Staatsrecht der Bundesrepublik Deutschland, 2022, § 111 Glaubensfreiheit, Rn. 27.

469 *Korioth*, in: Dürig/Herzog/Scholz, Grundgesetz, Art. 137 WRV, Rn. 1.

individuellen Religionsfreiheit ergebe, da der Zusammenschluss zum Zweck der gemeinsamen Betätigung der religiösen Überzeugung Ausdruck der Bekenntnis- und Religionsausübungsfreiheit sei. Der parlamentarische Gesetzgeber habe nur deshalb auf die Hereinnahme in Art. 4 GG verzichtet, um der Einbeziehung des Art. 137 Abs. 2 WRV in das Grundgesetz Rechnung zu tragen. Art. 4 Abs. 1 und 2 GG beziehe sich für die Gewähr der religiösen Vereinigungsfreiheit auf Art. 140 GG i. V. m. Art. 137 Abs. 2 WRV und umfasse sie in dessen normativem Gehalt mit.[470] Diese Auffassung wird insofern als praktische Lösung betrachtet, als die religiöse Vereinigungsfreiheit jederzeit Grundlage einer Verfassungsbeschwerde nach Art. 93 Abs. 1 Nr. 4a GG sein könne, weil mit Art. 4 Abs. 1 und 2 GG immer die Verletzung eines Grundrechts im formellen Sinne geltend gemacht werden könne.[471]

Dass der Parlamentarische Rat sich gegen die Aufnahme der religiösen Vereinigungsfreiheit in Art. 4 Abs. 1 und 2 GG ausgesprochen hat, als feststand, dass Art. 136, 137 WRV in das GG inkorporiert werden, dürfte indes vielmehr dafür sprechen, dass der Verfassungsgeber die Freiheit, Religions- und Weltanschauungsgemeinschaften zu gründen, als eine eigenständige Gewährleistung verstanden wissen wollte.[472] Dem steht der praktische Gedanke des BVerfG nicht entgegen. Denn wenn Art. 140 GG i. V. m. Art. 137 Abs. 2 und 7 WRV als ein die Garantien des Art. 4 Abs. 1 und 2 GG ergänzendes Freiheitsrecht angesehen wird, nimmt er verfassungsprozessual am Grundrechtscharakter des Art. 4 Abs. 1 und 2 GG teil und kann somit ebenfalls im Wege der Verfassungsbeschwerde geltend gemacht werden. Für diese Lösung spricht weiterhin, dass sie dogmatische Stringenz aufweist, welche der Vorschlag des BVerfG vermissen lässt, da hinsichtlich der Zulässigkeit Art. 4 Abs. 1 und 2 GG herangezogen wird,[473] hinsichtlich der Begründetheit jedoch Art. 137 Abs. 2 und 7 WRV.[474]

b) Kollektive Religions- und Weltanschauungsfreiheit

Wenn mit dem Begriff der kollektiven Religions- und Weltanschauungsfreiheit, wie oben definiert,[475] die Ausübung der individuellen Grundrechte durch

---

470 BVerfG, Beschl. v. 05.02.1991 – 2 BvR 263/86, BVerfGE 83, 341 (354); *Korioth*, in: Dürig/Herzog/Scholz, Grundgesetz, Art. 137 WRV, Rn. 11.

471 *Korioth*, in: Dürig/Herzog/Scholz, Grundgesetz, Art. 137 WRV, Rn. 12.

472 *Muckel*, Religiöse Freiheit und staatliche Letztentscheidung, 1997, S. 165.

473 Vgl. BVerfG, Beschl. v. 05.02.1991 – 2 BvR 263/86, BVerfGE 83, 341 (351).

474 *Muckel*, Religiöse Freiheit und staatliche Letztentscheidung, 1997, S. 165.

475 C. IV. 2.

mehrere Personen ohne formalisierte Verbindung gemeint ist, dann kann hinsichtlich der gemeinsamen Ausübung von Art. 4 Abs. 1 und 2 GG nur das „*forum externum*" geschützt sein. Dies wiederum bedeutet, dass die kollektive Bekenntnisfreiheit und die kollektive Ausübungsfreiheit von Religion und Weltanschauung tangiert sind.

aa) Kollektive Bekenntnisfreiheit

Die Bekenntnisfreiheit ist bereits der Grundidee nach nicht nur ein Individualgrundrecht, sondern auch ein Freiheitsrecht für Zusammenschlüsse von Personen.[476] Die Bekenntnisfreiheit garantiert Einzelnen wie Gemeinschaften als Grundrechtsträgern, ihre religiösen bzw. weltanschaulichen Überzeugungen nach außen tragen zu können.[477] Denn genau wie einzelne religionszugehörige Individuen bekennen sich auch Gemeinschaften durch aktives Tun zu ihren Lehren und Überzeugungen. Exemplarisch wären hier das Glockengeläut der Kirchen und der Muezzin-Ruf der Moscheen zu nennen, welcher die Gläubigen zum Gebet aufruft. Hinzu kommt, dass sich der Einzelne in der Ausübung seiner Bekenntnisfreiheit nicht immer klar von der Gemeinschaft trennen lässt. So wird das gerufene Gebet zwar vom Imam als Einzelperson kundgetan; diese Handlung wird von ihm aber in seiner Rolle als Teil der Gemeinschaft vollzogen.[478]

bb) Kollektive Ausübungsfreiheit von Religion und Weltanschauung

Zusätzlich zu den bereits im Rahmen der individuellen Religionsausübungsfreiheit genannten Handlungen schützt Art. 4 Abs. 1 und 2 GG insbesondere den Bestand und die Errichtung von Gotteshäusern sowie anderer mit einer Weltanschauung in Verbindung stehende Gebäude vor Eingriffen durch den Staat. Dies gilt gleichermaßen für Kirchen, Moscheen, Synagogen und alle vergleichbaren Gebäude.[479]

Ein weiterer wichtiger Aspekt der kollektiven Religionsausübung sind karitative Tätigkeiten. In Deutschland sind diese durch die großen Kirchen geprägt und finden Ausdruck insbesondere in den Aktivitäten der Diakonie und der Caritas, aber auch in der Existenz kirchlicher Krankenhäuser. Insbesondere mit Blick auf die Krankenhäuser ist indes kritisch zu hinterfragen, wie weit der Grundrechtsschutz aus Art. 4 Abs. 1 und 2 GG gehen kann, wenn nichtkirchliche

---

476 *Mager*, in: v. Münch/Kunig (Hrsg.), Grundgesetz, Art. 4 GG, Rn. 61.

477 *Mückl*, Bonner Kommentar zum GG, Art. 4 Rn. 91 ff.

478 *Mückl*, Bonner Kommentar zum GG, Art. 4 Rn. 91 ff.

479 BVerwG, Beschl. v. 26.04.1993 – 4 B 31/93 = NVwZ 1994, 282 (284).

Krankenhausbetreiber diesen nicht für sich einfordern können.[480] Zweifellos entspricht es dem christlichen Leit- und Grundgedanken der Nächstenliebe, sich karitativ zu betätigen, worunter auch der Betrieb von Krankenhäusern fallen kann. Es stellt sich allerdings die Frage, ob schon die religiöse Motivation den fraglichen Grundrechtsschutz rechtfertigen kann.

Das BVerfG hat diesbezüglich wiederholt festgestellt, dass sowohl die Religionsgemeinschaften selbst als auch ihre Untergliederungen und ihre rechtlich selbständigen Einrichtungen Verfassungsbeschwerde zur Verteidigung des Grundrechts auf ungestörte Religionsausübung erheben können. Dies gilt auch für juristische Personen, deren Zweck in der Erfüllung karitativer Aufgaben in Verwirklichung einer Grundforderung des religiösen Bekenntnisses besteht.[481]

Um diese Problematik zu adressieren, werden in der Literatur zwei Eingrenzungen gefordert: Erstens dürften die fraglichen Aktivitäten nicht nur karitativ motiviert sein, sondern müssen auch von dem entsprechenden religiösen Leitgedanken geprägt sein. Zweitens dürfe nur die Tätigkeit als solche von Art. 4 Abs. 1 und 2 GG geschützt sein. Im vorliegenden Beispiel der kirchlichen Krankenhäuser bedeutet das, dass zwar das Recht zum Betreiben eines Krankenhauses geschützt ist, nicht aber die Art und Weise des Betreibens.[482]

Dementsprechend endet der Grundrechtsschutz des Art. 4 Abs. 1 und 2 GG auf kollektive Religionsausübung dort, wo das fragliche Handeln nicht mehr unmittelbar religiös oder durch die Lehre der entsprechenden Weltanschauung geprägt, sondern nur noch lose damit verknüpft ist.

c) Korporative Religions- und Weltanschauungsfreiheit

Wie oben[483] aufgezeigt, bezeichnet die „korporative Religionsfreiheit" die Ausübung dieses Grundrechts durch einen wie auch immer organisierten Personenzusammenschluss.[484] Dies ergibt sich schon aus Art. 19 Abs. 3 GG, nachdem sich

---

480 *Mückl*, Bonner Kommentar zum GG, Art. 4 Rn. 91 ff.

481 BVerfG, Beschl. v. 25.03.1980 – 2 BvR 208/76, BVerfGE 53, 366 (388); BVerfG, Beschl. v. 04.10.1965 – 1 BvR 498/62, BVerfGE 19, 129 (132); BVerfG, Beschl. v. 13.01.1971 – 1 BvR 671, BVerfGE 30, 112 (119 f.); BVerfG Beschl. v. 21.09.1976 – 2 BvR 350/75, BVerfGE 42, 312 (321 f.); BVerfG, Beschl. v. 11.10.1977 – 2 BvR 209/76, BVerfGE 46, 73 (83).

482 *Mückl*, Bonner Kommentar zum GG, Art. 4 Rn. 91 ff.

483 S. 121.

484 *Germann*, in: Epping/Hillgruber (Hrsg.), BeckOK GG, Art. 4 GG, Rn. 22; vgl. auch *Heckel*, Vom Religionskonflikt zur Ausgleichsordnung, 2007, S. 62.

auch inländische juristische Personen auf Grundrechte berufen können, soweit sie ihrem Wesen nach auf sie anwendbar sind. Hierbei ist der Begriff „juristische Person" extensiv zu verstehen, da Art. 19 Abs. 3 GG einen eigenständigen verfassungsrechtlichen Gehalt hat und nicht der Disposition der einfachen Gesetzgebung über die Rechtsfähigkeit überlassen ist. Es reicht daher jede zu einer tatsächlichen gemeinsamen Willensbildung und Grundrechtsausübung fähige, nicht notwendige rechtfähige Organisation.[485]

Dem Wesen nach nicht anwendbar ist das Grundrecht der Religionsfreiheit auf Vereinigungen, soweit das „forum internum" betroffen ist. So kann die Glaubensfreiheit juristischen Personen nicht zustehen, soweit sie als reine Denkfreiheit verstanden wird.[486] Dagegen können juristische Personen durch die Freiheit des religiösen und weltanschaulichen Bekenntnisses und die Freiheit der Religionsausübung geschützt sein, soweit der Zweck der Vereinigung auf die Pflege des religiösen oder weltanschaulichen Lebens ihrer Mitglieder abzielt.[487]

Dass auch Weltanschauungsgemeinschaften von Art. 4 Abs. 1 und 2 geschützt sind, es sich insoweit also auch um die korporative Weltanschauungsfreiheit handelt, wurde in dem oben[488] dargestellten Beschluss des zur „Heidenspaß-Party" zuletzt verdeutlicht, in welchem sich eine Weltanschauungsgemeinschaft erfolgreich auf Art. 4 Abs. 1 und 2 GG berief.[489]

Die Möglichkeit, sich auf Art. 4 Abs. 1 und 2 GG zu berufen, steht auch solchen Gemeinschaften zu, die Körperschaften des öffentlichen Rechts sind. Das BVerfG begründete dies damit, dass „sie nicht vom Staat geschaffen sind, sondern im außerstaatlichen Bereich wurzeln und in ihrem Eigenbereich weder staatliche Aufgaben wahrnehmen noch staatliche Gewalt ausüben."[490]

485 *Germann*, in: Epping/Hillgruber (Hrsg.), BeckOK GG, Art. 4 GG, Rn. 31; *Enders*, in: Epping/Hillgruber (Hrsg.), BeckOK GG, Art. 19 GG, Rn. 35.

486 *Kokott*, in: Sachs (Hrsg.), Grundgesetz, Art. 4, Rn. Art. 4, Rn. 11.

487 BVerfG Beschl. v. 16.10.1968 – 1 BvR 241/66, BVerfGE 24, 236 (246); BVerfG, Beschl. v. 21.09.1976 – 2 BvR 350/75, BVerfGE 42, 312 (332); *Kokott*, in: Sachs (Hrsg.), Grundgesetz, Art. 4, Rn. Art. 4, Rn. 11.

488 S. 119.

489 BVerfG, Beschl. v. 27.10.2016 – 1 BvR 458/10, BVerfGE 143, 161 (205).

490 BVerfG, Beschl. v. 02.05.1967 – 1 BvR 578/63, BVerfGE 21, 362 (374); *Kokott*, in: Sachs (Hrsg.), Grundgesetz, Art. 4, Rn. Art. 4, Rn. 12.

d) *Das Selbstbestimmungsrecht der Religions- und Weltanschauungsgemeinschaften*

Das in Art. 140 GG i. V. m. Art. 137 Abs. 3, 7 WRV allen Religions- und Weltanschauungsgemeinschaften gewährte Recht, ihre eigenen Angelegenheiten selbständig innerhalb der Schranken des für alle geltenden Gesetzes zu ordnen und zu verwalten, räumt diesen Gemeinschaften zudem das Recht ein, selbstbestimmt und ohne staatliche Regulation über ihre Angelegenheiten zu entscheiden. Insoweit wird die korporative Religions- und Weltanschauungsfreiheit vor allem im Selbstbestimmungsrecht näher ausgestaltet.[491]

aa) *Abgrenzung des Selbstbestimmungsrechts von der Religionsfreiheit*

An verschiedenen Stellen in der Literatur wird angenommen, dass das Selbstbestimmungsrecht der Religions- und Weltanschauungsgemeinschaften bereits durch Art. 4 Abs. 1 und 2 GG vollumfänglich erfasst wird. Demzufolge habe Art. 140 GG i. V. m. Art. 137 Abs. 3 WRV rein deklaratorische Wirkung.[492] Bei Art. 137 Abs. 3 WRV handle es sich um eine grundrechtliche Bestimmung, die im Lichte des Art. 4 Abs. 1 und 2 GG auszulegen sei.[493] *Morlok* geht insoweit davon aus, dass eine Schutzbereichsüberdeckung vorliegt.[494]

Der überwiegende Teil in der Rechtsprechung und Literatur ist hingegen der Auffassung, dass zwischen den Garantien aus Art. 4 Abs. 1 und 2 GG und Art. 137 Abs. 3 WRV zwar eine besondere Nähe besteht, dass das Selbstbestimmungsrecht aber nicht vollständig im Grundrecht der Religionsfreiheit aufgeht.[495] Beispielsweise sei die Verwaltung eigener Grundstücke oder die Buchhaltung von Religionsgemeinschaften zwar nicht als Religionsausübung anzusehen, wohl

491 *Korioth*, in: Dürig/Herzog/Scholz, Grundgesetz, Art. 137 WRV, Rn. 17; *Germann*, in: Epping/Hillgruber (Hrsg.), BeckOK GG, Art. 4 GG, Rn. 35.

492 *Listl*, Das Grundrecht der Religionsfreiheit in der Rechtsprechung der Gerichte der Bundesrepublik Deutschland, 1971, S. 372; *Unruh*, Religionsverfassungsrecht, [4]2018, S. 103.

493 *Unruh*, in: v. Mangoldt/Klein/Starck (Hrsg.), Kommentar zum GG, Art. 137 WRV, Rn. 23.

494 *Morlok*, in: Dreier (Hrsg.), Grundgesetz, 137 WRV, Rn. 46; *Unruh*, Religionsverfassungsrecht, [4]2018, S. 107; *Dreier*, in: Grundgesetz, [3]2018,

495 BVerfG, Beschl. v. 21.09.1976 – 2 BvR 350/75, BVerfGE 42, 312 (322); *Muckel*, Religiöse Freiheit und staatliche Letztentscheidung, 1997, S. 183; *Unruh*, in: v. Mangoldt/Klein/Starck (Hrsg.), Kommentar zum GG, Art. 137 WRV, Rn. 23.

aber als Ausdruck des Selbstbestimmungsrechts.[496] Genauer gesagt umfasse das Selbstbestimmungsrecht die gesamte „organisatorische Seite“ der Religionsgemeinschaften, während Art. 4 GG all jene Aufgaben umfasse, die sichtbarer Vollzug des Glaubens sind bzw. in Erfüllung des religiösen Glaubens erfolgen. Solche Aufgaben hingegen, die zur Vorbereitung und Unterstützung erfolgen, sind von Art. 140 GG i. V. m. Art. 137 Abs. 3 WRV umfasst.[497]

Praktische Bedeutung hat dieser Meinungsstreit indes nicht. Denn nach beiden Ansichten kann das Recht auf Selbstbestimmung verfassungsprozessual über die Schutzpflichtdimension des Art. 4 Abs. 1 und 2 GG im Wege der Verfassungsbeschwerde gemäß Art. 93a Abs. 1 Nr. 4a GG, §§ 13 Nr. 8a, 90 ff. BVerfGG geltend gemacht werden.[498]

bb) Materieller Schutzbereich des Selbstbestimmungsrechts

Das Selbstbestimmungsrecht ist die logische Konsequenz der Trennung von Staat und Kirche und notwendige Ergänzung der staatlichen Neutralität.[499] Allen Religionsgemeinschaften und nach Art. 137 Abs. 7 WRV auch allen Weltanschauungsgemeinschaften wird garantiert, die eigenen Angelegenheiten selbständig zu ordnen und zu verwalten. Das Selbstbestimmungsrecht gilt mit Blick auf Religions- und Weltanschauungsgemeinschaften zudem unabhängig davon, ob es sich dabei um Körperschaften des öffentlichen Rechts, private Vereine oder Zusammenschlüsse ohne Rechtsfähigkeit handelt.[500] Es besteht weitgehende Übereinstimmung, dass zu den eigenen Angelegenheiten Lehre und Kultus, die innere Verfassung und Organisation, die Ausbildung und Festlegung der Rechtsverhältnisse von Geistlichen und sonstigen Amtsträgern, die Festlegung der Rechte und Pflichten der Mitglieder im internen Rechtskreis, die karitative bzw. diakonische Betätigung, die Vermögensverwaltung und das Finanzwesen sowie, in gewissen Grenzen, auch wirtschaftliche Tätigkeiten gehören.[501] Zum Beispiel

---

496 *Unruh*, in: v. Mangoldt/Klein/Starck (Hrsg.), Kommentar zum GG, Art. 137 WRV, Rn. 23.

497 *Muckel*, Religiöse Freiheit und staatliche Letztentscheidung, 1997, S. 183.

498 *Muckel*, Religiöse Freiheit und staatliche Letztentscheidung, 1997, S. 184; *Unruh*, Religionsverfassungsrecht, ^{4}2018, S. 105.

499 *Uhle*, Staatskirchenrecht, Bd. 1, 51.

500 *v. Campenhausen/de Wall*, Religionsverfassungsrecht, ^{5}2022, S. 116.

501 *Germann*, in: Epping/Hillgruber (Hrsg.), BeckOK GG, Art. 140 GG, Rn. 34; *Muckel*, in: Höfling/Augsberg/Rixen (Hrsg.), Berliner Kommentar zum GG, Art. 140 GG/137 WRV, Rn. 37; *Korioth*, in: Dürig/Herzog/Scholz, Grundgesetz, Art. 137 WRV, Rn. 30; *Uhle*, Staatskirchenrecht, Bd. 1, 54.

gehören hierzu die arbeits- und dienstrechtliche Gestaltung, insbesondere die Berufsbildung im kirchlichen Dienst, die Mitbestimmung und Personalvertretung, das Ordensrecht und Fragen der Mitgliedschaft

Selbständiges Ordnen bedeutet dabei die Gewährleistung der Freiheit eigenständiger Rechtsetzung ohne Einflussnahme des Staats. Das Inkrafttreten der eigenen Normen ist nicht von staatlicher Genehmigung oder vorangegangener Vorlage abhängig.[502] Die freie Verwaltung gestattet den Religions- und Weltanschauungsgemeinschaften, das eigene Recht zur Verwirklichung der jeweiligen Aufgaben konkret anzuwenden und die Durchsetzung dieses Rechts anhand einer eigenen Gerichtsbarkeit und mit einem eigenen gerichtlichen Verfahrensrecht vorzunehmen.[503]

---

502 *Unruh*, in: v. Mangoldt/Klein/Starck (Hrsg.), Kommentar zum GG, Art. 137 WRV, Rn. 26.

503 *Uhle*, Staatskirchenrecht, Bd. 1, 55.

D. Voraussetzungen für den grundrechtlichen Schutz aus Art. 4 Abs. 1 und 2 GG als Religions- bzw. Weltanschauungsgemeinschaft

Im Folgenden wird untersucht, welche Voraussetzungen eine Gruppierung erfüllen muss, um als Religions- oder Weltanschauungsgemeinschaft im Sinne des Religionsverfassungsrechts des Grundgesetzes zu gelten, wobei die gewonnenen Erkenntnisse mit der als Beispiel genutzten „Kirche des Fliegenden Spaghettimonsters Deutschland e.V." abgeglichen werden.

Unstrittig ist, dass Personenvereinigungen wie z. B. ein Orden oder ein religiöser Verein, die weder eine Religions- noch Weltanschauungsgemeinschaft sind, sich nach den gängigen grundrechtlichen Kriterien auf die kollektive bzw. korporative Religionsfreiheit berufen können. Ob sich auch areligiöse bzw. antireligiöse und antikirchliche Gruppen als Religions- oder Weltanschauungsgemeinschaften im Sinne des Religionsverfassungsrechts des Grundgesetzes auf diese Gewährleistungen berufen können, ist im Folgenden herauszuarbeiten.

Ausgangspunkt der Überlegungen ist die Feststellung, dass nur solche Vereinigungen unter den Schutz von Art. 4 Abs. 1 und 2 GG fallen, die sich die Pflege einer Religion oder Weltanschauung zum Ziel gesetzt haben. Um zu klären, ob antireligiöse bzw. antikirchliche Gruppierungen und insbesondere die „Kirche des Fliegenden Spaghettimonsters Deutschland e.V." dieses Kriterium erfüllt, sind zunächst zwei grundsätzliche Fragen zu erörtern: Erstens ist zu prüfen, inwieweit es in einem zur religiösen und weltanschaulichen Neutralität verpflichteten Staat überhaupt möglich ist, das Vorliegen oder Nichtvorliegen einer Religion oder Weltanschauung juristisch festzustellen. Wenn diese Frage bejaht werden kann, sind zweitens die Voraussetzungen herauszuarbeiten, die laut Rechtsprechung und Literatur für das Vorliegen einer Religion oder Weltanschauung bzw. einer Religionsgemeinschaft oder Weltanschauungsgemeinschaft im Sinne des Religionsverfassungsrechts gefordert sind.

I. Staatliche Definitionskompetenz

Art. 137 Abs. 1 WRV schließt die Existenz einer Staatskirche grundsätzlich aus. Die Trennung von Kirche und Staat ist ein verfassungsrechtlicher Ausdruck des

Prinzips religiöser und weltanschaulicher Neutralität staatlichen Handelns,[504] welches zur objektiven Dimension der Religions- und Weltanschauungsfreiheit gehört[505] und garantieren soll, dass die Kirchen sowie andere Religionsgemeinschaften sich in freier Selbstbestimmung ihr eigenes (Kirchen-)Recht geben können, was nicht möglich wäre, wenn sie mit dem Staat verbunden oder von ihm abhängig wären. Das BVerfG hat diesbezüglich schon mehrfach darauf hingewiesen, dass die friedliche Koexistenz von Anhängern unterschiedlicher religiöser und weltanschaulicher Überzeugungen innerhalb eines Staates nur dann möglich ist, wenn der Staat sich in allen Glaubens- und Weltanschauungsfragen neutral verhält.[506] Die Trennung vom Staat ist also eine Grundvoraussetzung dafür, dass Religionsgemeinschaften frei von staatlichen Zwängen agieren können. Genau dies soll durch das Verbot der Staatskirche in Art. 137 Abs. 1 WRV in institutioneller Hinsicht bewirkt werden.[507] Ohne die Trennung zwischen Kirche und Staat würde der maßgebliche verfassungsrechtliche Ausgangspunkt für die Religionsfreiheit aus Art. 4 Abs. 1 und 2 GG sowie für das Selbstbestimmungsrecht der Religionsgemeinschaften aus Art. 140 GG i. V. m. Art. 137 Abs. 3 WRV fehlen.[508]

Aus dem Neutralitätsprinzip folgt allerdings nicht nur, dass es dem Staat verboten ist, sich mit einer Religion, einer Kirche oder einer Religionsgemeinschaft inhaltlich zu identifizieren, sondern auch, dass er den Glaubensinhalt einer Religion nicht bestimmen bzw. bewerten kann und darf.[509] Vor diesem Hintergrund stellt sich die Frage, ob bzw. inwiefern eine juristische Definition von Religion und Weltanschauung und auch von Religions- und Weltanschauungsgemeinschaften überhaupt möglich ist.

Eine mögliche Reaktion auf diese Problematik bestünde darin, sich auf die oben bereits diskutierte Position zurückzuziehen, dass ausschließlich das eigene Selbstverständnis darüber bestimmen kann, ob es sich bei der fraglichen

---

504 *Germann*, in: Epping/Hillgruber (Hrsg.), BeckOK GG, Art. 140 GG, Rn. 15.

505 *Germann*, in: Epping/Hillgruber (Hrsg.), BeckOK GG, Art. 4 GG, Rn. 79.

506 BVerfG, Beschl. v. 16.05.1995 – 1 BvR 1087/91, BVerfGE 93, 1 (16); BVerfG, Urt. v. 19.12.2000 – 2 BvR 1500/97, BVerfGE 102, 370 (385); BVerfG, Beschl. v. 26.06.2022 – 1 BvR 670/91, BVerfGE 105, 279 (295); *Di Fabio*, in: Dürig/Herzog/Scholz, Grundgesetz, Art. 4 GG, Rn. 111.

507 *Muckel*, in: Der Staat 38 (1999) 569, 587.

508 *de Wall/Muckel*, Kirchenrecht, [6]2022, S. 85.

509 BVerfG, Beschl. v. 16.05.1995 – 1 BvR 1087/91, BVerfGE 93, 1 (16 ff); *Muckel*, Religiöse Freiheit und staatliche Letztentscheidung, 1997, S. 73 f.; *Morlok*, in: Dreier (Hrsg.), Grundgesetz, 137 WRV, Rn. 18.

Gruppierung um eine Religions- bzw. Weltanschauungsgemeinschaft handelt, bzw. bei Ihren Lehren um eine Religion oder Weltanschauung. Denn sobald sich eine Gruppierung selbst als Religion versteht, dürfte der Staat nach obiger Annahme nicht mehr bewerten, ob die Kriterien Transzendenz bzw. Immanenz erfüllt sind.

Diese Sichtweise ist jedoch nicht zwingend. Sie basiert auf dem Verständnis von Neutralität als ein an den Staat gerichtetes Verbot für Eingriffe bzw. die Parteinahme zugunsten bestimmter Gruppierungen.[510] Man kann das Neutralitätsgebot aber auch in anderer Weise interpretieren, nämlich so, dass es eine Art von Nichtidentifikation meint, die den Staat dazu verpflichtet, den Einzelnen mit seinen Ansichten und Überzeugungen zu akzeptieren und in Wahrheitsfragen nicht zwischen den verschiedenen Religionen und Weltanschauungen Partei zu ergreifen.[511] Dieser Interpretation zufolge gebietet das Neutralitätsgebot, dass staatliche Stellen eine grundsätzliche Distanz zu Religionen und Weltanschauungen wahren müssen. Insbesondere ist es dem Staat verwehrt, Freiheitsbeschränkungen allein aufgrund der Überzeugungen und Glaubenssätze einer bestimmten religiösen oder weltanschaulichen Gruppe zu statuieren. Zudem müssen die für alle Bürger geltenden Gesetze von Begründungen getragen sein, die allgemeine Akzeptanz finden können, ohne dass dafür bestimmte religiöse oder weltanschauliche Prämissen akzeptiert werden müssen.[512]

Unter diesen Voraussetzungen ist der Staat eine neutrale und souveräne Instanz.[513] Als solche ist ein Ziel des Staats aber auch die Abwehr einer religiösen bzw. weltanschaulichen Desintegration.[514] Die Gefahr einer solchen Desintegration kann insbesondere, wie zu Beginn der Arbeit bereits erwähnt und von der Enquete-Kommission „Sogenannte Sekten und Psychogruppen" festgestellt, von neuartigen Gruppierungen ausgehen.[515] Es gibt auch religiöse Gruppen, deren Anhänger es ablehnen, sich mit Nicht-Anhängern an einen Tisch zu setzen und die ihre Mitglieder dazu nötigen, alle Kontakte zur Außenwelt abzubrechen. Andere Gruppierungen führen bewusst den psychischen Verfall ihrer Mitglieder herbei. Dies reicht bis hin zu Massenselbstmorden wie im Fall der Mitglieder

---

510 *Muckel*, Religiöse Freiheit und staatliche Letztentscheidung, 1997, S. 75.

511 *Muckel*, Religiöse Freiheit und staatliche Letztentscheidung, 1997, S. 76.

512 *Graf/Meier*, Politik und Religion, 2013, S. 27 f.

513 Vgl. *Muckel*, Religiöse Freiheit und staatliche Letztentscheidung, 1997, S. 78.

514 *Muckel*, Religiöse Freiheit und staatliche Letztentscheidung, 1997, S. 77.

515 Endbericht der Enquete-Kommission „Sogenannte Sekten und Psychogruppen", BT-Drucks., 13/10950, S. 23.

der Gruppierungen „Zweig von David“ und „Tempel der Sonne“.[516] Vor diesem Hintergrund scheint die Neutralität damit kompatibel sein zu müssen, dass der Staat das Recht hat, Gruppierungen darauf zu prüfen, ob sie durch Art. 4 Abs. 1 und 2 GG geschützt sind oder nicht.

Hinzu kommt, dass mit Neutralität nicht Wertungsaskese, Inhaltsleere oder Gleichgültigkeit gemeint ist. Weltanschaulich-religiöse Neutralität bedeutet nicht Indifferenz gegenüber sozialen und politischen Verhältnissen,[517] sondern Nichtidentifikation mit und Äquidistanz zu allen Religionen und Weltanschauungen. Dies ist nicht identisch mit dem Verzicht auf Wertentscheidungen.[518]

Gleichwohl muss jede Prüfung, um zu einem verfassungsgemäßen Ergebnis zu kommen, immer im Lichte der Trennung von Kirche und Staat, dem hiermit korrespondierenden Neutralitätsprinzip und dem Selbstverständnis der jeweils zu prüfenden Gruppierung vorgenommen werden. Daraus folgt, dass die religiös-weltanschauliche Neutralität des Staates eine allgemeingültige und nicht konfessionell oder weltanschaulich gebundene Interpretation der verfassungsrechtlichen Begriffe verlangt.[519] Dies birgt, wie oben bereits angedeutet, allerdings das Problem in sich, dass der Kreis der Überzeugungen, die vom Grundgesetz als Religion oder Weltanschauung geschützt werden, nahezu grenzenlos ist.[520] Entsprechend muss es Definitionen geben, die dem Gebot der religiös-weltanschaulichen Neutralität des Staats gerecht werden, zugleich aber auch eine Aushöhlung der Grundrechte verhindern.

II. Untersuchung der Begrifflichkeiten „Religion“ und „Weltanschauung“

Das Neutralitätsgebot verbietet es, der staatlichen Rechtsordnung einen Religionsbegriff zugrunde zu legen, der von den Vorstellungen einer bestimmten Konfession oder Kirche oder von antireligiösen oder rationalistisch-agnostischen Weltanschauungen geprägt ist.[521] Zugleich muss es, wie soeben aufgezeigt wurde, im juristischen Sinne jedoch möglich und erlaubt sein zu prüfen, ob

516 *Kourilo*, in: ZRGG 52 (2000) 141, 147.

517 *Muckel*, in: Revista catalana de dret public, 2006, S. 267, 274.

518 *Dreier*, Staat ohne Gott, 2018, S. 105; *Badura*, Der Schutz von Religion und Weltanschauung durch das Grundgesetz, 1989, S. 81 f.; *Muckel/Schaub*, in: EuR (57) 2022 423, 439; *Annuß*, in: BB 2006, 1629 ff.

519 *Muckel*, Religiöse Freiheit und staatliche Letztentscheidung, 1997, S. 131.

520 *Muckel*, Religiöse Freiheit und staatliche Letztentscheidung, 1997, S. 131.

521 *Korioth*, in: Dürig/Herzog/Scholz, Grundgesetz, Art. 137 WRV, Rn. 9 f.

es sich bei einem bestimmten Überzeugungssystem bzw. bei einer bestimmten Gruppierung um eine Religion oder Religionsgemeinschaft bzw. um eine Weltanschauung oder Weltanschauungsgemeinschaft handelt. Es ist also eine Definition der Begriffe „Religion“ und „Weltanschauung“ erforderlich. Wie sich zeigen wird, bestehen bezüglich beider Begrifflichkeiten jedoch gravierende Definitionsprobleme, die Ähnlichkeiten mit den bekannten Problemen haben, die bei Versuchen der Definition von Begriffen wie „Würde“, „Kunst“ oder „Wissenschaft“ bestehen.[522]

1. Religion und Weltanschauung außerhalb der Rechtswissenschaften

In der Philosophie besteht keine Einigkeit darüber, was genau Religion ist. Die Unterschiede zwischen den verschiedenen Religionen seien zu groß und vielfältig, um ein einziges universales Merkmal zu benennen, das allen fraglichen Anschauungen gemeinsam ist. Auch seien die Übergänge zu anderen Bereichen von Kultur und Gesellschaft zu fließend, um die Sphäre des Religiösen klar von diesen abzutrennen. Entsprechend wird vertreten, dass sich der Begriff „Religion“ allen Versuchen einer Definition entziehe.[523]

In der Religionswissenschaft werden Religionen als von Menschen hervorgebrachte, äußerst komplexe Phänomene beschrieben, die insbesondere mit Meinungen über die Existenz von Gott bzw. Göttern und anderen transzendentalen Wesenheiten wie Geistern und Engeln oder mit geheimen Kräften verbunden sind.[524] Darüber hinaus gehörten zu Religionen rituelle kultische Handlungsformen, bedeutsame Zeiten und Orte sowie gebets- und mediationsartige Verhaltensformen.[525] Trotz dieser definitionsähnlichen Charakterisierungen existiert in der Religionswissenschaft kein einheitlicher Religionsbegriff. Auch die religionswissenschaftliche Beschäftigung liefert also kein eindeutiges Ergebnis.[526]

---

522 *Kokott*, in: Sachs (Hrsg.), Grundgesetz, Art. 4, Rn. 19.

523 *Gäb/Wiertz/Gasser u. a.*, Religion und Pluralität, 2020, S. 10.

524 *Cancik/Gladigow/Kohl* (Hrsg.), Handbuch religionswissenschaftlicher Grundbegriffe, 1998, S. 425.

525 *Löffler*, Einführung in die Religionsphilosophie, 2019, S. 11.

526 *Griebel*, Die Religionsgesellschaft zwischen Staatsrecht und Europarecht, 2014, S. 35.

2. Religion und Weltanschauung in den Rechtswissenschaften

Vor dem Hintergrund des gerade Gesagten überrascht es nicht, dass auch in den Rechtswissenschaften bis heute kein einheitlicher Religionsbegriff vorhanden ist. Ebenfalls gibt es bis heute keine abschließende Klärung der Bedeutung und des Sinngehalts des Begriffs „Weltanschauung". Im allgemeinen Sprachgebrauch wird das Wort „Weltanschauung" als Sammelbezeichnung für alle ethischen, religiösen, ideologischen, (national)ökonomischen, politischen, geschichtsphilosophischen, psychologischen und anderen Leitauffassungen über das Leben und von der Welt als einem Sinnganzen verwendet. Darüber hinaus dienen Weltanschauungen zur Deutung des persönlichen und gemeinschaftlichen Standortes für das individuelle Lebensverständnis.[527] Da die verfassungsgerichtliche Rechtsprechung bis zum heutigen Tag keine abschließende Definition des Begriffs „Weltanschauung" geliefert hat,[528] wird in der juristischen Literatur teilweise noch heute auf eine Definition von *Anschütz* zurückgegriffen, der den Begriff der Weltanschauung als „die Lehre [definiert], welche das Weltganze universell zu begreifen und die Stellung des Menschen in der Welt zu erkennen und zu bewerten sucht."[529]

3. Religion und Weltanschauung in der Bundesrechtsprechung

Da sich die wichtigsten Normen zur Religionsfreiheit im Grundgesetz finden, wäre zu erwarten, dass das BVerfG angesichts seiner Rolle als Hüterin desselben entsprechende Definitionen der Begriffe „Religion" und „Weltanschauung" festgesetzt hat. Dies ist jedoch nicht der Fall. Hintergrund ist vermutlich ein Vorsichtsargument, dem zufolge bei einer zu engen Definition von religiöser und weltanschaulicher Freiheit die Gefahr droht, dass Gemeinschaften, die eigentlich sämtliche Tatbestandsmerkmale erfüllen, nicht länger unter den Schutz von Art. 4 Abs. 1 und 2 GG fallen würden.[530] Im sog. „Ludendorff-Beschluss" (Tabak für Kirchenaustritt) hat das BVerfG zudem festgestellt:

> „Kann und darf der neutrale Staat den Inhalt dieser Freiheit nicht näher bestimmen, weil er den Glauben oder Unglauben seiner Bürger nicht bewerten darf, so soll jedenfalls der Mißbrauch dieser Freiheit verhindert werden."[531]

---

527 *Mertesdorf*, Weltanschauungsgemeinschaften, 2008, S. 93.

528 *Mertesdorf*, Weltanschauungsgemeinschaften, 2008, S. 96.

529 *Anschütz*, Die Verfassung des Deutschen Reichs vom 11. August 1919, Art. 137, Anm. 12; *Mertesdorf*, Weltanschauungsgemeinschaften, 2008, S. 96.

530 *Mertesdorf*, Weltanschauungsgemeinschaften, 2008, S. 132.

531 BVerfG, Beschl. v. 08.11.1960 – 1 BvR 59/56, BVerfGE 12, 1 (4).

Im oben[532] bereits mehrfach angesprochenen „Gesundbeter-Beschluss“ hat das BVerfG jedoch zumindest einen Ansatz für eine Definition von „Religion“ geliefert. Demzufolge sei der Gegenstand der Religionsfreiheit „eine mit der Person des Menschen verknüpfte Gewissheit über den Bestand und den Inhalt bestimmter Wahrheiten“.[533] Im Beschluss des BVerfG zu Äußerungen der damaligen Bundesregierung zur „Osho-Bewegung“ ist zudem ein Ansatzpunkt für eine Definition von „Weltanschauung“ zu finden. So sei nicht zu beanstanden, eine Bewegung als Weltanschauung anzuerkennen, wenn deren Lehren den Menschen im Kern seiner Persönlichkeit ansprechen und auf eine umfassende Weise den Sinn der Welt und des menschlichen Lebens erklären.[534]

In der Rechtsprechung des BVerwG, welches sich ebenfalls mit der „Osho-Bewegung“ befasste, werden Religion und Weltanschauung ähnlich gefasst. So gelten sie als eine mit der Person des Menschen verbundene Gewissheit über bestimmte Ansichten zum Weltganzen sowie zur Herkunft und zum Sinn des menschlichen Lebens. Während Religionen in ihren Aussagen eine den Menschen überschreitende und umgreifende (transzendente) Wirklichkeit zugrunde legen, beschränken sich Weltanschauungen auf innerweltliche (immanente) Bezüge.[535] Zusätzlich zu dieser Formulierung, die mittlerweile dominiert,[536] äußerte sich das BVerwG einen Monat vor der gerade zitierten Entscheidung zum Begriff der Weltanschauung wie folgt:

> „Der Begriff ‚Weltanschauung‘ ist eine Schöpfung der Philosophie. Aus der das allgemeine Sprachverständnis prägenden Sicht dieser Wissenschaft ist er abzugrenzen von dem Begriff ‚Weltbild‘. Unter letzterem ist eine umfassende und rein wissenschaftlich-gegenständliche Weltsicht zu verstehen. Hiervon unterscheidet sich die Weltanschauung durch die Ordnung der Weltsicht nach umfassenden Prinzipien, die aller Erkenntnis vorgeordnet sind, sowie durch ihre Rückbezüglichkeit auf den Menschen, der als erkennendes Subjekt teilhat an einer ganzheitlichen Welt-, Lebens-, Sinn- und Werteordnung; Sinnhaftigkeit und Werthaltigkeit dieser subjektiv vorgeordneten Wahrheit fordern als Überzeugung von dem Menschen Verbindlichkeit auch im Sinne einer Handlungsanleitung ein.“[537]

Die Frage nach einer Definition der Begriffe „Religion“ und „Weltanschauung“ beschäftigte auch den BFH. Dieser stellte fest, dass Religion die Fragen nach

532 S. 90 f.
533 BVerfG, Beschl. v. 19.10.1971 – 1 BvR 387/65, BVerfGE 32, 98 (107).
534 BVerfG, Beschl. v. 26.06.2022 – 1 BvR 670/91, BVerfGE 105, 279 (293).
535 BVerwG, Urt. v. 27.03.1992 – 7 C 21/90, BVerwGE 90, 112 (115).
536 *Mertesdorf*, Weltanschauungsgemeinschaften, 2008, S. 133.
537 BVerwG, Urt. v. 19.02.1992 – 6 C 5/91 = NVwZ 1992, 1192 (1193).

Gott, nach einer Deutung der Welt, nach einem Lebenssinn sowie nach Normen sittlichen Handelns beinhalte. Dem Begriff der Weltanschauung komme dabei eine Ergänzungsfunktion zu. Mit ihm würden, ohne weitere Unterscheidungen, alle Bekenntnisse erfasst, deren Grund und Ziel eine sinnstiftende Überzeugung im umfassenden Sinne ist. In Bezug auf Dinge wie die Bezeugung, das Bekenntnis und die Gestaltung des Lebens würden die Weltanschauungen den Religionen gleichen.[538] Da die Begriffe „Religion" und „Weltanschauung" von der Verfassung gleichbehandelt werden, sei eine Differenzierung zwischen beiden nicht statthaft.

Auch das BAG kam mit der Frage nach der Definition der Begriffe „Religion" und „Weltanschauung" in Berührung, nämlich in seiner Entscheidung zur Religionseigenschaft von Scientology. Darin stellte es mit Verweis auf das BVerfG und das BVerwG fest, dass sowohl Religionen als auch Weltanschauungen eine mit der Person der Menschen verbundene Gewissheit über bestimmte Aussagen zum Weltganzen sowie zur Herkunft und zum Ziel des menschlichen Lebens seien, wobei sich Weltanschauungen auf innerweltliche Bezüge beschränkten, wohingegen Religionen eine den Menschen überschreitende und umgreifende, also transzendente Wirklichkeit zugrunde legen.[539]

Zusammenfassend kann mithin gesagt werden, dass in der Bundesrechtsprechung zwar keine als solche titulierten Definitionen der Begriffe „Religion" und „Weltanschauung" vorhanden sind, dass bezüglich der oben genannten Charakteristika aber weitgehende Einigkeit besteht.

4. Religion und Weltanschauung in der Literatur

Wie im Folgenden deutlich wird, gibt es auch in der Literatur Definitionsvorschläge für die Begriffe „Religion" und „Weltanschauung". Wie *Muckel* zu bedenken gibt, ist eine abschließende Definition anhand objektiver Merkmale zwar nicht möglich; es gebe aber durchaus Kriterien, mithilfe derer eine nähere Bestimmung der Begriffe möglich sei. So setzten sowohl Religionen als auch Weltanschauungen eine mit erhöhter Verbindlichkeit für den Einzelnen ausgestattete Überzeugung voraus, die sich auf die Herkunft und das Ziel des Daseins, die Stellung des Menschen in der Welt und auf den abstrakten Sinn des Lebens bezieht.[540]

---

538 BFH, Urt. v. 23.09.1999 – XI R 66/98 = NVwZ 2000, 967 (968).

539 BAG, Beschl. v. 22.03.1995 – 5 AZB 21/94 = NZA 1995, 823 (827).

540 *Muckel*, Religiöse Freiheit und staatliche Letztentscheidung, 1997, S. 138.

a) Der Begriff der Religion in der Literatur

Thüsing behauptet, dass sich der Typusbegriff „Religion“ nicht für eine subsumtionsfähige Definition eignet. Sein Vorschlag besteht stattdessen in dem Versuch einer Konkretisierung anhand von Eckpunkten. So sei Religion zunächst eine umfassende Deutung menschlicher Existenz. Sie gebe Antworten auf das, was den Menschen unbedingt angeht, insbesondere auf die Fragen „Wo komme ich her?“, „Was darf ich hoffen?“ und „Was soll ich tun?“ Weiterhin sei Religion das Bekenntnis zu einem spezifischen Glauben sowie zu entsprechenden Handlungsgeboten. Der Glaube an einen Gott werde hierbei indes nicht notwendigerweise vorausgesetzt.[541]

Isak verweist auf einen Ansatz des VGH Mannheim, der Religion als jedes Bekenntnis beschreibt, „das von einer transzendenten, den Menschen überschreitenden Wirklichkeit ausgeht und sich mit dem Sinn und der Bewältigung der menschlichen Existenz auseinandersetzt“. Religionen gehe es um die letzten Fragen nach dem Ursprung und Ziel der Welt sowie des menschlichen Lebens. Religion sei mithin durch ein formal bestimmtes Thema gekennzeichnet, das die religiösen Freiheitsrechte gegenüber anderen Gewährleistungen abgrenze.[542]

Nach *Veelken* geben Religionen Antworten auf die Fragen nach dem Sinn des Lebens und der Stellung des Menschen in der Welt, wobei diese Fragen nicht als Vorfrage zu anderen Themenbereichen, sondern als Selbstzweck betrachtet werden und die Antworten einen transzendenten Bezug aufweisen müssen.[543]

Mertesdorf beobachtet, dass die verschiedenen Definitionen von „Religion“ weitestgehend übereinstimmen. Man könne also nach einer einheitlichen Definition von Religion streben, wobei dieses Unterfangen folgenden Bedingungen unterliege: Die Definition müsse die Wesensmerkmale von Religion umfassen, diese aber hinreichend weit und objektiv bestimmen, um auch neue Religionsbildungen zu tolerieren. Zugleich müsse die Definition aber auch hinreichend restriktiv sein, um Auswüchse ausfiltern zu können. Als Kandidat für eine Definition, die diese Kriterien erfüllt, biete sich die bereits zitierte Formel des BVerwG an, in welcher Religion

> „als eine mit der Person der Menschen verbundene Gewissheit über bestimmte Aussagen zum Weltganzen sowie zur Herkunft um zum Ziel des menschlichen Lebens

---

541 *Thüsing*, in: Schubert (Hrsg.), MüKo BGB, § 1 AGG, Rn. 27 ff.

542 *Isak*, Das Selbstverständnis der Kirchen und Religionsgemeinschaften, 1994, S. 282; *Mertesdorf*, Weltanschauungsgemeinschaften, 2008, S. 134.

543 *Veelken*, Das Verbot von Religions- und Weltanschauungsgemeinschaften, 1999, S. 41.

[definiert wird und also] eine den Menschen überschreitende und umgreifende (,transzendente') Wirklichkeit zugrunde legt. Dabei muss sich der Religionsbegriff nicht stets auf einen persönlichen oder unpersönlichen Gott, den Glauben an eine göttliche Weltordnung oder eine Gottesvorstellung beziehen, sondern vielmehr ist jedes Bekenntnis umfasst, das von einer den Menschen überschreitenden transzendenten Wirklichkeit ausgeht und sich mit dem Sinn und der Bewältigung menschlicher Existenz auseinandersetzt."[544]

b) Der Begriff der Weltanschauung in der Literatur

Teile der Literatur folgen der oben genannten Definition von *Anschütz*, der zufolge eine Weltanschauung eine Lehre ist, „welche das Weltganze universell zu begreifen und die Stellung des Menschen in der Welt zu erkennen und zu bewerten sucht".[545] In der Kommentarliteratur finden sich Aussagen wie jene von *Di Fabio*, dem zufolge Weltanschauungen die grundlegende Erklärung der Welt, den Sinn der Welt und die Stellung des Menschen in der Welt betreffen.[546] *Kokott* betrachtet Weltanschauungen als gedankliche Systeme, die eine wertende Stellungnahme zum Sinn des Weltgeschehens bieten, ohne dabei auf Gott bzw. Götter, Vorstellungen vom Jenseits oder andere Formen der Transzendenz zurückzugreifen.[547] Aus eher historisch geprägter Perspektive stellt *Unruh* fest, dass der Begriff der Weltanschauungsgemeinschaft solche Vereinigungen bezeichne, die eine wertende Stellungnahme zum Ganzen der Welt und zum Menschen in der Welt bieten, die also Antworten auf die Fragen nach dem Ursprung, Sinn und Ziel der Welt und des menschlichen Lebens in ihr geben.[548] In den im Jahr 1954 von der KMK beschlossenen, mittlerweile jedoch nicht mehr aktuellen, „Empfehlungen der Kultusministerkonferenz über die Verleihung der öffentlichen Körperschaftsrechte an Religionsgesellschaften und Weltanschauungsvereinigungen", fand sich eine ähnliche Charakterisierung von Weltanschauungsvereinigungen:

---

544 Zit. nach *Mertesdorf*, Weltanschauungsgemeinschaften, 2008, S. 138.

545 *Anschütz*, Die Verfassung des Deutschen Reichs vom 11. August 1919, Art. 137, Anm. 12; *Mertesdorf*, Weltanschauungsgemeinschaften, 2008, S. 98 m. w. N.

546 *Di Fabio*, in: Dürig/Herzog/Scholz, Grundgesetz, Art. 4 GG, Rn. 43.

547 *Kokott*, in: Sachs (Hrsg.), Grundgesetz, Art. 4, Rn. 25.

548 *Unruh*, in: v. Mangoldt/Klein/Starck (Hrsg.), Kommentar zum GG, Art. 137 WRV, Rn. 273.

> „Weltanschauungsvereinigung ist eine Gemeinschaft, die eine bestimmte, von anderen sich unterscheidende Anschauung des Weltganzen und der Stellung des Menschen in diesem in eigener Organisationsform pflegt und betätigt.“[549]

In der arbeitsrechtlichen Literatur wird der Begriff der Weltanschauung von dem der grundrechtlich geschützten Meinung abgegrenzt. So stünden hinter Weltanschauungen die Welt erklärende Konzepte.[550] Als Weltanschauungsgemeinschaften könnten demnach nur solche Vereinigungen geschützt sein, in denen sich mit Religionen vergleichbare „Fundamentalkonzepte über die Ordnung des gesellschaftlichen Zusammenlebens“, „umfassende konkrete Wertesysteme“ und „Überzeugungen zu umfassenden Fragen von Lebensgestaltung und Lebensinhalt“ finden.[551]

5. Fazit

Obwohl die Begriffe der Religion und Weltanschauung offenkundig hohen Stellenwert in der Verfassung haben, bleibt das BVerfG hinsichtlich klarer Definitionen zurückhaltend. Wie sich gezeigt hat, besteht bezüglich gewisser Charakteristika allerdings durchaus Einigkeit, sodass es möglich scheint, zumindest in einem beschränkten Sinne von Definitionen zu sprechen.

In der Literatur ist die Situation ähnlich. Von Definitionen im strikten Sinne des Wortes nehmen die meisten Autoren Abstand. Gleichwohl gibt es weitgehende Übereinstimmung darüber, dass es sich sowohl bei Religionen als auch bei Weltanschauungen um umfassende, ganzheitliche und in besonderem Maße verbindliche Sichtweisen auf die Welt und das Leben handelt, die Antworten auf die grundlegenden Fragen nach dem Sinn der Welt und dem Sinn des menschlichen Lebens und Sterbens geben. Für Religion wird dabei Transzendenz gefordert, während die Weltanschauung, obwohl im Kern von den gleichen

---

549 Zit. nach *Mertesdorf*, Weltanschauungsgemeinschaften, 2008, S. 97 f; diese Empfehlungen hat die KMK im Jahre 2016 für veraltet angesehen und durch den „Leitfaden für die Verleihung der Körperschaftsrechte an Religions- und Weltanschauungsgemeinschaften vom 16.02.2017“ ersetzt, siehe MBl. NRW 2017, S. 140; dieser hält keine Definition für Weltanschauungsgemeinschaft vor, sondern setzt sich differenziert mit der entsprechenden Bundesrechtsprechung und der Literatur auseinander. Der Leitfaden ist aufrufbar unter https://recht.nrw.de.

550 *Turba/Klapp*, in: Däubler/Hjort/Schubert/Wolmerath (Hrsg.), Arbeitsrecht, § 1 AGG, Rn. 13.

551 *Annuß*, in: BB 2006 1629, 1631; *Turba/Klapp*, in: Däubler/Hjort/Schubert/Wolmerath (Hrsg.), Arbeitsrecht, § 1 AGG, Rn. 13.

Merkmalen bestimmt wie Religion, durch einen rein diesseitigen Ansatz geprägt sei.[552]

III. Entwicklung des Begriffs „Weltanschauung" in der Verfassung

Aus den vorstehenden Überlegungen ergibt sich die Notwendigkeit aufzuzeigen, wie der Begriff der Weltanschauung Eingang in die Verfassung gefunden hat, um eine Gesamtwürdigung auch unter Berücksichtigung der Motivation des Verfassungsgebers vornehmen zu können.

1. Eingang des Begriffs „Weltanschauung" in die Weimarer Reichsverfassung

Der Begriff der Weltanschauung war weder in der Paulskirchenverfassung von 1849 noch in der Preußischen Verfassung von 1850 vorhanden, sondern wurde erstmals in die Weimarer Reichsverfassung von 1919 aufgenommen, nämlich in Art. 137 Abs. 7, der über Art. 140 GG bis heute Gültigkeit besitzt.[553]

Zwar befasst sich Art. 137 Abs. 7 WRV nicht mit der Religionsfreiheit; vielmehr handelt es sich um eine staatskirchenrechtliche bzw. religionsverfassungsrechtliche Norm.[554] Es besteht aber eine Verbindung zu dieser Thematik und zum Begriff der Weltanschauung: Das Religionsverfassungsrecht regelt die Rechte, Pflichten und Privilegien von Religionsgemeinschaften in Deutschland, insbesondere die Rechte, Steuern zu erheben, in öffentlichen Anstalten und Einrichtungen Gottesdienste abzuhalten und Seelsorge zu betreiben sowie den Religionsunterricht an staatlichen Schulen inhaltlich mitzugestalten.[555] Zur Zeit der Entstehung der parlamentarischen Demokratie in Deutschland und der sich hieraus entwickelnden Weimarer Reichsverfassung hatten die Partner der Weimarer Koalition vor dem Hintergrund der Trennung von Kirche und Staat jedoch widerstreitende Ansichten darüber, welche Privilegien Religionsgemeinschaften und Kirchen haben sollten. Bei der Fassung der Weimarer Reichsverfassung

552 *Mager*, in: v. Münch/Kunig (Hrsg.), Grundgesetz, Art. 4 GG, Rn. 23; *Classen*, in: Grabnitz/Hilf (Hrsg.), Das Recht der Europäischen Union, Art. 17 AEUV, Rn. 24.

553 *Unruh*, in: v. Mangoldt/Klein/Starck (Hrsg.), Kommentar zum GG, Art. 137 WRV, Rn. vor 1.

554 Der Begriff des Staatskirchenrechts gilt heute nicht mehr als angemessen, vgl. *Steinberg*, Vom Staatskirchenrecht zu einem zeitgemäßen Religionsrecht, S. 66 ff.

555 *Tiedemann*, Religionsfreiheit – Menschenrecht oder Toleranzgebot?, 2012, S. 142.

wurde daher der sog. Weimarer Kirchenkompromiss geschlossen, welcher zur Folge hatte, dass in der WRV neben Religions- auch Weltanschauungsgemeinschaften Berücksichtigung fanden. Der Abgeordnete *Mausbach* äußerte sich diesbezüglich im Verfassungsausschuss im Jahr 1919 wie folgt:

> „Wir haben nicht versucht, die christlichen Kirchen mit ihrer tausendjährigen oder mehrtausendjährigen Vergangenheit, mit ihren Kulturleistungen und ihren wohlerworbenen Rechten einfach auf den Stand eines Privatvereins herabzusetzen. Wir haben umgekehrt auch den Sekten und den religiösen Neubildungen die Möglichkeit gegeben und erleichtert, die gleichen sowohl privaten als öffentlichen Rechte zu erwerben."[556]

Der Abgeordnete *Naumann* erklärte weitergehend, dass es nicht darum gehe, den Kirchen ihre Privilegien zu nehmen, sondern darum sicherzustellen, dass es keine Bevorzugung der Kirchen vor anderen Vereinigungen mit Kulturbestrebungen oder vor Vereinen gibt, die sich mit Weltanschauungsfragen befassen.[557]

Die Kirchen behielten also zwar ihre Privilegien, doch Weltanschauungsgemeinschaften, die sich seit der Mitte des 19. Jahrhunderts in Opposition zu den Großkirchen etabliert hatten, erhielten nun ebenfalls Zugang zu diesen Privilegien.[558] Diese Entwicklung war nicht primär gegen die religiösen Inhalte der Kirchen gerichtet, sondern gegen deren politischen und kulturellen Einfluss.

2. Entwicklung und Bedeutung der Freidenkerbewegung

Zur Zeit der Schaffung der Weimarer Reichsverfassung handelte es sich bei den als Weltanschauungsgemeinschaften titulierten Gruppierungen vorwiegend um Freidenker-Vereinigungen, deren Hoffnungen auf die Veränderung der ökonomischen, sozialen und politischen Verhältnisse gerichtet waren.[559] Da Freidenker wie der Sozialdemokrat Adolph Hoffmann, der sich intensiv für die Trennung von Staat und Kirche einsetzte, zu dieser Zeit auch Ministerposten bekleideten,[560] hatte die Freidenkerbewegung Anteil an der Entwicklung hin zur verfassungsrechtlichen Gleichbehandlung von Weltanschauungsgemeinschaften, weshalb im Folgenden ein genauerer Blick auf die Entwicklung und die Bedeutung der Freidenkerbewegung zu werfen ist.

---

556 *Mertesdorf*, Weltanschauungsgemeinschaften, 2008, S. 60.

557 *Tiedemann*, Religionsfreiheit - Menschenrecht oder Toleranzgebot?, 2012, S. 143; *Mertesdorf*, Weltanschauungsgemeinschaften, 2008, S. 59.

558 *Mertesdorf*, Weltanschauungsgemeinschaften, 2008, S. 56; *Tiedemann*, Religionsfreiheit - Menschenrecht oder Toleranzgebot?, 2012, S. 142.

559 *Tiedemann*, Religionsfreiheit - Menschenrecht oder Toleranzgebot?, 2012, S. 143.

560 *Cancik*, Humanismus, 2016, S. 163.

Der Begriff „Freidenker" stammt aus dem Englischen. So bezeichnete *Molyneux* im Jahre 1697 in einem Brief an John Locke den Verfasser des Buches „Christianity not mysterious", John Toland, als „candid freethinker". Daraufhin entstand die – wenn auch nur für kurze Zeit existierende – Wochenschrift „the Freethinker", welche das Ziel verfolgte, den Unterschied zwischen Religion und Aberglauben in das Bewusstsein der Öffentlichkeit zu rücken.[561]

In Deutschland wurde der Begriff „Freidenker" ab dem Jahr 1715 gebräuchlich. Obwohl die Freidenkerbewegung im Grundsatz immer kirchenkritisch, teilweise auch kirchenfeindlich war und sich hieraus eine bis heute anhaltende Tendenz zur Religionskritik entwickelte,[562] haben sich in Deutschland verschiedene Organisationsformen der Freidenkerbewegung etabliert, nämlich freigeistige, freireligiöse, humanistische, agnostische und atheistische.

Sowohl die sich selbst so bezeichnenden modernen Freidenker als auch die sog. Monisten[563] wollten sich von jeder religiösen Tradition lösen und ihr Denken nicht an Glauben oder Dogmen, sondern an der reinen Vernunft ausrichten.[564] So teilte Ernst *Haeckel*, der Mitbegründer des Deutschen Monistenbundes, auf dem „Internationalen Freidenkerkongress" in Rom im Herbst 1904 zu seinen Bemühungen, einen einheitlichen Monisten-Bund zu gründen, Folgendes mit:

> „In dieser ‚universalen Monisten-Gemeinde' würden nicht nur alle Freidenker und alle Anhänger der monistischen Philosophie Aufnahme finden, sondern auch alle freien Gemeinden, ethischen Gesellschaften, freireligiösen Gemeinschaften usw., welche als Richtschnur ihres Denkens und Handelns allein die reine Vernunft anerkennen, nicht aber den Glauben an traditionelle Dogmen und angebliche Offenbarungen".[565]

Nachdem die Freidenkerbewegung durch die Nationalsozialisten verboten worden war, gründete sich nach dem Ende des Zweiten Weltkriegs in Westdeutschland der Deutsche Freidenker-Verband. In der DDR gründete sich 1989 der Verband der Freidenker.

---

561 *Cancik*, Humanismus, 2016, S. 161.

562 *Cancik*, Humanismus, 2016, S. 162.

563 Seit der Gründung des Deutschen Monistenbundes im Jahr 1906 wird der Monismus in der Freidenkerei mit naturwissenschaftlichen Denkrichtungen gleichgesetzt, welche versuchen, die Totalität auf ein einziges Erklärungsprinzip wie beispielsweise die kosmische Einheit, die Energie oder auch die Evolution zurückzuführen; vgl. *Cancik*, Humanismus, 2016, S. 162.

564 *Cancik*, Humanismus, 2016, S. 162.

565 *Dankmeier*, Naturwissenschaft und Christentum im Konflikt, 2008, S. 116.

Bereits seit der Mitte der 1930er Jahre war in der Freidenkerbewegung eine Hinwendung zum Humanismus zu beobachten. So verwundert es nicht, dass sich ein großer Teil der Mitglieder nach der Wiedervereinigung im Jahr 1990 dem Humanistischen Verband Deutschlands (HVD) anschloss und dass in Berlin der HVD-Landesverband aus dem dortigen Freidenker-Verband hervorging.[566]

3. Humanismus als Weltanschauung

Wie aufgezeigt, hatte die Freidenkerbewegung einen nicht unerheblichen Anteil daran, dass die Weltanschauungen in die Weimarer Reichsverfassung und damit später auch in das Grundgesetz aufgenommen wurden. Da sich die humanistischen Bewegungen aus der Freidenkerbewegung entwickelten, ist der Humanismus schon geschichtlich als Weltanschauung im Sinne des Grundgesetzes anzusehen.[567] Diese Auffassung wird auch in der Rechtsprechung übereinstimmend vertreten.[568]

IV. Die Lehren der „Kirche des Fliegenden Spaghettimonsters Deutschland e.V.“ als Religion oder Weltanschauung

Vor dem Hintergrund der im Vorigen diskutierten Definitionsansätze bzw. Kriterien soll nun geprüft werden, ob es sich bei den Lehren der „Kirche des Fliegenden Spaghettimonsters Deutschland e.V.“ um eine Religion oder Weltanschauung handelt, was Einfallstor für die weitere Prüfung ist, ob sie Religions- oder Weltanschauungsgemeinschaft sein kann und sich als solche auf die Gewährleistungen der Art. 4 Abs. 1 und 2 GG berufen kann. Hierzu wird im ersten Schritt die vordergründige Lehre der „Kirche des Fliegenden Spaghettimonsters“ betrachtet. Insbesondere wird geprüft, ob diese aufgrund ihrer satirischen Natur bzw. der fehlenden Ernsthaftigkeit als Religion oder Weltanschauung angesehen werden kann. Im zweiten Schritt sind die Aspekte zu

566 Quelle: https://humanismus.de/ueber-uns/geschichte/, aufgerufen am 26.04.2023.

567 *Cancik*, Humanismus, 2016, S. 165.

568 BVerfG, Beschl. v. 19.09.2003 – 1 BvR 1557/03 = LKV 2004, 75 (75); BVerwG, Urt. v. 21.06.2005 – 2 WD 12/04 = NJW 2006, 77 (87); BFH, Urt. v. 23.09.1999 – XI R 66/98, DStRE 2000, 461 (464); OVG Berlin, Urt. v. 08.11.1995 – 7 B 34.93, juris Rn. 17; VG Düsseldorf, Urt. v. 19.01.2022 – 18 K 5288/07, juris Rn. 1; VG Potsdam, Beschl. v. 23.08.2003 – 12 K 2130/01, juris Rn. 45.

beleuchten, die in der vorliegenden Arbeit unter dem Titel „Motivationsebene" zusammengefasst werden.

1. Die vordergründige, satirische Ebene

Bei Betrachtung der Lehren der „Kirche des Fliegenden Spaghettimonsters", die in dieser Arbeit als vordergründige, satirische Ebene bezeichnet werden, sind Ansatzpunkte vorhanden, die „Kirche des Fliegenden Spaghettimonsters Deutschland e.V." als Religion einzustufen. Denn es werden nicht nur die Fragen nach dem Ursprung des Weltganzen und nach der Herkunft des menschlichen Lebens (beide mit Verweis auf das „Fliegende Spaghettimonster") beantwortet und Handlungsgebote für das diesseitige Leben formuliert (nämlich in Form der „8 Am Liebsten Wäre Mir's"), sondern darüber hinaus scheint auch der für Religionen wesentliche Bezug auf Transzendentales erfüllt zu sein. Schließlich wird das „Fliegende Spaghettimonster" in der Rolle einer Gottheit dargestellt, und der Biervulkan und die Stripper-Fabrik können nicht nur als Jenseitsvorstellung, sondern nach dem Vorbild des Paradieses auch als Angebote für einen übergeordneten Sinn für das diesseitige Leben verstanden werden. In der Tat urteilte der österreichische VwGH, die „Kirche des Fliegenden Spaghettimonsters Österreich" erfülle die für eine Religion erforderlichen Voraussetzungen.[569]

Dieser Entscheidung kann man – aus Sicht der Religionsverfassungsrechts des Grundgesetzes – indes skeptisch gegenüberstehen. Fraglich ist insbesondere, ob die genannten Aspekte auch die in der hiesigen Rechtsprechung und Literatur anerkannten Kriterien der Gewissheit und der Verbindlichkeit erfüllen. Wie ausführlich aufgezeigt wurde, handelt es sich bei den Antworten, welche die „Kirche des Fliegenden Spaghettimonsters Deutschland e.V." auf die grundlegenden Fragen nach dem Ursprung des Weltganzen, nach der Herkunft des Menschen und nach dem Sinn des Lebens bietet, um ein künstlerisches Mittel, um intolerante und dogmatische Anschauungen und Handlungen zu überhöhen und zu hinterfragen, wobei das Ziel in erster Linie die etablierten Religionen sind. Mit anderen Worten stellen die „Lehren" der „Kirche des Fliegenden Spaghettimonsters Deutschland e.V." keine religiöse Lehre dar, sondern eine religionskritische Religionssatire, die von der „Kirche des Fliegenden Spaghettimonsters Deutschland e.V." auch selbst ausdrücklich als solche bezeichnet wird.

---

569 BVwG, Beschl. v. 22.03.2018 – W170 2115136-1 in öarr 67 (2020) 197 (291); *Schinkele*, öarr 67 (2020) 1, 6 f.

Dies deckt sich mit der Rechtsprechung. So zeichnet sich Satire laut BVerfG dadurch aus, dass mit Übertreibungen, Verzerrungen und Verfremdungen gearbeitet wird.[570] Hierbei beruft sich das BVerfG auf eine bis heute maßgebliche Entscheidung des RG aus dem Jahr 1928, der zufolge Satire dadurch gekennzeichnet ist, dass

> „sie, mehr oder weniger stark, übertreibt, d. h. dem Gedanken, den sie ausdrücken will, einen scheinbaren Inhalt gibt, der über den wirklich gemeinten hinausgeht, jedoch in einer Weise, daß der des Wesens der Satire kundige Leser oder Beschauer den geäußerten Inhalt auf den ihm entweder bekannten oder erkennbaren tatsächlich gemeinten Gehalt zurückzuführen vermag, also erkennt, dass tatsächlich nicht mehr als dieser geringere Inhalt gemeint ist. Die Satire und die Karikatur ziehen oft, wenn sie Missstände rügen oder geißeln wollen, in jener übertreibenden, verzerrenden Weise die letzten Forderungen aus dem Bestehen des Missstandes, um diesen, mag er selbst auch keineswegs in einer so starken Form aufgetreten sein, recht handgreifliche und darum eindrucksvoll als solchen zu kennzeichnen.“[571]

Diese Kennzeichnung von Satire trifft auf die Lehre der „Kirche des Fliegenden Spaghettimonsters“ zu. Die Motivation des Gründers in den USA lag darin, Missstände zu rügen, nämlich die Tatsache, dass das „Intelligent Design“ neben der Evolutionstheorie an öffentlichen Schulen gelehrt wurde.[572] Auch die „Kirche des Fliegenden Spaghettimonsters Deutschland e.V.“ will mit ihren Forderungen, dass die Kirchen den wissenschaftlichen Weltanschauungen gleichgestellt werden und ihre Sonderstellungen, insbesondere den Status als Körperschaft des öffentlichen Rechts, verlieren und stattdessen dem Vereinsrecht unterstellt werden sollten, auf Missstände hinweisen.[573] Die Parodie auf die biblische Schöpfungsgeschichte wird als Mittel eingesetzt, um auf diese Missstände hinzuweisen.[574] Nach der Definition der Satire des RG, die vom BVerfG übernommen wurde, ist die vordergründige Lehre der „Kirche des Fliegenden Spaghettimonsters“ mithin eindeutig Satire.

---

570 BVerfG, Beschl. v. 05.06.1987 – 1 BvR 313/85, BVerfGE 75, 369 (377); BVerfG, Beschl. v. 25.03.1992 – 1 BvR 514/90, BVerfGE 86, 1 (9); BVerfG, Beschl. v. 12.11.1997 – 1 BvR 2000, 96 = NJW 1998, 1386 (1387).

571 RGSt, 62, 183 (183 ff.); *Doerner/Müller*, in: Müller/Dittrich (Hrsg.), Linien der Rechtsprechung des Bundesverfassungsgerichts, Satire in der Rechtsprechung des Bundesverfassungsgericht, Rn. 233.

572 B I.

573 B II. 2 c) aa).

574 B I.

Entscheidend ist, dass Satire keine Religion sein kann. Denn sie gibt eben keine verbindliche Sicht auf das Weltganze und keine Antworten auf die grundlegenden Fragen, wo der Mensch herkommt, was er hoffen darf, was der Sinn des Lebens ist und was der Mensch tun soll, sondern sie kritisiert Missstände.[575] Die Religionssatire gibt also nicht selbst Antworten, sondern sie zeigt auf satirische Weise auf, dass auch die vermeintlichen Antworten der Religionen in Wirklichkeit keine Antworten auf diese Fragen darstellen. Dem Selbstverständnis der „Kirche des Fliegenden Spaghettimonsters Deutschland e.V." entsprechend muss man also zu dem Schluss gelangen, dass es sich bei der vordergründigen Lehre nicht um eine Religion und dementsprechend bei der „Kirche des Fliegenden Spaghettimonsters Deutschland e.V." nicht um eine Religionsgemeinschaft handelt. Vielmehr trifft das Selbstverständnis der „Kirche des Fliegenden Spaghettimonsters Deutschland e.V." zu, sie sei nicht selbst eine Religionsgemeinschaft, sondern betreibe religionskritische Religionssatire.

Dass die vordergründigen Lehren der „Kirche des Fliegenden Spaghettimonsters Deutschland e.V." keine Religion, sondern religionskritische Religionssatire ist, heißt indes nicht notwendigerweise, dass sie keine Weltanschauung ist. Vor dem Hintergrund der oben diskutierten Entscheidung des BVerfG zur „Heidenspaß-Party"[576] und der dabei behandelten Frage, ob die Religionsausübungsfreiheit auch die Ausübungsfreiheit der Weltanschauung umfasst, ist mithin zu prüfen, ob die satirische Darstellung und insbesondere die Handlungen, mit denen die Religionen parodiert werden, beispielsweise die Nudelmesse, grundrechtlichen Schutz genießen können.

Bezüglich der „Heidenspaß-Party" kam das BVerfG zu der Ansicht, dass

> „bei der Einordnung und Plausibilisierung des weltanschaulichen Charakters der Veranstaltung zu berücksichtigen ist, dass sich Besonderheiten daraus ergeben, dass die zugrundeliegende Weltanschauung nicht an Gottheiten, heiligen Schriften oder Religionsstiftern ausgerichtet ist. Das angekündigte Erscheinungsbild und der inhaltliche Gehalt der Veranstaltung sind mit Rücksicht darauf zu beurteilen, dass der Beschwerdeführer auf der Grundlage der Prinzipien der Aufklärung und des weltlichen Humanismus und einer atheistischen Anschauung sich auch an der Begrenztheit menschlichen Erkenntnisvermögens und strikter wissenschaftlicher Rationalität orientiert. Dem Beschwerdeführer ist ebenso wie Religionsgemeinschaften zuzugestehen, auf der Grundlage der von ihm vertretenen sinnstiftenden Prinzipien in die Öffentlichkeit zu wirken, soweit das öffentliche Leben vom Standpunkt seiner Weltanschauung zu begleiten und zu bewerten. Der Beschwerdeführer selbst weist zutreffend darauf hin,

---

575 Vgl. insoweit *Thüsing*, in: Schubert (Hrsg.), MüKo BGB, § 1 AGG, Rn. 28.
576 B. IV. 1 d) bb).

dass die aktive Bekenntnisfreiheit einer atheistischen Weltanschauungsfreiheit es mit sich bringe, dass nicht nur positive Grundsätze wie Humanismus, Aufklärung, Toleranz und Liberalität werbend verbreitet würden, sondern stets auch eine Abgrenzung von theistischen Anschauungen nötig sei. Die Gottlosigkeit sei ein wesentliches Unterscheidungskriterium und gleichzeitig Bindeglied einer atheistischen Weltanschauungsgemeinschaft. Dies erfordere notwendigerweise auch eine Abgrenzung von den Feiertagen der Religionsgemeinschaften. Der Wunsch, am Karfreitag zu tanzen, sei daher Element der aktiven Betätigung seines weltanschaulichen Bekenntnisses. Mit der Veranstaltung habe er seine freigeistige Weltanschauung plakativ präsentieren und ausleben wollen. [...] Dabei ist auch zu berücksichtigen, dass sich die Veranstaltung auf der Grundlage ihrer Ankündigungen als durchaus provokative Gegendarstellung zum christlich verwurzelten, stillen Karfreitag darstellte und vom Beschwerdeführer auch gezielt als solche verstanden, beworben und geplant wurde. Er selbst bezeichnet sie in seiner Verfassungsbeschwerdeschrift als provokante Alternativveranstaltung, als ‚ideologiebehaftete Veranstaltung‘ mit ‚provokanten Parolen‘ und hebt hervor, sie habe den ‚zweifelsfreien Zweck der (polemischen) Verkündung‘ und der Werbung für die eigene Weltanschauungsgemeinschaft sowie die daraus resultierenden Lebensformen.“[577]

Es bestehen klare Parallelen zur „Kirche des Fliegenden Spaghettimonsters Deutschland e.V.“. So ist die „Nudelmesse“ eine Parodie auf die christliche Eucharistiefeier. Dabei wird ein konsequenter Naturalismus vertreten, also alles Übernatürliche, insbesondere ein personaler Gott, abgelehnt. Mit den „8 Am Liebsten Wäre Mir's“ und dem Schwerpunkt auf den „evolutionären Humanismus“ der Giordano-Bruno-Stiftung mit seinen „Zehn Angeboten des evolutionären Humanismus“ sollen die Grundsätze der Aufklärung und des Humanismus werbend verbreitet werden. Gemäß der Satzung der „Kirche des Fliegenden Spaghettimonsters Deutschland e.V.“ wird die Religionssatire provokant als Alternative zur Religion hervorgehoben, indem mit ihr in satiretypischer Art die intoleranten und dogmatischen Anschauungen und Handlungen der Religionen überhöht und hinterfragt werden. Alternativ wirbt die „Kirche des Fliegenden Spaghettimonsters Deutschland e.V.“ für die offene und tolerante Ethik des „evolutionären Humanismus“ und somit für die daraus resultierenden Lebensformen. Die Religionssatire der „Kirche des Fliegenden Spaghettimonsters Deutschland e.V.“ erfüllt also die im Urteil des BVerfG zur „Heidenspaß-Party“ genannten Kriterien. Wenn die „Heidenspaß-Party“ im Sinne von Art. 4 Abs. 1 und 2 GG zu schützen war, scheinen also auch die satirischen Handlungen sowie die Parodien der „Kirche des Fliegenden Spaghettimonsters Deutschland e.V.“ entsprechenden Schutz genießen zu müssen.

577 BVerfG, Beschl. v. 27.10.2016 – 1 BvR 458/10, BVerfGE 143, 161 (207 f.).

2. Die Motivationsebene

Nach bisher Gesagtem sind die vordergründigen Lehren der „Kirche des Fliegenden Spaghettimonsters Deutschland e.V." keine Religion. Dies dürfte auch für die von der Satire ummantelte Motivation gelten, da die „Kirche des Fliegenden Spaghettimonsters Deutschland e.V." offen und ausdrücklich alles Transzendentale ablehnt[578] und somit eines der essenziellen Merkmale für das Vorliegen einer Religion nicht erfüllt. Ihrem Selbstverständnis nach handelt es sich bei der „Kirche des Fliegenden Spaghettimonsters Deutschland e.V." jedoch um eine Weltanschauungsgemeinschaft.[579] Im Folgenden ist zu untersuchen, ob sich dieses Selbstverständnis anhand der Kernaussagen dessen begründen lässt, was in dieser Arbeit unter dem Titel „Motivationsebene" zusammengefasst wird.

a) Naturalismus

Die „Kirche des Fliegenden Spaghettimonsters Deutschland e.V." lehnt ausdrücklich alles Transzendentale ab und vertritt und verbreitet stattdessen einen konsequenten Naturalismus. Anhand der Selbstdarstellung der „Kirche des Fliegenden Spaghettimonsters Deutschland e.V." und ihrer diesbezüglichen Aussagen konnte festgestellt werden, dass sowohl der ontologische als auch der methodologische Naturalismus vertreten werden.[580]

Die „Kirche des fliegenden Spaghettimonsters Deutschland e.V." geht also davon aus, dass es nur die natürliche Welt gibt und dass alles, was Menschen beobachten und erfahren, durch Naturgesetze erklärt werden kann. Die Idee einer übernatürlichen oder göttlichen Entität, die das Universum geschaffen hat und das menschliche Leben kontrolliert oder beeinflusst, wird abgelehnt. Betont wird vielmehr die Wichtigkeit von wissenschaftlicher Erklärung und forschungsbasiertem Wissen als die besten Mittel, die Welt und das menschliche Leben zu verstehen. In diesem Sinne bietet auch der Naturalismus Antworten auf die letzten Fragen zum Weltganzen, zur Herkunft des Menschen und zum Sinn des Lebens. Zwar gibt nicht der Naturalismus selbst diese Antworten, aber er impliziert die These, dass sie, wenn es sie überhaupt gibt, in den Naturwissenschaften zu finden sind.

Da der Naturalismus mithin mit der Grundüberzeugung identifiziert werden kann, dass die Natur alles sei, was es gebe, und dass die Naturwissenschaften

578 Quelle: https://www.pastafari.eu/weltanschauung/, aufgerufen am 20.11.2022.
579 Quelle: https://www.pastafari.eu/weltanschauung/, aufgerufen am 20.11.2022.
580 B. II. 2 b).

den einzigen Weg zur Wahrheit darstellen, wird er in der Literatur folgerichtig als weltanschauliche Position beschrieben.[581] Der Gedanke liegt nahe, dass es sich hierbei um eine Weltanschauung im Sinne des Religionsverfassungsrechtes des Grundgesetzes handelt. Angesichts des Bezugs auf die Naturwissenschaften drängt sich jedoch die Frage auf, ob insoweit möglicherweise eine Abgrenzung zwischen Weltanschauung und Wissenschaft vorzunehmen ist.

aa) Abgrenzung zwischen Weltanschauung und Wissenschaft

In der Literatur ist umstritten, ob hinsichtlich des Naturalismus grundsätzlich zwischen Weltanschauung und Wissenschaft zu differenzieren sei. Diesbezüglich werden die folgenden Argumente für und gegen eine entsprechende Differenzierung vorgebracht.

(1) Die Kategorien „richtig“ und „falsch“

Für eine Differenzierung zwischen Weltanschauung und Wissenschaft wird darauf hingewiesen, dass die Kategorien „richtig“ und „falsch“ nur auf letztere, nicht aber auf erstere Anwendung fänden.[582] Dies wird auch darauf gestützt, dass das Recht kein richtiges und kein irrendes Gewissen sowie keinen richtigen Glauben kenne.[583] Auch hinsichtlich der jeweils verfolgten Zwecke wird eine Differenz erkannt: Während die Wissenschaft durch theoretische Betrachtung zu vertiefter Erkenntnis führen soll, besteht der Sinn und Zweck einer Weltanschauung darin, durch die in ihren Lehren vermittelte lebenspraktische Überzeugung die freie Entfaltung der Persönlichkeit zu fördern. Daraus ergebe sich auch ein Kriterium für die Differenzierung zwischen Wissenschaft und Weltanschauung, welches in der wissenschaftlichen Methode als Quelle des Erkenntnisgewinns bestehe.[584]

Gemessen an diesem Kriterium ist der von der „Kirche des Fliegenden Spaghettimonsters Deutschland e.V.“ vertretene Naturalismus als Weltanschauung und nicht als Wissenschaft zu qualifizieren. Denn die Behauptung, dass es in der Welt weder Seelen noch Geister noch Götter noch andere übernatürliche Wesen und Kräfte, sondern nur natürliche Dinge gibt, kann nicht als richtig oder falsch klassifiziert werden. Dasselbe gilt für die These, dass sich alles, was in der Welt geschieht, auf Naturgesetze zurückführen lässt. Zwar kann empirisch nicht nachgewiesen werden, ob übernatürliche Kräfte auf die Welt einwirken

---

581 *Hanke*, in: Herder (Hrsg.), Staatslexikon, Naturalismus, Rn. 231.
582 *Hoffmann*, Die Weltanschauungsfreiheit, S. 69.
583 *Morlok*, in: Dreier (Hrsg.), Grundgesetz, Art. 4, Rn. 46.
584 *Hoffmann*, Die Weltanschauungsfreiheit, S. 69.

oder nicht, doch das ist kein Beweis dafür, dass es übernatürliche Wesen oder Kräfte nicht gibt.[585] Zwar gibt es keine beobachtbaren Phänomene, die sich einzig durch die Zurückführung auf übernatürliche Wesen oder Kräfte angemessen erklären ließen; mit anderen Worten gibt es also keine empirischen Tatsachen, die für die Existenz dieser Wesen oder Kräfte sprechen.[586] Dies kann als Argument aber nicht mehr ausreichen, sobald die Frage nach dem Ursprung des Universums und in diesem Sinn nach der Ursache von allem[587] gestellt wird. Denn wenn es um Antwortmöglichkeiten auf diese Frage geht, kommen innerweltliche Kausalerklärungen notwendigerweise an ihr Ende. Die physikalischen Erklärungsmodelle werden überstiegen und man muss den Bereich der Spekulationen betreten.[588]

(2) Möglichkeit der Falsifikation von Weltanschauungen

Nach einer anderen Auffassung lassen sich auch Weltanschauungen, genau wie wissenschaftliche Theorien, grundsätzlich auf Richtigkeit prüfen. Denn, so das Argument, Weltanschauungen müssten aufgrund ihrer Herkunft aus dem menschlichen Vorstellungsvermögen im Gegensatz zu religiösen Überzeugungen, welche von nicht beweisfähigen Glaubenssätzen ausgehen, falsifizierbar seien.[589] Weltanschauliche Überzeugungen seien mithin genauso zu hinterfragen wie wissenschaftliche Überzeugungen, sodass sich aus diesem Kriterium keine Unterscheidung zwischen wissenschaftlichen Theorien und Weltanschauungen ergebe.[590] Dieser Auffassung zufolge wäre der hier besprochene Naturalismus wie alle nicht religiösen Weltanschauungen nicht von wissenschaftlichen Weltsichten zu unterscheiden.

Gegen diese Sichtweise spricht, dass der Naturalismus, anders als wissenschaftliche Theorien, *de facto* nicht falsifizierbar ist. Denn wann immer Erklärungsprobleme entstehen oder sich Vertreter des Naturalismus unerwarteten Befunden gegenübersehen, kann erwidert werden, dass zu wenig über die Natur bekannt sei, um eine naturalistische Erklärung definitiv ausschließen zu können.[591] Diese Immunität gegenüber empirischer Falsifizierbarkeit gilt gemeinhin

585 *Beckermann*, Glaube, 2013, S. 49.
586 *Beckermann*, Glaube, 2013, S. 49.
587 Hervorhebung durch den Autor.
588 *Breul/Langenfeld/Rosenhauer u. a.*, Gibt es Gott wirklich?, 2022, S. 50.
589 *Hoffmann*, Die Weltanschauungsfreiheit, S. 69.
590 *Hoffmann*, Die Weltanschauungsfreiheit, S. 69.
591 Quelle: Kreationismus, Intelligent Design, Schöpfung und Schöpfungslehre, Evolution und Evolutionskritik (genesisnet.info), aufgerufen am 13.01.2023.

als Definitionsmerkmal von Weltanschauungen. Der Naturalismus ist somit nicht als wissenschaftliche Überzeugung, sondern als Weltanschauung einzustufen.

Gegen die Einstufung des Naturalismus als wissenschaftliche Überzeugung spricht auch, dass dies dem Willen des Grundgesetzgebers widerspräche, der den Schutz der Weltanschauung in die Verfassung aufgenommen hat. Wären Weltanschauungen wissenschaftlich hinterfragbar und somit selbst wissenschaftliche Thesen, unterliefe dies den Schutzgedanken des Art. 4 Abs. 1 und 2 GG. Zudem würde somit ein weites Feld der staatlichen Beurteilung von Überzeugungsinhalten von Weltanschauungen eröffnet, was ebenfalls im Widerspruch zur Rechtsprechung stünde.

(3) Anwendung beider Grundrechte

Einer dritten Auffassung zufolge können trotz der oben diskutierten Unterschiede zwischen Weltanschauung und Wissenschaft beide diesen jeweiligen Gegenständen korrespondierenden Grundrechte nebeneinander Anwendung finden,[592] nämlich dann, wenn die für die Weltanschauung konstitutive subjektive Gewissheit mit Bezug auf wissenschaftliche Aussagen erreicht werde.[593] Laut dieser Auffassung wäre der Naturalismus sowohl als Weltanschauung im Sinne des Art. 4 GG als auch als Wissenschaft nach Art. 5 Abs. 3 GG einzuordnen und geschützt.

Gegen diese Auffassung spricht indes, dass subjektive Gewissheiten im Gegensatz zu wissenschaftlichen Grundannahme gerade nicht hinterfragt werden. „Gewissheiten“ ist immanent, dass sie im Sinne glaubensmäßiger Überzeugungen vorausgesetzt werden. Dies steht einer Kategorisierung des Naturalismus als einer Wissenschaft im Sinne von Art. 5 Abs. 3 GG klar entgegen.

bb) Fazit

Angesichts der diskutierten Argumente ist der Naturalismus als Weltanschauung zu kategorisieren und als solcher von Art. 4 GG geschützt.

Für diese Konklusion spricht auch, dass es sich bei Art. 4 Abs. 1 und 2 GG nicht um ein einheitliches Grundrecht handelt. Art. 4 Abs. 1 GG schützt neben der Freiheit des weltanschaulichen Bekenntnisses die Weltanschauungsfreiheit, welche, wie oben erörtert,[594] entweder von der Glaubensfreiheit umfasst ist oder sich unmittelbar aus Art. 4 GG ergibt. Weltanschauungen können also nicht

---

592 *Kokott*, in: Sachs (Hrsg.), Grundgesetz, Art. 4, Rn. 25.
593 *Hoffmann*, Die Weltanschauungsfreiheit, S. 70.
594 C. IV. 1 a) aa).

per se (nur) von der Wissenschaftsfreiheit umfasst sein. Art. 4 Abs. 1 und 2 GG schützt mithin nicht allein transzendente Überzeugungsbildungen, sondern auch immanente Weltdeutungen.[595]

Nimmt man hingegen an, dass es sich bei Art. 4 Abs. 1 und 2 GG um ein einheitliches Grundrecht handelt, führt dies wie oben dargestellt zu Abgrenzungsschwierigkeiten. Diesen dürfte nicht mehr begegnet werden, wenn das einzelne Grundrecht der Weltanschauungsfreiheit der Wissenschaftsfreiheit gegenübergestellt wird. Denn die allein auf das „*forum internum*" anzuwendende Weltanschauungsfreiheit im Sinne der subjektiven inneren Überzeugung dürfte einer wissenschaftlichen Überprüfung nicht zugänglich sein.

Trotz seines engen Bezugs zu den Naturwissenschaften ist der von der „Kirche des Fliegenden Spaghettimonsters Deutschland e.V." vertretene Naturalismus mithin als Weltanschauung anzusehen.

b) Förderung religiöser Zwecke in ihrer Gleichbehandlung mit wissenschaftlich orientierten Weltanschauungen

Wie aufgezeigt,[596] ist ein satzungsgemäßes Ziel der „Kirche des Fliegenden Spaghettimonsters Deutschland e.V." die Gleichbehandlung von Religionen und wissenschaftlich orientierten Weltanschauungen, wobei nicht angestrebt wird, dass letztere die gleichen Privilegien erhalten wie erstere, sondern dass keine der beiden Privilegien erhalten. Beide Gruppierungen sollen dem Vereinsrecht unterstellt werden.

Für sich allein genommen kann diese Forderung offenkundig keine Weltanschauung darstellen, weil es an einer Sinndeutung der Welt im Ganzen und an einer Gesamtansicht über das Leben fehlt.[597] Isoliert betrachtet handelt es sich vielmehr um den Ausdruck der politischen Überzeugung bzw. des Willens, das staatliche Leben in Politik und Gesellschaft durch eine Umgestaltung der Rechtsordnung zu verändern.[598] Hier ist jedoch zu beachten, dass die Forderung nach einer Gleichbehandlung von Religionen und wissenschaftlich orientierten Weltanschauungen Ausfluss einer Gesamtdeutung der Welt ist. Dies wird deutlich, wenn man sich an die historischen Ursprünge in der atheistischen Strömung der Freidenkerbewegung in den Sinn ruft, welche sich ebenfalls gegen die Kirchen und deren Privilegien richtete.[599] Vor dem Hintergrund des Umstands,

---

595 *Di Fabio*, in: Dürig/Herzog/Scholz, Grundgesetz, Art. 4 GG, Rn. 43.
596 B. II. 2. c) aa).
597 Vgl. insoweit *Germann*, in: Epping/Hillgruber (Hrsg.), BeckOK GG, Art. 4 GG, Rn. 14.
598 *Hoffmann*, Die Weltanschauungsfreiheit, S. 61.
599 *Hoffmann*, Die Weltanschauungsfreiheit, S. 165.

dass die „Kirche des Fliegenden Spaghettimonsters Deutschland e.V.“ einen konsequenten Naturalismus vertritt und verbreitet, somit alles Übernatürliche und damit die den Kirchen innenwohnenden Gottesvorstellungen ablehnt, ist das Bestreben, den Kirchen ihre Privilegien abzusprechen, bei einer Gesamtschau wohl sinnstiftend und eine Handlungsmaxime. Insoweit ist auch dieser satzungsgemäße Zweck, wenn nicht selbst als Weltanschauung, so doch als Teil oder Implikation einer entsprechenden Weltanschauung zu betrachten.

c) Der „evolutionäre Humanismus“ der Giordano-Bruno-Stiftung

Ein Schwerpunkt bei der Förderung der soeben diskutierten Gleichbehandlung von Religionen und wissenschaftlich orientierten Weltanschauungen liegt satzungsgemäß auf dem „evolutionären Humanismus“ der Giordano-Bruno-Stiftung. Um herauszuarbeiten, ob den Zielen der „Kirche des Fliegenden Spaghettimonsters Deutschland e.V.“ Weltanschauungen korrespondieren, muss also auch untersucht werden, ob es sich beim „evolutionären Humanismus“, insbesondere nach dem Verständnis der Giordano-Bruno-Stiftung selbst, um eine Weltanschauung handelt.

aa) „Neuer Atheismus“

In der theologischen Literatur wird der „evolutionäre Humanismus“ als Teil des sog. „Neuen Atheismus“ verstanden.[600] Diese Begrifflichkeit entstand um das Jahr 2006, als insbesondere in den USA eine Reihe von religionskritischen Werken veröffentlicht wurde, welche in kurzer Zeit auflagenstark und medienwirksam für Aufsehen sorgten.[601] Das bekannteste Werk dieses „Neuen Atheismus“ ist das Buch „Der Gotteswahn“ von Richard Dawkins.[602] Dawkins stellt in diesem Werk seine Ansichten darüber dar, wie und warum Religion entstanden ist, wie schädlich sie für die Menschheit ist, und dass es keinen Gott gibt. Dabei verfolgt er den Anspruch, dass religiöse Leser seines Buchs durch die Lektüre zu Atheisten werden sollten.[603] Im Jahr 2007 veröffentlichte Christopher Hitchens sein Werk „God Is Not Great. How Religion Poisons Everything“, welches unter dem Titel „Der Herr ist kein Hirte. Wie Religion die Welt vergiftet“ auch in deutscher

---

600 *Zager*, Der neue Atheismus, 2017, S. 17.

601 *Kreiner*, in: Anglberger (Hrsg.), Neuer Atheismus wissenschaftlich betrachtet, 2010, S. 1, 2.

602 Im Original als „The God Delusion“ 2006 in London erschienen. Die deutsche Übersetzung erschien 2007 in Berlin unter dem Titel „Der Gotteswahn“.

603 *Dawkins*, Der Gotteswahn, 2011, S. 18.

Übersetzung erschien.[604] Hitchens stellt sich in diesem Werk deutlich gegen sämtliche Religionen, wenn er plakativ und unmissverständlich behauptet, dass Religion tötet.[605] Bereits einige Jahre zuvor, nämlich im Jahr 2004, veröffentlichte der Schriftsteller Sam Harris sein Werk „The End of Faith. Religion, Terror and the Future of Reason", welches im Jahr 2007 in Deutschland unter dem Titel „Das Ende des Glaubens. Religion, Terror und das Licht der Vernunft" erschien.[606] Als letzter Eintrag in dieser Liste sei das Buch des US-amerikanischen Philosophen Daniel Dennett „Breaking the Spell. Religion as a Natural Phenomenon" aus dem Jahr 2006 genannt, das in Deutschland im Jahr 2008 unter dem Titel „Den Bann brechen. Religion als natürliches Phänomen" erschien.[607] Alle hier genannten Werke schafften es binnen kurzer Zeit in die Beststeller-Listen.

Die Klassifizierung dieser Titel unter die Kategorie „Neuer Atheismus" fand allerdings ihre Kritiker. So gab *Kreiner* zu bedenken, das einzig Neue am „Neuen Atheismus" sei die gesteigerte Aufmerksamkeit, die der Atheismus durch die Veröffentlichung der genannten Bücher erhielt. Vorher habe der Atheismus nur eine geringere mediale Präsenz gehabt, sodass der Eindruck entstehen konnte, es sei ein neuer Atheismus entstanden. Tatsächlich sei der Atheismus aber stets präsent gewesen, was sich insbesondere daran zeige, dass es inhaltlich betrachtet keine Unterschiede zwischen dem „neuen" und dem „klassischen" Atheismus gebe.[608]

Eine ähnliche Auffassung vertritt auch *Schmidt-Salomon.* So konstatierte er in einem Vortrag auf der Tagung „Neuer Atheismus und moderner Humanismus" in Berlin am 25.04.2008, der einzige Unterschied zwischen „altem" und „neuem" Atheismus bestehe darin, dass ersterer nüchtern und abgeklärt erscheine, letzterer hingegen kämpferisch-aufgeklärt. Die Besonderheit des „Neuen Atheismus" sei also darin zu verorten, dass er Klartext spricht, auch wenn dies manchen nicht angebracht erscheinen möge. Dabei sei der „Neue Atheismus" aber nur die sichtbare Vorhut eines grundlegenderen Veränderungsprozesses, hinter dem eine neue Weltanschauung stehe, die über bloße Religionskritik hinausgehe.

---

604 *Kreiner*, in: Anglberger (Hrsg.), Neuer Atheismus wissenschaftlich betrachtet, 2010, S. 1, 2.

605 *Hitchens*, Der Herr ist kein Hirte, ^{4}2007, S. 27.

606 *Kreiner*, in: Anglberger (Hrsg.), Neuer Atheismus wissenschaftlich betrachtet, 2010, S. 1, 2.

607 *Kreiner*, in: Anglberger (Hrsg.), Neuer Atheismus wissenschaftlich betrachtet, 2010, S. 1, 3.

608 *Kreiner*, in: Anglberger (Hrsg.), Neuer Atheismus wissenschaftlich betrachtet, 2010, S. 1, 3.

Diese betitelt Schmidt-Salomon als „naturalistischen Humanismus“ bzw. als „neuen Humanismus“.[609]

Zusammenfassend lässt sich festhalten, dass inhaltlich betrachtet kein Unterschied zwischen dem „neuen“ und dem „klassischen“ Atheismus besteht. Die einzige Differenz besteht in der größeren medialen Aufmerksamkeit, die der „Neue Atheismus“ nach der Veröffentlichung der oben genannten Werke erhielt.

bb) „Neuer Humanismus“

Anders als beim Vergleich von „neuem“ und „klassischem“ Atheismus zeigen sich beim „Neuen Humanismus“ durchaus inhaltliche Unterschiede gegenüber dem „klassischen“ Humanismus. *Vollmer* beschreibt diese Unterschiede wie folgt: Der „Neue Humanismus“ verstehe den Menschen grundsätzlich als Ergebnis der biologischen und kulturellen Evolution, der viele besondere Merkmale trägt, aber keine angeborene Würde. Weiterhin fühle sich der „Neue Humanismus“ den Naturwissenschaften verbunden, insbesondere der Biologie und innerhalb dieser der Evolutionstheorie. Der „Neue Humanismus“ verstehe sich als agnostische oder atheistische Position. In jedem Fall aber sei er antikirchlich eingestellt und vertrete einen aufgeklärten Hedonismus. Die Natur des Menschen sei nicht metaphysisch, sondern rein biologisch zu untersuchen. Insofern sei der „Neue Humanismus“ *Vollmer* zufolge dem Naturalismus gleich.[610]

cc) „Evolutionärer Humanismus“

Laut Satzung vertritt und verbreitet die „Kirche des Fliegenden Spaghettimonsters Deutschland e.V.“ den „evolutionären Humanismus“ der Giordano-Bruno-Stiftung. Da es sich hierbei um den „evolutionären Humanismus“ nach Schmidt-Salomon handelt, soll dieser im Folgenden näher untersucht werden. Dabei ist besonders auf zwei Vorgänger einzugehen, auf die Schmidt-Salomon sich bezieht: Julian Huxley, der den Begriff „evolutionärer Humanismus“ prägte, und Gerhard Engel, der maßgeblich zur Entwicklung des „evolutionären Humanismus“ in Deutschland beitrug.

609 *Schmidt-Salomon*, Vom neuen Atheismus zum neuen Humanismus, Vortrag auf der Tagung „Neuer Atheismus und moderner Humanismus“, Berlin, 25.04.2008, nachzulesen unter http://heimkinderfonds.de/neuhuman1.pdf.

610 *Vollmer*, Im Lichte der Evolution, 2016, S. 421.

(1) Julian Huxley: Der Begründer des „evolutionären Humanismus“

Der Evolutionsbiologe Sir Julian Huxley teilte die Evolution in drei aufeinanderfolgende Phasen ein: (1) die kosmische oder anorganische Evolution, also die Entstehung des Weltalls und der Erde, (2) die biologische oder organische Evolution, also die Entstehung der Lebewesen, und (3) die psychosoziale Evolution, also die Bewusstwerdung des Menschen.[611] Unter Evolution sei demnach nicht nur eine biologische bzw. genetische, sondern auch eine kulturelle und psychologische Entwicklung zu verstehen, in welcher der Mensch eine besondere Stellung einnehme. Nach Huxleys Ansicht hat aber auch das Übernatürliche seinen Platz in der Evolution. So handele es sich bei Religionen gleichsam um psychosoziale Organe, anhand derer sich der Mensch mit seiner Bestimmung sowie mit seinen Erlebnissen im Bereich des Heiligen und Transzendentalen befasse.[612]

Nach jahrelanger Beschäftigung mit der biologischen Evolution der Spezies Homo Sapiens kam Huxley zu dem Ergebnis, dass der Mensch mittlerweile in das psychosoziale Stadium seiner Evolution eingetreten sei und nun im Mittelpunkt der Evolution stehe.[613] Basierend hierauf entwickelte Huxley in den 1960er Jahren den Begriff „evolutionärer Humanismus“. Dieses Ideensystem zielt darauf ab, menschliche Tätigkeiten in eine evolutionär betrachtet wünschenswerte Richtung zu lenken und fußt auf Huxleys Überzeugung, dass es möglich sein müsse, die schnelle Erweiterung des Wissens über das äußere und innere Leben des Menschen in einem einheitlichen Ideensystem zu ordnen. Dieses System solle es den Menschen ermöglichen, ihr Schicksal neu zu begreifen und bewusst zu lenken. So solle der Mensch die Gesetze der Evolution nutzen, um eine bessere, friedlichere und gerechtere Welt zu schaffen, anstatt die biologische Evolution als Vorbild für die Gestaltung der Gesellschaft zu nehmen. Der Mensch solle also die fortschreitende Evolution nutzen, um sich in eine humanistische Richtung zu entwickeln.[614] In dieser Vorstellung bezieht Huxley sich auf einen ähnlichen Ansatz des Philosophen Santayana, welcher die zentrale Einsicht seiner Weltsicht wie folgt beschreibt:

> „Es gibt nur eine Welt, die natürliche Welt, und nur eine Wahrheit darüber, aber diese Welt birgt ein geistiges Leben, dessen Blick nicht einer jenseitigen Welt zugewandt ist, sondern der Schönheit und Vollkommenheit, auf die diese Welt hinweist und der sie zustrebt, ohne sie zu erreichen.“[615]

---

611 *Huxley*, Der evolutionäre Humanismus, 1964.
612 *Huxley*, Der evolutionäre Humanismus, 1964, S. 22.
613 *Huxley*, Der evolutionäre Humanismus, 1964, S. 13.
614 *Huxley*, Der evolutionäre Humanismus, 1964, S. 68 f.
615 Zit. n. *Huxley*, Der evolutionäre Humanismus, 1964, S. 68.

(2) „Evolutionärer Humanismus“ nach Gerhard Engel

Im deutschen Sprachraum maßgeblich weiterentwickelt wurde der „evolutionäre Humanismus“ von Gerhard Engel. Engel wurde 1951 geboren und studierte nach einem pharmazeutischen Vorexamen Philosophie, Musikpädagogik, Musikwissenschaft, Soziologie und Erziehungswissenschaft. Von 2011 bis 2018 war Engel Präsidiumsmitglied der Humanistischen Akademie Deutschland und von 2009 bis 2019 Präsident der Humanistischen Akademie Bayern.[616]

Nach *Engel* müssen Humanisten realistische Zukunftsvorstellungen darüber entwickeln, was sie im Interesse aller Menschen erreichen wollen. Dabei sei systematisch auf Erfahrungen und Erkenntnisse zurückzugreifen, die zur Erreichung dieses Ziels beitragen. Dieser Humanismus sei evolutionär, weil er die Erkenntnisse der Theorien biologischer und vor allem sozialer Evolution nutzt, um realistische Wege für die Erreichung seiner Zukunftsvorstellungen ausfindig zu machen.[617]

Laut *Engel* lässt sich der „evolutionäre Humanismus“ anhand der folgenden 10 Thesen genauer spezifizieren. Gemäß der ersten These „Wir können von der Antike lernen“ ist in jedem Menschen ein einmaliges und nicht wiederholbares Experiment der Natur zu sehen, welches zur Entfaltung dränge. Diese Aufgabe müsse bewusst angenommen werden und der Mensch müsse sich in diesem Sinne selbst erkennen. Die individuelle Entfaltung gelinge dabei aber nur in der Gemeinschaft, da der einzelne Mensch nur im Zusammenwirken mit anderen die Wahrheit erkennen könne.[618]

Daraus ergibt sich *Engels* zweite These: „Die Augen der anderen sind lehrreich.“ Da der Mensch gegenüber den eigenen Verhaltensweisen meist unkritisch sei, benötige er die Anderen zur Entwicklung alternativer Sichtweisen. Hierbei sollten auch religiöse Menschen und deren Traditionen einbezogen werden, da ein Humanismus, der sich in einer bloßen Abwehrhaltung gegenüber klerikalen und theologischen Zumutungen gefällt, keine Lernprozesse generieren könne.[619]

Die dritte These lautet: „Wertungen sind von begrenztem Nutzen.“ Zwar könnten Wertungen nicht in Gänze vermieden werden, doch seien sie selten hilfreich, wenn es darum gehe, mit anderen Menschen ins Gespräch zu kommen. Humanisten müssten sich daher so weit wie möglich von Werturteilen frei machen. Gesellschaft müsse ein Unternehmen der Zusammenarbeit zum

616 Quelle: http://www.gerhardengel.de/zur-person.html, aufgerufen am 07.05.2023.

617 *Engel*, in: Groschopp (Hrsg.), Humanismusperspektiven, 2010, S. 112, 115.

618 *Engel*, in: Groschopp (Hrsg.), Humanismusperspektiven, 2010, S. 112, 115 f.

619 *Engel*, in: Groschopp (Hrsg.), Humanismusperspektiven, 2010, S. 112, 116.

gegenseitigen Vorteil sein. Mit zustimmendem Verweis auf *Pfahl-Traughber* sieht *Engel* im modernen atheistischen Humanismus eine „mit Aggressivität und Arroganz, Dogmatismus und Einseitigkeit, Sarkasmus und Sendungsbewusstsein, Überlegenheitsdünkel und Vulgarität vorgebrachte Religionskritik", was weder humanistischen Idealen gerecht werde noch modernen gesellschaftstheoretischen Konzeptionen entspreche.[620] Auch wenn *Engel* den „evolutionären Humanismus" nach Schmidt-Salomon und die „Kirche des Fliegenden Spaghettimonsters Deutschland e.V." nicht ausdrücklich nennt, ist anzunehmen, dass diese (mit-)gemeint sind.

Engels vierte These, „Wissen ist der Schlüssel", trägt die Botschaft in sich, die Würde des Menschen ergebe sich aus der Vereinigung der Zustände und Fähigkeiten Leben, Fühlen und Denken. Diese Vereinigung müsse aber erst durch den Menschen selbst, nämlich durch die Anspannung seiner schöpferischen Kräfte geschaffen werden. Der Mensch müsse also in sich investieren, um Mensch zu werden. Dabei müsse er sämtliche Lehren und philosophische Strömungen beachten.[621]

Die fünfte These, „Probleme lassen sich nur durch neue Ideen lösen", geht auf einen gleichlautenden Ausspruch des Philosophen Karl Popper zurück.[622] Demnach helfen empirische Erkenntnisse, also Erfahrung und auf Vernunft basierende Erkenntnisse immer dann nicht aus, wenn alternativ entweder die Vernunft oder die Erfahrung die Quelle des Wissens darstellt.[623] *Engel* führt als Beispiel die Erfindung des Antibiotikums an. So habe Alexander Fleming im Jahr 1928 die Idee gehabt, dass Pilze und Bakterien in bestimmten Zusammenhängen Antagonisten sein könnten. Diese Idee habe zu einem erheblichen Fortschritt bei der Bekämpfung bakterieller Infektionen geführt.[624]

Gemäß *Engels* sechster These müssen evolutionäre Humanisten alles daran setzen, Kooperation zu fördern. Nur Kooperation ermögliche es den Menschen, im gesellschaftlichen Leben weiterzukommen.

Der Humanismus, so die siebte und sich daran anschließende These, fördere die Suche nach intellektuellen Kooperationsgewinnen. Diese ließen sich im Gespräch zwischen den verschiedenen Wissenschaften untereinander, aber auch im Gespräch zwischen Wissenschaft, Kunst, Religion, Literatur, Musik

---

620 *Engel*, in: Groschopp (Hrsg.), Humanismusperspektiven, 2010, S. 112, 116.
621 *Engel*, in: Groschopp (Hrsg.), Humanismusperspektiven, 2010, S. 112, 117.
622 *Engel*, in: Groschopp (Hrsg.), Humanismusperspektiven, 2010, S. 118.
623 *Engel*, in: Groschopp (Hrsg.), Humanismusperspektiven, 2010, S. 118.
624 *Engel*, in: Groschopp (Hrsg.), Humanismusperspektiven, 2010, S. 118.

und Philosophie erzielen. Humanismus bedeute somit, „Fächergrenzen" zu überschreiten.[625]

Für die vorliegende Untersuchung ist insbesondere die achte These interessant. Ihr zufolge ist der „evolutionäre Humanismus" keine Weltanschauung, sondern eine Methode, an einer solchen zu arbeiten. *Engel* geht davon aus, dass dem Begriff der Weltanschauung Beliebigkeit anhängt, da man Weltanschauungen teilen kann, aber nicht muss. Eine wissenschaftliche Weltanschauung hingegen sei der immerwährende Versuch, die Ergebnisse sämtlicher Wissenschaften aufeinander zu beziehen, um dadurch ein objektives Gesamtbild der Welt zu erlangen. Diese Weltanschauung müsse dynamisch sein. Denn sobald sich Erkenntnisse wandeln, ändere sich auch das Bild der Welt, welches aus diesen Erkenntnissen gewonnen werden kann. Dem „evolutionären Humanismus" gehe es dabei nicht allein um die Integration der Wissenschaft, um Fragen zur Stellung des Menschen in der Welt zu erhalten, sondern zusätzlich auch um die Integration von Kunst, Musik, Literatur, Religion und Philosophie. Laut *Engel* ist der „evolutionäre Humanismus" also keine Weltanschauung, sondern der Versuch, einen konstruktiven Polyperspektivismus für eine Vertiefung des Welt- und Menschenverständnisses fruchtbar zu machen.[626]

Engels neunte These lautet, der „evolutionäre Humanismus" dürfe im Sinne des Polyperspektivismus keine Gebiete menschlichen Wissens und Strebens ausschließen, mithin auch nicht die Religion. Zwar könne vernünftigerweise nicht bezweifelt werden, dass der Mensch nicht geschaffen wurde, sondern auf naturwissenschaftlich beschreibbare Weise entstand. Dieses Wissen um die evolutionäre Vergangenheit leiste aber keine Hilfe bei der Interpretation der Gegenwart und könne erst recht nicht für Aussagen über die Zukunft herangezogen werden. *Engel* zufolge sei es auch Huxley nicht um eine Abschaffung, sondern um eine Neukonstruktion des religiösen Denkens gegangen. Denn ihm sei klar gewesen, dass keine Wissenschaft „das grundsätzliche Rätsel des Daseins, und im Besonderen des Daseins des Geistes",[627] vollständig lösen könne. Demnach könnten die Gründe für religiösen Glauben nicht durch die Wissenschaft eliminiert werden.

Die zehnte und letzte These *Engels* lautet, dass der „evolutionäre Humanismus" eine Theorie menschlicher Alleinstellungsmerkmale fördere. So könne bezüglich aller biologischen Systeme hinterfragt werden, welche adaptiven

625 *Groschopp* (Hrsg.), Humanismusperspektiven, 2010, S. 120 f.
626 *Groschopp* (Hrsg.), Humanismusperspektiven, 2010, S. 121 ff.
627 *Engel*, in: Groschopp (Hrsg.), Humanismusperspektiven, 2010, S. 123.

Vorteile die Entstehung seiner Eigenschaften erklären und welche (im biologischen Sinn) historischen Vorläufer das System hatte. Diese Betrachtung könne aber auch umgekehrt werden. Durch Fulguration würden schlagartig neue Eigenschaften entstehen, die es in der Geschichte des Lebens und des Geistes zuvor nicht gab, die völlig einmalig sein können und deren Entstehung nicht aus den Eigenschaften der einzelnen Elemente des fraglichen Systems vorhergesagt werden könnten.[628]

Zusammenfassend sagt *Engel*, Evolution bedeute nicht nur Differenzierung und Anpassung, sondern auch die Verbindung von weniger komplexen zu immer komplexeren Systemen. Der Mensch sei das komplexeste Wesen der Natur und zudem das ökologisch leistungsfähigste, da er mehr oder weniger überall leben könne. Nach *Engels* Interpretation hat der „evolutionäre Humanismus" zu erforschen, wie und warum der Mensch die Grenzen, welche die Natur den übrigen Lebewesen aufzuerlegen scheint, immer weiter hinausschieben kann.[629]

(3) „Evolutionärer Humanismus" nach Schmidt-Salomon

Schmidt-Salomons Interpretation des „evolutionären Humanismus" findet sich vornehmlich in seinem Buch „Manifest des evolutionären Humanismus – Plädoyer für eine zeitgemäße Leitkultur" sowie in dem Werk „Hoffnung Mensch: Eine bessere Welt ist möglich."

(aa) „Manifest des evolutionären Humanismus"

In dem im Jahre 2014 erschienenen „Manifest des evolutionären Humanismus" positioniert sich *Schmidt-Salomon* deutlich gegen die traditionellen Religionen:

> „Wer heute ein logisch konsistentes (= widerspruchsfreies), mit empirischen Erkenntnissen übereinstimmendes (= unserem systematischen Erfahrungswissen entsprechendes) und auch ethisch tragfähiges Menschen- und Weltbild entwickeln möchte, muss notwendigerweise auf die Ergebnisse der wissenschaftlichen Forschung zurückgreifen. Die traditionellen Religionen, die bislang das menschliche Selbstverständnis prägten, können diese Aufgabe nicht mehr erfüllen. Sie sind nicht nur hinreichend theoretisch widerlegt, sie haben sich auch in ihrer Praxis als schlechter Ratgeber erwiesen […]."[630]

Schmidt-Salomon weist darauf hin, dass die Wissenschaft noch heute teilweise abgelehnt werde, was er am Beispiel der Darwinschen Evolutionstheorie und

---

628 *Engel*, in: Groschopp (Hrsg.), Humanismusperspektiven, 2010, S. 123 f.
629 *Engel*, in: Groschopp (Hrsg.), Humanismusperspektiven, 2010.
630 *Schmidt-Salomon*, Manifest des evolutionären Humanismus, ^{2}2014, S. 8.

der gegen diese gerichteten Abwehrreaktionen belegt.[631] Zur Erklärung führt *Schmidt-Salomon* die sog. fundamentalen Kränkungen nach Freud an, welche die Wissenschaft der „menschlichen Selbstverliebtheit“ zugefügt habe. So habe die Wissenschaft zu der Erkenntnis geführt, dass die Erde nicht der Mittelpunkt des Universums ist, dass der Mensch ein bloß zufälliges Produkt der natürlichen Evolution ist und dass er den Primaten zuzurechnen ist.

Der wissenschaftliche Fortschritt habe somit dazu geführt, dass der Mensch sich nicht mehr als die „Krone der Schöpfung“ begreifen kann. Zudem seien durch den wissenschaftlichen Fortschritt die von Menschen geschaffenen Gottesvorstellungen und die damit verbundenen metaphysischen Heilserwartungen obsolet geworden. Die bestehenden Religionen seien nicht mit der wissenschaftlichen Forschung in Einklang zu bringen, wobei die Unvereinbarkeit von religiösem Glauben und wissenschaftlichem Denken nie zuvor in der Geschichte der Menschheit derart deutlich zum Vorschein kam.[632] *Schmidt-Salomon* weist in diesem Zusammenhang darauf hin, dass auch der traditionelle Humanismus in Konflikt mit dem erweiterten Wissen über Menschen und Natur stand, was Huxley dazu veranlasst habe, den Humanismus mit der Wissenschaft zu versöhnen und so den Grundstein für den „evolutionären Humanismus“ zu legen.[633]

Nach *Schmidt-Salomon* gelten alle Geistesströmungen als Humanismus, die nicht von der Existenz von Göttern ausgehen und von Heilserzählungen Gebrauch machen, sondern sich allein auf real existierende Menschen beziehen und das Ziel verfolgen, allen Menschen unabhängig von Geschlecht, Herkunft, Fähigkeiten etc. eine freie Persönlichkeitsentfaltung zu ermöglichen.[634] In diesem Sinne verlange der „kategorische Imperativ des Humanismus“, „alle Verhältnisse umzuwerfen, in denen der Mensch ein erniedrigtes, ein geknechtetes Wesen ist.“[635] Durch diese ethische Zielsetzung sowie dadurch, dass er wissenschaftliche Erkenntnisse produktiv verarbeite und somit von einem grundsätzlich revidierten Menschen- und Weltbild ausgehe, unterscheide sich der „evolutionäre Humanismus“ vom traditionellen Humanismus.[636]

---

631 *Schmidt-Salomon*, Manifest des evolutionären Humanismus, ²2014, S. 9; vgl. auch *Freud*, Vorlesungen zur Einführung in die Psychoanalyse. Und Neue Folge, ⁸1969, S. 283.

632 *Schmidt-Salomon*, Manifest des evolutionären Humanismus, ²2014, S. 11 f.

633 *Schmidt-Salomon*, Manifest des evolutionären Humanismus, ²2014, S. 12.

634 *Schmidt-Salomon*, Manifest des evolutionären Humanismus, ²2014, S. 13.

635 *Schmidt-Salomon*, Manifest des evolutionären Humanismus, ²2014, S. 13.

636 *Schmidt-Salomon*, Manifest des evolutionären Humanismus, ²2014, S. 13.

Eine Annahme des „evolutionären Humanismus“ sei, dass sich der Mensch unter günstigen Umständen zu einem ungewöhnlich sanften, freundlichen und kreativen Tier entwickeln könne. Aus dieser Möglichkeit folge die Notwendigkeit zu erforschen, unter welchen Voraussetzungen sich die Potenziale von Homo Sapiens bestmöglich entfalten können, damit diese Bedingungen ernsthaft gefördert werden können. Hierfür müsse wiederum anerkannt werden, dass der Mensch als Produkt der biologischen Evolution nicht in der Lage ist, Naturgesetze zu überschreiten.[637]

Laut *Schmidt-Salomon* verdanken alle Organismen, somit auch der Mensch, ihre Existenz dem eigennützigen Streben ihrer Vorfahren nach Vorteilen im Kampf um Ressourcen und Fortpflanzungserfolg.[638] Der Mensch werde mit der biologisch fest verankerten Veranlagung geboren, die eigene Lust zu maximieren und das eigene Leid zu minimieren. Der Eigennutz sei demnach als Grundprinzip des Lebens die Quelle aller menschlichen Empfindungen und Entscheidungen, sodass er als Triebkraft in unsere ethischen Konzepte integriert werden müsse.[639]

Weiterhin betont *Schmidt-Salomon*, dass evolutionäre Humanisten die tiefe metaphysische Sinnlosigkeit der Existenz des Homo sapiens erkennen und daraus einen Freiraum für individuelle Sinnstiftung ableiten müssten. Religionen fänden ihren Nährboden darin, dass viele Menschen sich nicht damit abfinden könnten, dass der Sinn des Lebens im Leben selbst liege. Aufgrund dieser Weigerung würden sie nach „Höherem“ und nach einem alles umfassenden Sinn streben, den sie in den Versprechungen der Religionen finden. Nach *Schmidt-Salomon* könne man den Sinn des Lebens aber nicht außerhalb des Lebens verorten, ohne sich in unauflösbare Widersprüche zu verwickeln.[640] Evolutionäre Humanisten sähen den Sinn des Lebens daher darin, sich in Kenntnis der eigenen Vergänglichkeit und der Sinnlosigkeit des Seins auf die Freuden des Lebens und die glücklichen Momente in diesem zu konzentrieren, ohne deshalb die Härten und Ungerechtigkeiten des Lebens zu verdrängen.[641] Mit Rekurs auf den griechischen Philosophen Epikur, der das höchste Gut im Glück und das größte Übel im Unglück sah, lege der „evolutionäre Humanismus“ den Menschen daher nahe, „aufgeklärte Hedonisten“ zu sein.[642]

637 *Schmidt-Salomon*, Manifest des evolutionären Humanismus, ^{2}2014, S. 13 f.
638 *Schmidt-Salomon*, Manifest des evolutionären Humanismus, ^{2}2014, S. 16.
639 *Schmidt-Salomon*, Manifest des evolutionären Humanismus, ^{2}2014, S. 16.
640 *Schmidt-Salomon*, Manifest des evolutionären Humanismus, ^{2}2014, S. 22 f.
641 *Schmidt-Salomon*, Manifest des evolutionären Humanismus, ^{2}2014, S. 22 f.
642 *Schmidt-Salomon*, Manifest des evolutionären Humanismus, ^{2}2014, S. 21 f.

Obwohl der „evolutionäre Humanismus" ein naturalistisches Weltbild vertritt, betont *Schmidt-Salomon*, dass es zwar nicht möglich sei, anhand empirischer Mittel die Nicht-Existenz eines unpersönlichen metaphysischen Wesens zu beweisen, welches jenseits unserer Wahrnehmung den gesamten Kosmos erfüllt. Die Idee eines als Person gedachten Gottes mit spezifischen Eigenschaften, Interessen und Wertmaßstäben, der mit seiner Schöpfung einen bestimmten Heilsplan verfolge, müssten konsequente evolutionäre Humanisten indes ablehnen.[643]

Weiterhin gibt *Schmidt-Salomon* die Beliebigkeit religiöser Wertmaßstäbe zu bedenken und weist in diesem Zusammenhang darauf hin, dass historisch gewachsene, menschliche Wertvorstellungen immer wieder als Gebote Gottes ausgegeben wurden, um Tötungen und Kriege zu rechtfertigten.[644] Wer sich mit „heiligen Texten" wie der Bibel und dem Koran auseinandersetze, müsse erkennen, dass diese mit Humanität, der Gewährung von Menschenrechten, Demokratie, Meinungsfreiheit etc. nicht vereinbar seien.[645] Vielmehr mussten diese fundamentalen Rechte und Freiheiten, die für moderne und offene Gesellschaften grundlegend sind, gegen Kirchen und Religionen erkämpft werden.[646]

Neben diesen theoretischen Ausführungen finden sich in *Schmidt-Salomons* Werk aber auch praktische Aussagen in Form von verbindlichen Handlungsanleitungen. So ergebe sich aus dem oben erläuterten „Prinzip Eigennutz", dass der Mensch (und somit auch vom Menschen geschaffene Systeme und Märkte) jederzeit danach streben, konkurrenzfähig zu bleiben, um bestehen zu können. Die Geschichte werde nicht von schöngeistigen Ideen, sondern von eigennützigen, primär ökonomischen Interessen bestimmt.[647] Das Ziel des „evolutionären Humanismus" müsse mithin darin bestehen, das Handeln des Einzelnen nach dem „Prinzip Eigennutz" nützlich für alle Menschen zu machen.[648] Hierbei beruft sich *Schmidt-Salomon* auf Adam Smith, der in seinem Werk „Der Wohlstand der Nationen: Eine Untersuchung seiner Natur und seiner Ursachen" dafür argumentierte, dass das eigennützige Streben des Einzelnen die beste Voraussetzung für das Wohl Aller sei. Der Mensch werde dabei „von einer unsichtbaren Hand geleitet, um einen Zweck zu fördern, den zu erfüllen er in keiner

643 *Schmidt-Salomon, Manifest des evolutionären Humanismus*, ^{2}2014, S. 49 f.
644 *Schmidt-Salomon, Manifest des evolutionären Humanismus*, ^{2}2014, S. 57.
645 *Schmidt-Salomon, Manifest des evolutionären Humanismus*, ^{2}2014, S. 58.
646 *Schmidt-Salomon, Manifest des evolutionären Humanismus*, ^{2}2014, S. 60 f.
647 *Schmidt-Salomon*, Manifest des evolutionären Humanismus, ^{2}2014, S. 89.
648 *Schmidt-Salomon*, Manifest des evolutionären Humanismus, ^{2}2014, S. 91.

Weise beabsichtigt hat."[649] Evolutionäre Humanisten müssten es sich also zur Aufgabe machen, Institutionen zu schaffen, die den Eigennutz der Individuen in humane Bahnen lenken.[650] Als Beispiel geht *Schmidt-Salomon* intensiv auf die Märkte ein. Grundsätzlich müssten Marktteilnehmer aufgrund des immer größeren Konkurrenzdrucks immer besser werden, um zu bestehen. Dies könne zwar prinzipiell allen Menschen zum Vorteil gereichen; in der Realität befriedige das Marktprinzip aber nur die Bedürfnisse zahlungsfähiger Konsumenten, nicht jedoch jener Menschen, die aufgrund der jeweils geltenden sozio-ökonomischen Bedingungen nicht am Marktgeschehen teilnehmen können. Diese Gruppe umfasse neben den derzeit in Armut lebenden Menschen auch die Angehörigen zukünftiger Generationen, denen jede Möglichkeit der Einflussnahme genommen werde.[651]

Trotz der geschilderten Vorteile sei es nach *Schmidt-Salomon* ungewiss, ob sich die „Leitkultur Humanismus und Aufklärung" jemals werde durchsetzen können. Der Mensch sei zwar prinzipiell in der Lage, ein kluges, einfühlsames und freundliches Tier zu sein, welches nicht nur im Konkurrenzkampf agiere, sondern auch Hilfesuchende unterstütze. Dieses Potenzial trete aber noch nicht hinreichend zu Tage, da in den Köpfen der Menschen noch immer eine Übermacht blutrünstiger kultureller Muster wüte. Um dies zu ändern, müssten Menschen im Sinne der Aufklärung mit kämpferischem Einsatz eintreten, insbesondere wenn sie das Privileg genießen, sich mit Wissenschaft, Philosophie und Kunst zu beschäftigen.[652] Evolutionäre Humanisten sollten hierbei dafür eintreten, eine Vorstellung vom Sinn des Lebens zu verbreiten, der nicht übersinnlich herbeigeträumt werden muss, sondern im Einklang mit dem Erkenntnissystem der Wissenschaft steht und sinnlich erfahrbar ist. Diese Botschaft sei in der Lage, die wichtigsten ethischen Debatten unserer Zeit von „jenem krankmachenden moralisierenden Ballast zu befreien, der in der Vergangenheit allzu häufig die Sicht auf die wahren Konfliktlinien verstellt"[653] habe.

---

649 *Smith*, Der Wohlstand der Nationen, 2018, S. 371; *Schmidt-Salomon*, Manifest des evolutionären Humanismus, ^{2}2014, S. 90.

650 *Schmidt-Salomon*, Manifest des evolutionären Humanismus, ^{2}2014, S. 95.

651 *Schmidt-Salomon*, Manifest des evolutionären Humanismus, ^{2}2014, S. 91 f.

652 *Schmidt-Salomon*, Manifest des evolutionären Humanismus, ^{2}2014, S. 122 ff.

653 *Schmidt-Salomon*, Manifest des evolutionären Humanismus, ^{2}2014, S. 126 f.

(bb) „Hoffnung Mensch – Eine bessere Welt ist möglich"

Auch in seinem Werk „Hoffnung Mensch – Eine bessere Welt ist möglich" betont *Schmidt-Salomon*, dass der Mensch eine unbedeutende Erscheinung sei. So verdeutlicht er, dass der Mensch vor seiner Geburt bereits Jahrmilliarden nicht existiert hat und nach seinem Tod weitere Jahrmilliarden nicht existieren werde. Unser Leben sei also lediglich ein verschwindend kleiner Spalt, der die beiden gewaltigen Zeiträume unserer Nichtexistenz voneinander trennt. Dies unterstreiche die Bedeutungslosigkeit des Menschen.[654]

Zudem erläutert *Schmidt-Salomon*, inwiefern die Ungerechtigkeit der Welt auf die Ungerechtigkeit in der Natur zurückzuführen sei. So seien Chancen, Talente, Krankheiten, Behinderungen sowie materielle und immateriell Ressourcen „verstörend ungleich" unter den Menschen verteilt. Diese natürlichen Ungerechtigkeiten, die dazu führen, dass einige Arten in der biologischen Evolution aufsteigen, während andere verschwinden, spiegele sich im kulturellen Bereich wider. So würden Menschen aufgrund von Naturkatastrophen sterben, während andere hiervon verschont bleiben, weil sie in anderen Regionen der Erde leben. Auch mit Blick auf die intellektuellen Leistungsfähigkeiten sei die Ungerechtigkeit offensichtlich. Den Erfolg der verschiedenen Religionen führt *Schmidt-Salomon* auch auf diese Ungerechtigkeiten der Natur zurück.[655] Während viele Menschen sich im Sinne der Religion ein gutes Ende herbeisehnen, welches ihrer Existenz Sinn verleiht, seien evolutionäre Humanisten angehalten, ihre Augen nicht vor der Wirklichkeit zu verschließen.[656] Sie sollten allerdings darauf vertrauen, dass die Menschheit lebensfreundlichere und gerechtere Verhältnisse herbeiführen könne, als sie derzeit vorherrschen. Insofern seien evolutionäre Humanisten dem „Prinzip Hoffnung" verpflichtet.[657] Der „evolutionäre Humanismus" lasse hierbei indes nur solche Vorstellungen gelten, die empirischen Befunden entsprechen. Er verkehre somit die Vorgehensweise traditioneller Weltanschauungen, die nur solche empirischen Befunde gelten ließen, die ihren jeweiligen Vorstellungen entsprechen, in ihr Gegenteil.[658] Der Glaube an die Entwicklungsfähigkeit des Menschen ist nach *Schmidt-Salomon* wesentlicher Bestandteil der Antworten, die der „evolutionäre Humanismus" auf die Grundfragen der menschlichen Existenz gibt.[659]

---

654 *Schmidt-Salomon*, Hoffnung Mensch, 2014, S. 14 ff.
655 *Schmidt-Salomon*, Hoffnung Mensch, 2014, S. 38 ff.
656 *Schmidt-Salomon*, Hoffnung Mensch, 2014, S. 89.
657 *Schmidt-Salomon*, Hoffnung Mensch, 2014, S. 93.
658 *Schmidt-Salomon*, Hoffnung Mensch, 2014, S. 93.
659 *Schmidt-Salomon*, Hoffnung Mensch, 2014, S. 100.

(cc) Fazit

Sofern der Begriff der Weltanschauung im Sinne des BVerwG als eine mit der Person des Menschen verbundene Gewissheit über bestimmte Aussagen zum Weltganzen sowie zur Herkunft und zum Ziel des menschlichen Lebens definiert wird, welche sich auf innerweltliche (immanente) Bezüge beschränkt[660] und die vom Menschen Verbindlichkeit bezüglich der Sinnhaftigkeit und Werthaltigkeit dieser subjektiven Gewissheit in Form von Handlungsanleitungen einfordert,[661] ist der „evolutionäre Humanismus" nach Schmidt-Salomon als Weltanschauung im Sinne des Grundgesetzes einzustufen. Denn es finden sich darin klare Aussagen zu Herkunft und Ziel des menschlichen Lebens. Der Mensch sei ein zufälliges Produkt der Evolution und der Sinn des Lebens bestehe darin, sich in Kenntnis der eigenen Vergänglichkeit und der Sinnlosigkeit des Seins auf die Freuden des Lebens und die glücklichen Momente in diesem zu konzentrieren, ohne dabei die Härten und Ungerechtigkeiten des Lebens zu verdrängen.[662] Weiterhin wird konstatiert, dass der Mensch dazu in der Lage sei, sich fortwährend zum Besseren zu entwickeln und dabei auch Hilfesuchende zu unterstützen, sodass es Ziel sei, die Fähigkeiten der Menschheit zu nutzen, damit alle Menschen Glück erfahren können. Daraus ergebe sich die verbindliche Handlungsanleitung, sich kämpferisch dafür einzusetzen, dass die in den Köpfen der Menschen noch immer vorherrschende Übermacht blutrünstiger kultureller Muster einer klugen, einfühlsamen und freundlichen Gesinnung weiche. Nach alldem ist der von Schmidt-Salomon vertretene „evolutionäre Humanismus" Weltanschauung im Sinne des Grundgesetzes.

V. Die Begriffe „antikirchlich" und „antireligiös"

Gemäß dem Titel der vorliegenden Arbeit ist noch zu prüfen, ob die „Kirche des Fliegenden Spaghettimonsters Deutschland e.V." als antikirchlich bzw. antireligiös einzustufen ist. Beide Begrifflichkeiten sind dabei im Sinne des allgemeinen Sprachgebrauchs zu verstehen, sodass „antikirchlich" bedeutet, eine ablehnende Haltung gegenüber der Kirche zu haben, während „antireligiös" eine ablehnende Haltung gegenüber Religionen generell beschreibt.

Laut dem ehemaligen Vorstandsvorsitzenden ist die „Kirche des Fliegenden Spaghettimonsters Deutschland e.V." ihrem Selbstverständnis nach sowohl

---

660 BVerwG, Urt. v. 27.03.1992 – 7 C 21/90, BVerwGE 90, 112 (115).

661 BVerwG, Urt. v. 19.02.1992 – 6 C 5/91 = NVwZ 1992, 1192 (1193).

662 *Schmidt-Salomon*, Manifest des evolutionären Humanismus, ^{2}2014, S. 22 f.

antikirchlich als auch antireligiös.[663] Denn es werden nicht nur die Praktiken der Kirchen abgelehnt, sondern Religion wird generell für schädlich erachtet, weil sie Denkverbote ausspricht. Das Selbstverständnis der „Kirche des Fliegenden Spaghettimonsters Deutschland e.V." deckt sich insofern mit der Auffassung des „evolutionären Humanismus" der Giordano-Bruno-Stiftung, der ebenfalls als antikirchlich und antireligiös einzustufen ist, was besonders in beiden der soeben ausführlich dargestellten Werke von Schmidt-Salomon deutlich wird.

VI. Merkmale von Religions- bzw. Weltanschauungsgemeinschaft

Soweit die Lehren bzw. die Kernaussagen einer Gruppierung als Religion oder Weltanschauung im Sinne des Grundgesetzes einzuordnen sind, muss weiter geprüft werden, welche Merkmale erfüllt sein müssen, damit eine Gruppierung auch als Religions- bzw. Weltanschauungsgemeinschaft eingestuft werden kann und also solche unter den Schutz von Art. 4 Abs. 1 und 2 GG fällt.

1. Der Begriff der Religionsgemeinschaft in der Rechtsordnung

Zunächst ist festzustellen, dass die Begriffe „Religionsgemeinschaft" bzw. „Religionsgesellschaft" in verschiedenen Kontexten verwendet werden. So findet sich der Begriff in Art. 140 GG i. V. m. Art. 136 ff. WRV, in Art. 7 Abs. 3 GG hinsichtlich des Religionsunterrichtes an öffentlichen Schulen, in den Landesverfassungen[664] und in § 4a Abs. 2 Nr. 2 TierSchG in Verbindung mit Ausnahmeregelungen für das Schächten (also das Schlachten ohne Betäubung) aus religiösen Gründen. Zu beachten ist dabei, dass die Begriffe „Religionsgesellschaft" und „Religionsgemeinschaft" nicht nur undifferenziert, sondern teilweise sogar ausdrücklich synonym verwendet werden.[665] So findet sich beispielsweise in der Rechtsprechung des BVerwG die Aussage, der Begriff der Religionsgesellschaft in Art. 136 ff. WRV sei gleichbedeutend mit dem der Religionsgemeinschaft in Art. 7 Abs. 3 GG.[666] Dementsprechend wird auch in der vorliegenden

663 Interview mit R. Weida II, S. 3 (Anlage 4).

664 Art. 12 Abs. 3 und Art. 14 Abs. 2 Verfassung für das Land NRW; Art. 4 Abs. 1 Verfassung des Landes Baden-Württemberg; Art. 142 Abs. 2 und 3 Bayrische Verfassung; Art. 8 Abs. 3 Verfassung für Rheinland-Pfalz; Art. 28 Abs. 3 Thüringer Verfassung; Art. 9 Abs. 2 Verfassung des Landes Mecklenburg-Vorpommern.

665 Vgl. z. B. BVerfG, Beschl. v. 30.06.2015 – 2 BvR 1282/11, BVerfGE 139, 321 (347 ff.).

666 BVerwG, Urt. v. 23.02.2005 – 6 C 2/04 = NJW 2005, 2101 (2103).

Arbeit keine explizite Differenzierung zwischen den Begriffen „Religionsgesellschaft“ und „Religionsgemeinschaft“ vorgenommen und stattdessen einheitlich von Religionsgemeinschaften gesprochen.[667]

Unabhängig von dieser rein terminologischen Klärung stellt sich die inhaltliche Frage, ob den Verwendungsweisen in der Rechtsprechung ein einheitlicher Begriff der Religionsgemeinschaft zugrunde liegt oder ob der Begriff kontextspezifisch, also gemäß seiner jeweiligen Funktion auszulegen ist.[668] Für letzteres müssten triftige Gründe vorliegen, was, zumindest auf den ersten Blick betrachtet, jedoch nicht der Fall ist.[669] Da die in diesem Kapitel untersuchte Frage, unter welchen Voraussetzungen es sich bei einer bestimmten Gruppierung um eine Religionsgemeinschaft im Sinne des Religionsverfassungsrechts des Grundgesetzes handelt, aber ausschließlich die Art. 4 und 140 GG i. V. m. Art. 136, 137 WRV tangiert, also ohnehin nur in einem Kontext angesiedelt ist, muss diese spezielle Frage hier nicht entschieden werden.

2. Der Begriff der Religionsgemeinschaft des Grundgesetzes

Soweit es um die Definitionsfindung des Begriffs „Religionsgemeinschaft“ im Kontext des Grundgesetzes geht, ist sowohl in der Rechtsprechung als auch in der Literatur regelmäßig die mittlerweile klassische Definition von *Anschütz* zu finden.[670] Nach dieser handelt es sich bei einer Religionsgemeinschaft um einen Verband, der „die Angehörigen eines und desselben Glaubensbekenntnisses – oder mehrerer verwandter Glaubensbekenntnisse – […] zu allseitiger Erfüllung der durch das gemeinsame Bekenntnis gestellten Aufgaben“[671] zusammenfasst.[672]

Wenngleich diese Definition bis heute gängig ist, wird sie mit Blick auf den umbruchhaften Wandel der religiösen bzw. weltanschaulichen Landschaft der

---

667 *Pieroth/Görisch*, in: JuS 2002 937; *Bagheri*, Der funktionsbestimmte Begriff der Religionsgemeinschaft, 2019, S. 17.

668 *Bagheri*, Der funktionsbestimmte Begriff der Religionsgemeinschaft, 2019, S. 24 ff.

669 *Pieroth/Görisch*, in: JuS 2002 937 ff.

670 *Muckel*, in: Rees (Hrsg.), Recht in Kirche und Staat, 2011, Bd. 48, S. 715, 727; *Phlipsen*, Der Begriff der Religionsgemeinschaft nach dem Grundgesetz, 2023, S. 13.

671 *Anschütz*, Die Verfassung des Deutschen Reichs vom 11. August 1919, S. 633.

672 BVerwG, Urt. v. 15.06.1995 – 3 C 31/93 NVwZ 1996, 61 (62); *Unruh*, in: v. Mangoldt/Klein/Starck (Hrsg.), Kommentar zum GG, Art. 137 WRV, Rn. 16; *Pieroth/Görisch*, in: JuS 2002 937, 938; *Bagheri*, Der funktionsbestimmte Begriff der Religionsgemeinschaft, 2019, S. 46; *Muckel*, in: Höfling/Augsberg/Rixen (Hrsg.), Berliner Kommentar zum GG, Art. 140 GG/137 WRV, Rn. 9.

letzten 100 Jahre teilweise als überholt angesehen. So weist beispielsweise *Phlipsen* darauf hin, dass die Definition von Anschütz in Zeiten einer bikonfessionell geprägten Landschaft gut funktioniert habe, heute aber nicht mehr dazu in der Lage sei, die Prinzipien der Säkularität, der Parität und der Neutralität in optimaler Weise abzubilden.[673] Diese Befürchtung liegt nahe, wenn man bedenkt, dass sich der Einschub in *Anschütz* Definition – „für die Angehörigen mehrerer verwandter Glaubensbekenntnisse" – auf die unierten evangelischen Landeskirchen bezog, nicht aber auf die Herausforderungen, die mit der Herausbildung völlig unterschiedlicher Gruppierungen im Zuge der sich verstärkenden Pluralität einhergingen. Diese waren seinerzeit nicht vorhersehbar.[674] Auch die Aspekte Organisationsform und Mindestanforderungen dürften heute anders zu bewerten sein als zu *Anschütz* Lebzeiten, als nahezu 100 Prozent der Bevölkerung einer der beiden großen Kirchen angehörten. Insbesondere hinsichtlich der Neutralität steht man inzwischen vor größeren Problemen als damals, da man heute öfter und intensiver die Frage prüfen muss, ob es sich bei den verschiedenen neuartigen Gruppen jeweils um Religions- oder Weltanschauungsgemeinschaften im Sinne des Grundgesetzes handelt – eine Herausforderung, die im Hinblick auf die beiden großen Kirchen wie aufgezeigt nicht bestand. Auch bezüglich des Paritätsprinzips bestehen Probleme, da rein christlich geprägte Gruppierungen eher als Religionsgemeinschaft anerkannt werden als Gruppierungen, die sich auf Grundlage einer völlig neuartigen und damit ggf. völlig anderen Religionsidee oder Weltanschauung zusammengefunden haben.

Wenngleich dies zeigt, dass die gängige Definition von *Anschütz* nicht mehr optimal ist, bedeutet das nicht, dass sie verfassungswidrig wäre.[675] Sie kann also durchaus auch heute noch herangezogen werden, um festzustellen, ob eine Gruppierung eine Religions- oder Weltanschauungsgemeinschaft im Sinne des Grundgesetzes sein kann. Allerdings sollten die in der Definition von *Anschütz* genannten Voraussetzungen extensiv verstanden werden, um den heutigen Anforderungen, die sich aus der religiösen und weltanschaulichen Pluralisierung ergeben, gerecht zu werden. Bei einem extensiven Verständnis kann die Definition nach *Anschütz* jedenfalls als Grundlage für die weitere Untersuchung nach heutigen – auch verfassungsrechtlichen – Prinzipien verwendet werden.

---

673 *Phlipsen*, Der Begriff der Religionsgemeinschaft nach dem Grundgesetz, 2023, S. 128.

674 *Heimann*, Der Begriff der Religionsgesellschaft im Grundgesetz und der organisierte Islam, 2014, S. 5.

675 *Phlipsen*, Der Begriff der Religionsgemeinschaft nach dem Grundgesetz, 2023, S. 128 f.

Welche bzw. wie viele Voraussetzungen eine Gruppe erfüllen muss, um als Religionsgemeinschaft im Sinne des Religionsverfassungsrechts des Grundgesetzes anerkannt werden zu können, ist in der Literatur umstritten. Nach *Pieroth/Görisch* sei die erste Voraussetzung ein religiöser Konsens. Zweitens bedürfe es, auf Basis dieses Konsenses, eines personellen Zusammenschlusses. Drittens müsse dieser Zusammenschluss der umfassenden Bezeugung des religiösen Konsenses auf der gemeinschaftsbezogenen, also nicht individuellen Handlungsebene dienen.[676]

Nach *Unruh* sei der *Anschütz´schen* Definition zu entnehmen, dass Religionsgemeinschaften organisatorisch strukturierte Vereinigungen von mindestens zwei Personen sind, die von einer gemeinsamen religiösen Überzeugung getragen sind, die dem Zweck der gemeinsamen Religionsausübung dienen, mithin auf Dauer angelegt sind, und die auf die umfassende Erfüllung der sich aus dem jeweiligen Bekenntnis ergebenden Aufgabe gerichtet sind.[677]

Morlok interpretiert die *Anschütz´sche* Definition so, dass unter den Begriff der Religionsgemeinschaft alle Vereinigungen fallen, die der umfassenden Pflege einer ihren Mitgliedern gemeinsamen Religion dienen. Auf weitere Voraussetzungen wie den religiösen Konsens und die Konsistenz der Glaubensvorstellungen wird hingegen ausdrücklich verzichtet, und zwar mit der Begründung, dass andernfalls die aus Paritätsgründen gebotene Offenheit des Begriffs der Religionsgemeinschaft für unterschiedliche religiöse Vorstellungen entfiele.[678]

Poscher leitet aus der Definition vier Elemente ab: Bekenntnisbezug (Totalität), Homogenität, Zentralität und Konsistenz. Um Religionsgemeinschaft zu sein, müsse eine Vereinigung sich auf das Bekenntnis in seiner Totalität beziehen. Die Mitgliedschaft müsse hinsichtlich des Bekenntnisses Homogenität aufweisen. Die Pflege der Religion dürfe nicht nur ein Zweck neben anderen sein oder anderen Zwecken dienen, sondern sie müsse von zentraler Bedeutung sein (Zentralität). Letztlich müsse zwischen der religiösen Überzeugung und der Praxis ihrer Träger ein Zusammenhang bestehen (Konsistenz).[679]

Aus diesen Interpretationen lassen sich insgesamt fünf verschiedene Voraussetzungen bzw. Kriterien extrahieren, die eine Religionsgemeinschaft erfüllen muss:

---

676 *Pieroth/Görisch*, in: JuS 2002 937, 939.

677 *Unruh*, in: v. Mangoldt/Klein/Starck (Hrsg.), Kommentar zum GG, Art. 137 WRV, Rn. 16.

678 *Morlok*, in: Dreier (Hrsg.), Grundgesetz, 137 WRV, Rn. 29.

679 *Poscher*, in: Der Staat 39 (2000) 49, 59 ff.

- Personeller Zusammenschluss mit entsprechendem Mindestmaß an organisationaler Struktur
- Religiöser Konsens (Homogenität)
- Umfassende Glaubensverwirklichung (Totalität)
- Zentrale Bedeutung des Bekenntnisses (Zentralität)
- Glaubensverwirklichung als Zielsetzung (Konsistenz)

Keine anderen Kriterien muss eine Gruppierung erfüllen, um als Weltanschauungsgemeinschaft anerkannt zu werden. Denn wenn bereits festgestellt ist, dass die Lehren einer Gruppierung Religion oder Weltanschauung sind, was sich wie dargestellt[680] nach dem einer Plausibilitätskontrolle zugänglichen Selbstverständnis bemisst, kann die Frage danach, ob die Gemeinschaft, die die Lehren vertritt, entweder Religions- oder Weltanschauungsgemeinschaft ist, auch nur nach dem Selbstverständnis beurteilt werden. Demnach können sich die objektiven Kriterien hinsichtlich dieser Prüfung nicht voneinander unterscheiden.

Zudem ergibt sich aus Art. 140 GG i. V. m. Art. 137 Abs. 7 WRV, dass den Religionsgemeinschaften die Vereinigungen gleichgestellt werden, die sich die gemeinschaftliche Pflege einer Weltanschauung zur Aufgabe machen. Demnach müssen Religionsgemeinschaften und Weltanschauungsgemeinschaften im Hinblick auf Art. 140 GG i. V. m. Art. 137 Abs. 5 S. 2 WRV dieselben Voraussetzungen erfüllen, um den Status einer Körperschaft des öffentlichen Rechts zu erhalten. Auch dies spricht dafür, dass zur Prüfung, ob eine Gruppierung Weltanschauungsgemeinschaft im Sinne des Religionsverfassungsrecht des Grundgesetzes ist, dieselben Kriterien herangezogen werden wie zu der Prüfung, ob eine Religionsgemeinschaft vorliegt.

Die insoweit herausgearbeiteten Kriterien sollen in der Folge näher beleuchtet werden. Im Zuge dessen wird auch zu untersuchen sein, inwiefern die „Kirche des Fliegenden Spaghettimonsters Deutschland e.V." diese Kriterien erfüllt.

a) Personeller Zusammenschluss

In Art. 4 Abs. 1 und 2 GG selbst finden sich keine expliziten Vorgaben dafür, wie ein religiöser bzw. weltanschaulicher Zusammenschluss organisiert sein muss, um als solcher zu gelten. Damit der Staat die sich insoweit ergebenen Rechte gewährleisten kann, muss jedoch ein Minimum an organisatorischer Verfestigung vorliegen. Zu fordern ist mithin eine zumindest rudimentär ausgebildete

680 C. III.

verbandsmäßige Organisation.[681] Insbesondere im Zusammenhang mit muslimischen Dachverbänden kam diesbezüglich die Frage auf, ob Religionsgemeinschaften aus natürlichen Personen bestehen müssen oder auch aus juristischen Personen bestehen können.[682] Dies ist grundsätzlich eine durchaus interessante Frage, hat für die vorliegende Arbeit aber keine Relevanz, da die „Kirche des Fliegenden Spaghettimonsters Deutschland e.V." nach eigenen Angaben nicht über juristische Personen als Mitglieder verfügt. Zu verfolgen ist somit allein die generelle Frage nach der Organisationsstruktur und ob diese das geforderte Mindestmaß erfüllt.

Nach Auskunft des ehemaligen Vorstandsvorsitzenden hat die „Kirche des Fliegenden Spaghettimonsters Deutschland e.V." ca. 700 Mitglieder (Stand 26.04.2023).[683] Um Mitglied zu werden, muss die beitrittswillige Person einen Mitgliedsantrag ausfüllen, eine Beitrittsgebühr sowie eine Jahresgebühr zahlen. In den jeweils 14-tägig stattfindenden Vorstandssitzungen wird die Aufnahme beschlossen und sodann bekannt gemacht.[684] Mitglieder, die mit ihren Beitragszahlungen in Rückstand geraten, werden gemäß Satzung angeschrieben, wobei der Ausschluss angedroht wird, sollte die Zahlung weiterhin ausbleiben. Der Ausschluss hat die Streichung von der Mitgliederliste und die Sperrung des Zugangs zum Mitglieder-Forum zur Folge, über welches die Mitgliederversammlungen im virtuellen Verfahren abgehalten werden.[685] Die Mitglieder – und nur diese – erhalten Rundbriefe, die sog. „Kirchenrundbriefe". Diese werden deshalb nur an Mitglieder ausgegeben, weil hierin u. a. auch Interna personeller Natur veröffentlicht werden. Die Mitgliederverwaltung erfolgt anhand eines Vereinsprogrammes.[686]

Angesichts der vorhandenen Beitritts- und Ausschlussverfahren, der Abhaltung von virtuellen Mitgliederversammlungen in einem eigens dafür erstellten Forum und der Bereitstellung von internen Rundbriefen ist eine Organisationsstruktur vorhanden, die jedenfalls über ein Minimum an organisatorischer

---

681 *Phlipsen*, Der Begriff der Religionsgemeinschaft nach dem Grundgesetz, 2023, S. 163; *Towfigh*, Die rechtliche Verfassung von Religionsgemeinschaften, ^{2}2021, S. 127.

682 *Muckel*, in: Groschopp (Hrsg.), Humanismusperspektiven, 2010, S. 61, 70 f.; *Towfigh*, Die rechtliche Verfassung von Religionsgemeinschaften, ^{2}2021, S. 127; *Muckel*, in: Rees (Hrsg.), Recht in Kirche und Staat, 2011, Bd. 48, S. 715, 736 ff.

683 Interview mit R. Weida II, S. 1 (Anlage 4).

684 Interview mit R. Weida, S. 3 (Anlage 1).

685 Interview mit R. Weida, S. 6 (Anlage 1).

686 Interview mit R. Weida II, S. 1 (Anlage 4).

Verfestigung hinausgeht. Das Merkmal des personellen Zusammenschlusses mit entsprechender Organisationsstruktur kann also als erfüllt gelten.

b) *Religiöser Konsens (Homogenität)*

Wie oben dargelegt,[687] ist das zweite sich aus *Anschütz* klassischer Definition ergebende Merkmal das der Forderung nach dem gemeinsamen Bekenntnis, also nach einem religiösen bzw. weltanschaulichen Konsens der Mitglieder. Ein solcher Konsens zeigt sich zum einen in der regelmäßigen oder unregelmäßigen gemeinsamen Ausübung des Glaubens und zum anderen durch die bloße Zugehörigkeit zu einer Religions- oder Weltanschauungsgemeinschaft bzw. im Fehlen der Lossagung von dieser.[688] Zudem verlangt das Merkmal der Homogenität, dass sich die Mitglieder übereinstimmend zu den jeweiligen Grundüberzeugungen der Gemeinschaft bekennen müssen; gefordert ist hingegen nicht, dass die Mitglieder sich in allen Glaubensfragen einig sein müssen.[689] Überzeugungen, die über das gemeinsame Bekenntnis hinausgehen, müssen von den Mitgliedern also nicht aufgegeben werden, damit die Homogenität gewahrt bleibt. Es können sogar Mitglieder anderer Glaubensrichtungen aufgenommen werden, solange deren Positionen kompatibel mit den Grundüberzeugungen der jeweiligen Gemeinschaft sind.[690]

Angesichts des Synkretismus, der insbesondere in den neueren Gruppierungen verbreitet ist, die für sich beanspruchen, Religions- oder Weltanschauungsgemeinschaft zu sein, spielt dieses Kriterium eine wichtige Rolle. Hier ist das Vorliegen eines religiösen bzw. weltanschaulichen Konsenses besonders sorgfältig zu prüfen.[691]

Gemäß der Satzung der „Kirche des Fliegenden Spaghettimonsters Deutschland e.V." wird ein konsequenter Naturalismus verfolgt, wobei ein Schwerpunkt auf dem „evolutionären Humanismus" der Giordano-Bruno-Stiftung liegt. Nach Aussage des ehemaligen Vorstandsvorsitzenden der „Kirche des Fliegenden Spaghettimonsters Deutschland e.V." halten sich die Mitglieder strikt an dieses Merkmal, wobei nach Auffassung der Mitglieder jeder, der evolutionärer Humanist ist, auch Naturalist ist. Formell Mitglied einer Kirche zu sein, steht der

---

687 S. 178.

688 *Muckel*, Religiöse Freiheit und staatliche Letztentscheidung, 1997, S. 173.

689 *Muckel*, in: Rees (Hrsg.), Recht in Kirche und Staat, 2011, Bd. 48, S. 715, 728; *Poscher*, in: Der Staat 39 (2000) 49, 60.

690 *Poscher*, in: Der Staat 39 (2000) 49, 61.

691 *Muckel*, Religiöse Freiheit und staatliche Letztentscheidung, 1997, S. 137.

Mitgliedschaft in der „Kirche des Fliegenden Spaghettimonsters Deutschland e.V.“ zwar nicht prinzipiell entgegen; ausgeschlossen ist jedoch, sich zu dieser Kirche zu bekennen, da dies dem Naturalismus widerspräche. Entsprechend gibt es unter den Mitgliedern zwar Agnostiker, aber keine Gläubigen.[692]

Der Naturalismus kann als gemeinsame Grundüberzeugung der Mitglieder der „Kirche des Fliegenden Spaghettimonsters Deutschland e.V.“ betrachtet werden, sodass insoweit von einem weltanschaulichen Konsens auszugehen ist.

Angesichts des Umstands, dass der Beitritt zur „Kirche des Fliegenden Spaghettimonsters Deutschland e.V.“ nahezu anonym erfolgen kann, könnte die Verbindlichkeit dieses Konsenses angezweifelt werden. Korrekt ist, dass der Beitritt kein vorheriges Gespräch erfordert, in dem der Kandidat sich zu den Grundüberzeugungen der „Kirche des Fliegenden Spaghettimonsters Deutschland e.V.“ bekennen muss. Allerdings gibt es eine ganze Reihe von Gründen, die dafür sprechen, dass insofern Homogenität besteht. Allem voran wäre hier zu nennen, dass auf der Internetpräsenz deutlich kommuniziert wird, dass nur solche Personen Mitglieder werden sollen, welche die Satzung gelesen haben und sich zu § 2 (Zweck, Gemeinnützigkeit) und § 3 (Wertebildung und Umsetzung) bekennen.[693] Beitrittskandidaten müssen sich also zum „evolutionären Humanismus“ bekennen sowie dazu, ihre Ethik an den „8 Am Liebsten Wäre Mir's“ auszurichten. Insofern wird beim Beitritt die Grundüberzeugung durchaus abgefragt.

Dass Homogenität besteht, zeigt sich auch an der Praxis der Mitglieder: Wie oben erörtert, agiert die „Kirche des Fliegenden Spaghettimonsters Deutschland e.V.“ zwar nicht ausschließlich, aber größtenteils im Internet. Auf der Webseite www.pastafari.eu werden regelmäßig Artikel veröffentlicht, meist als „Wort zum Freitag“ bezeichnet, die in der Regel die von der „Kirche des Fliegenden Spaghettimonsters Deutschland e.V.“ vertretenen Lehren und Meinungen zum Inhalt haben. Die Mitglieder können per Kommentarfunktion über diese Artikel diskutieren, wobei sich zeigt, dass die grundlegenden Überzeugungen der „Kirche des Fliegenden Spaghettimonsters Deutschland e.V.“ regelmäßig befürwortet werden. Beispielsweise wurde das „Wort zum Freitag“ vom 24.11.2022, das unter dem Titel „Unser Religionsverständnis“ den „evolutionären Humanismus“ und die Ablehnung von Religion zum Inhalt hatte, in den Kommentaren

692 Interview mit R. Weida, S. 7 (Anlage 1).

693 Quelle: Mitglied werden – Kirche des Fliegenden Spaghettimonsters Deutschland (pastafari.eu), aufgerufen am 10.02.2023.

durchweg zustimmend diskutiert.[694] Dasselbe trifft auf das „Wort zum Freitag“ vom 06.01.2023 mit dem Titel „Jesus lebt? Die Jesuslüge“ zu.[695] In satirischer Art wird dort dem Inhalt der Lehren der „Kirche des Fliegenden Spaghettimonsters Deutschland e.V.“ entsprechend aufgezeigt, dass die Existenz Jesu nicht nachgewiesen werden kann. Auch in den Kommentaren der Mitglieder zu diesem Artikel kommt ihre Zustimmung zum Ausdruck.

Deutlich wird die Homogenität auch in der gemeinsamen Bekräftigung des gemeinschaftlichen Konsenses durch die Mitglieder in der nicht öffentlich zugänglichen Facebook-Gruppe der „Kirche des Fliegenden Spaghettimonsters Deutschland e.V.“. Auch hier ist anhand der per Kommentarfunktion von den Mitgliedern gemachten Aussagen zu beobachten, dass diese den Verfassern der einzelnen Artikel regelmäßig beipflichten.[696]

Zu erwähnen ist in diesem Zusammenhang zudem die von dem Verein zur Verwaltung genutzte Software, in der ebenfalls ein Forum implementiert ist, zu dem jedes Vereinsmitglied Zugang hat. In diesem Forum tauschen sich die Mitglieder über die Inhalte der „Kirche des Fliegenden Spaghettimonsters Deutschland e.V.“ aus, insbesondere auch darüber, wie der „evolutionäre Humanismus“ zu verbreiten sei. Beispielsweise wurde vorgeschlagen, den „evolutionären Humanismus“ als Schulfach einzuführen. Im Forum werden auch neue Mitglieder unterrichtet und aufgeklärt, wobei insbesondere der „evolutionäre Humanismus“ besprochen und diskutiert wird.[697]

Nach Angaben des ehemaligen Vorstandsvorsitzenden der „Kirche des Fliegenden Spaghettimonsters Deutschland e.V.“ nimmt über die letzten Jahre hinweg auch stetig die Anzahl der Mitglieder zu, die an den „Nudelmessen“ teilnehmen, um dort ihre Anschauung zum Ausdruck zu bringen. Eine nicht unbeachtliche Anzahl von Mitgliedern wollte auch eine Trauungszeremonie im Rahmen einer „Nudelmesse“ abhalten.[698]

Zusammenfassend kann somit konstatiert werden, dass das Merkmal des religiösen bzw. weltanschaulichen Konsenses bzw. der Homogenität erfüllt ist.

---

694 Quelle: https://www.pastafari.eu/2022/11/das-wort-zum-freitag-unser-religionsverstaendnis/, aufgerufen am 10.02.2023.

695 Quelle: https://www.pastafari.eu/2023/01/das-wort-zum-freitag-jesus-lebt-die-jesusluege/, aufgerufen am 20.02.2023.

696 Diese Gruppe ist nicht öffentlich zugänglich; der Verfasser hat die Möglichkeit der Einsicht erhalten.

697 Interview mit R. Weida II, S. 1 (Anlage 4).

698 Interview mit R. Weida II, S. 1 (Anlage 4).

c) *Umfassende Glaubensverwirklichung (Totalität)*

Das Merkmal der Totalität betrifft die Frage, ob sich eine Vereinigung der Pflege ihrer Religion oder Weltanschauung in ihrer Totalität oder nur in einzelnen (Teil-)Aspekten widmet. Vereinigungen, die lediglich einzelne (Teil-) Aspekte des Religiösen bzw. Weltanschaulichen zum Gegenstand haben, sind gemäß Art. 140 GG i. V. m. Art. 138 Abs. 2 WRV keine Religionsgemeinschaften, sondern religiöse Vereine.[699] Im Unterschied zu Religionsgemeinschaften erheben religiöse Vereine also nicht den Anspruch, alle Fragen des menschlichen Daseins zu behandeln, sondern beschränken sich auf einzelne Aufgaben.[700]

Angesichts der Bezeichnung „religiöser Verein" ist zu betonen, dass die Organisation einer Gruppierung als Verein unter Inanspruchnahme weltlichen Rechts nicht bedeutet, dass es sich bei der fraglichen Vereinigung nicht trotzdem um eine Religions- oder Weltanschauungsgemeinschaften im Sinne des Grundgesetzes handeln kann. Ebenso müssen sich Gruppierungen, um als religiöse Vereine im Sinne des Grundgesetzes zu gelten, nicht notwendigerweise der Rechtsform des eingetragenen Vereins bedienen. Der Begriff „religiöser Verein" deckt sich demnach nicht mit dem Vereinsbegriff aus § 21 BGB, sondern ist einerseits weiter, andererseits enger als dieser zu verstehen.[701]

Bezüglich der „Kirche des Fliegenden Spaghettimonsters Deutschland e.V." ist zu sagen, dass diese sich ihren satzungsgemäßen Zwecken in Gänze verschrieben hat. „Die Kirche des Fliegenden Spaghettimonsters Deutschland e.V." widmet sich ausschließlich der Förderung und Verbreitung des Naturalismus und des „evolutionären Humanismus" und betreut dabei nicht nur einzelne Teilaspekte des Weltanschaulichen, sondern erhebt den Anspruch, alle Fragen des menschlichen Daseins mit den Methoden der Naturwissenschaften beantworten zu können. Der ehemalige Vorstandsvorsitzende der „Kirche des Fliegenden Spaghettimonsters Deutschland e.V." äußerte sich diesbezüglich in sehr deutlicher Weise:

> „Es ist gerade eisernes Prinzip bei uns, dass wir uns ausschließlich um unsere eigenen satzungsgemäßen Ziele kümmern. Wir kümmern uns nicht um Klimaerwärmung und

---

699 *Poscher*, in: Der Staat 39 (2000) 49, 59; *v. Campenhausen/de Wall*, Religionsverfassungsrecht, ^{5}2022, S. 145.

700 *Muckel/Traub*, in: Pirson/Rüfner/Germann u. a. (Hrsg.), Handbuch des Staatskirchenrechts der Bundesrepublik Deutschland, 2020, S. 1103, 1106.

701 *Leuschner*, in: Schubert (Hrsg.), MüKo BGB, Vor § 21, Rn. 122; *Muckel/Traub*, in: Pirson/Rüfner/Germann u. a. (Hrsg.), Handbuch des Staatskirchenrechts der Bundesrepublik Deutschland, 2020, S. 1103, 1104 f.

> nicht um Flüchtlingsproblematiken. Wir lehnen Zusammenarbeit mit politischen Parteien strikt ab und verfolgen stringent nur unsere Ziele. Dadurch, dass wir den ‚evolutionären Humanismus' der Giordano-Bruno-Stiftung vertreten und verbreiten, wollen wir ja gerade alle Fragen des menschlichen Daseins beantworten."[702]

Die satzungsgemäßen Ziele der Bildung und Erziehung mittels der Förderung und Verbreitung des „evolutionären Humanismus" werden ohne Gewinnerzielungsabsichten verfolgt, die auf eine wirtschaftliche Tätigkeit hindeuten könnten.[703] So gibt es kein Merchandising und generell wird nichts verkauft. Es bestehen auch keine zusätzlichen, z. B. caritativen, Angebote.[704] Im Ergebnis ist also auch das Erfordernis der Totalität erfüllt.

d) Zentrale Bedeutung des Bekenntnisses (Zentralität)

Das Merkmal der Zentralität des Bekenntnisses fordert, dass die Pflege der Religion bzw. Weltanschauung nicht nur ein Zweck neben anderen ist, sondern den Fluchtpunkt der Aktivitäten der Gemeinschaft bildet.[705] Dieses Erfordernis wurde vom BVerwG bereits im Jahre 1980 formuliert, und zwar im Rahmen eines Verfahrens, dessen Gegenstand die Voraussetzungen für das Geistlichenprivileg war. Der Kläger bereitete sich auf das Amt eines „Geistlichen" der „Scientology Kirche Deutschland - Hubbard Scientology Organisation M e.V." vor und begehrte daher die Rückstellung seiner Verpflichtung zur Ableistung des Grundwehrdienstes.[706] Diesbezüglich äußerte sich das BVerwG dahingehend, dass das „in diesem Sinne Religiöse […] von zentraler Bedeutung für das Bekenntnis sein und das Wesen der Bekenntnisgemeinschaft ausmachen [muss]; es darf nicht bloße Randerscheinung sein."[707] Auch mit Blick auf politische Tätigkeiten ist eine Abgrenzung vorzunehmen. Wie beispielsweise auch *Muckel* vertritt, ist es Religionen zwar nicht untersagt, den Bereich der Politik zu beeinflussen oder sich zu politischen Fragen zu äußern. Allerdings müsse im Interesse einer Abgrenzung der Religionsfreiheit von anderen Grundrechten wie der Meinungsfreiheit aus Art. 5 Abs. 1 GG zwischen Religion und Politik unterschieden werden. In diesem Sinne dürfe die politische Betätigung nicht das eigentliche Ziel einer Religionsgemeinschaft sein, während das Religiöse selbst

702 Interview mit R. Weida II, S. 1 f. (Anlage 4).
703 Interview mit R. Weida, S. 3 (Anlage 1).
704 Interview mit R. Weida, S. 8 (Anlage 1).
705 *Poscher*, in: Der Staat 39 (2000) 49, 63.
706 BVerwG, Urt. v. 14.11.1980 – 8 C 12/79, VerwRspr 1981, 679 (679 ff.).
707 BVerwG, Urt. v. 14.11.1980 – 8 C 12/79, VerwRspr 1981, 679 (682).

bloße Randerscheinung ist. Gruppen, die vor allem eine Veränderung der bestehenden politischen Verhältnisse anstreben, sind demnach keine Religions- oder Weltanschauungsgemeinschaften, auch wenn sie ihre Ziele mit einer religiösen bzw. weltanschaulichen Motivation begründen.[708]

Die „Kirche des Fliegenden Spaghettimonsters Deutschland e.V." sieht die Verkündung bzw. Verbreitung des „evolutionären Humanismus" als klaren Fluchtpunkt. Der „evolutionäre Humanismus" steht im Mittelpunkt sämtlicher Aktivitäten und wird als Weltanschauung verstanden. Die „Kirche des Fliegenden Spaghettimonsters Deutschland e.V." distanziert sich dabei allerdings von allen politischen Aktivitäten.[709] Indem sie z. B. fordert, dass Kirchen unter das Vereinsrecht gestellt werden und sämtliche Sonderrechte verlieren sollen, strebt sie zwar eine Veränderung der bestehenden gesellschaftlichen Verhältnisse an. Dies stellt jedoch nicht das Hauptziel dar. Vielmehr sei die Forderung eine Ableitung aus der grundlegenden Überzeugung, dass Kirchen nur dann anderen, insbesondere weltanschaulichen Gemeinschaften gleichgestellt sein können, wenn weder die Kirchen noch andere Gruppierungen Sonderrechte haben.[710] Dies wiederum ergebe sich aus dem „evolutionären Humanismus".[711] Insofern ist auch das Kriterium der Zentralität erfüllt.

e) Glaubensverwirklichung als Zielsetzung (Konsistenz)

Unter dem Begriff „Konsistenz" wird der Zusammenhang zwischen der religiösen bzw. weltanschaulichen Überzeugung und der Praxis ihrer Träger verstanden. Das Konsistenzerfordernis verlangt dabei die Übereinstimmung zwischen den religiösen bzw. weltanschaulichen Überzeugungen bezüglich der Sinngebung, genauer gesagt, zwischen den sich aus dieser Überzeugung ergebenden Forderungen an die Praxis und der tatsächlichen Praxis der fraglichen

---

708 *Muckel*, Religiöse Freiheit und staatliche Letztentscheidung, 1997, S. 135.

709 Interview mit Rüdiger Weida II, S. 2 (Anlage 4).

710 Dass die Forderung nach einer Gleichbehandlung von Kirchen und anderen, weltanschaulichen Gruppierungen kein Argument gegen die Annahme einer Religions- bzw. Weltanschauungsgemeinschaft sein kann, ergibt sich schon aus der oben dargestellten Entwicklung des Begriffs der Weltanschauung in der deutschen Verfassung. Wie aufgezeigt, verfolgten auch die Freidenker das Ziel der Gleichbehandlung von Kirchen und anderen religiösen bzw. weltanschaulichen Gruppierungen. Es war diese Intention, die den Weimarer Kirchenkompromiss nach sich zog und somit dazu führte, dass der Begriff der Weltanschauung überhaupt in die Verfassung aufgenommen wurde.

711 Interview mit R. Weida II, S. 2 (Anlage 4).

Personen.[712] Zur Begründung dieses Erfordernisses wird angeführt, dass sich die identitätsbildende Bedeutung einer Überzeugung darin zeige bzw. zeigen müsse, dass sie nicht nur befürwortet, sondern auch in der Praxis zur Geltung gebracht werden müsse. Nur unter diesen Umständen handele es sich bei einer Überzeugung bezüglich religiöser Sinnstiftung um eine in diesem Sinne religiöse Überzeugung, die als solche besonderen verfassungsrechtlichen Schutz genieße.[713] Übertragen auf Gruppierungen heißt das, dass die gemeinsame Glaubensgrundlage von den Mitgliedern nicht nur bejaht, sondern auch durch die Tat konkret praktiziert werden muss.[714]

Nach *Pieroth/Görisch* ist dem sog. Baha'i-Beschluss des BVerfG bzw. der dortigen Formulierung, dass es sich bei einer religiösen Gruppierung auch „tatsächlich, nach geistigem Gehalt und äußerem Erscheinungsbild, um eine Religion und Religionsgemeinschaft handeln" müsse,[715] die vorgelagerte und selbstverständliche Voraussetzung zu entnehmen, dass die Zielsetzung umfassender Glaubensverwirklichung nicht nur als Vorwand für eine in Wirklichkeit völlig andersgeartete Betätigung sein dürfe. Bekenntnis und Handeln einer Gemeinschaft dürfen mithin nicht völlig auseinanderfallen. Innerhalb dieses extensiven Rahmens könne eine Gruppierung aber auch dann noch als Religionsgemeinschaft gelten, wenn einzelne ihrer Handlungen so ausfallen, dass diese nicht im Sinne der religiösen Freiheitsrechte zu schützen sind.[716]

Durch den „evolutionären Humanismus" ist allen Mitgliedern der „Kirche des Fliegenden Spaghettimonsters Deutschland e.V." verbindlich vorgegeben, Dogmen abzulehnen. Diese Forderung wird insofern von den Mitgliedern in der Praxis gelebt, als sie alles hinterfragen und nichts als gegeben annehmen.[717] Auch andere Überzeugungen verbleiben nicht in der Theorie, sondern werden von den Mitgliedern der „Kirche des Fliegenden Spaghettimonsters Deutschland e.V." regelmäßig in die Praxis umgesetzt. Als Beispiel hierfür ist die dem „evolutionären Humanismus" nach Schmidt-Salomon immanente Überzeugung anzuführen, dass der Mensch zwar prinzipiell zu altruistischem Handeln fähig, genetisch bedingt aber grundsätzlich egoistisch sei. Die „Kirche des Fliegenden

---

712 *Poscher*, in: Der Staat 39 (2000) 49, 65; *Isak*, Das Selbstverständnis der Kirchen und Religionsgemeinschaften, 1994, S. 146.

713 *Poscher*, in: Der Staat 39 (2000) 49, 65.

714 *Poscher*, in: Der Staat 39 (2000) 49, 66.

715 BVerfG, Beschl. v. 05.02.1991 – 2 BvR 263/86, BVerfGE 83, 341 (353).

716 *Pieroth/Görisch*, in: JuS 2002 937, 940.

717 Interview mit R. Weida II, S. 2 (Anlage 4).

Spaghettimonsters Deutschland e.V." beruft sich auf Schmidt-Salomon, demzufolge es kein Widerspruch sei, als es dem Menschen nur dann gut gehe, wenn es seinen Nächsten zumindest nicht schlecht gehe. Der Einzelne sei also rein aus Eigeninteresse bestrebt, seinen Nächsten Gutes angedeihen zu lassen. Denn nur so könne es ihm selbst gut gehen.[718] Im Geiste dieser Überzeugung sind die Mitglieder durch die „Zehn Angebote des evolutionären Humanismus" und die „8 Am Liebsten Wäre Mir's" dazu aufgefordert und verpflichtet, sich fair gegenüber ihren Mitmenschen zu verhalten, das Leid in der Welt zu mindern, nicht zu lügen, zu betrügen, zu stehlen, zu töten usw. Wer sich zwecks Begründung der Mitgliedschaft mit der Satzung der „Kirche des Fliegenden Spaghettimonsters Deutschland e.V." einverstanden erklärt, erkennt nicht nur die genannten Überzeugungen an, sondern verpflichtet sich auch, nach ihnen zu handeln.

Die Mitglieder der „Kirche des Fliegenden Spaghettimonsters Deutschland e.V." richten ihr Verhalten also an den für sie sinnstiftenden Überzeugungen aus. Die Zielsetzung, ihre Weltanschauung zu verwirklichen, ist mithin kein Vorwand für andere Tätigkeiten. Damit ist auch die Voraussetzung der Konsistenz erfüllt.

3. Fazit

Die in der Literatur und Rechtsprechung genannten Kriterien für das Vorliegen einer Weltanschauungsgemeinschaft werden durch die „Kirche des Fliegenden Spaghettimonsters Deutschland e.V." erfüllt.

---

718 Interview mit R. Weida II, S. 3 (Anlage 4).

E. Fazit und Thesen

I. Fazit

Im Ergebnis ist festzustellen, dass die von der „Kirche des Fliegenden Spaghettimonsters Deutschland e.V." vertretene Sichtweise, die hier als „Motivationsebene" bezeichnet wird, eine Weltanschauung ist. Der ontologische und der methodologische Naturalismus sind ebenso Weltanschauungen wie der „evolutionäre Humanismus" im Geiste der Giordano-Bruno-Stiftung. Die Forderung nach Aufhebung der bisherigen Privilegien der großen Kirchen ist im Zusammenhang mit den weiteren verfolgten Zielen ebenfalls als Ausdruck einer Weltanschauung zu beurteilen; jedenfalls spricht der Umstand, diese Ziele zu verfolgen, nicht dagegen, die ihnen zugrundeliegenden Überzeugungen als Weltanschauung zu klassifizieren.

Ebenfalls erfüllt die „Kirche des Fliegenden Spaghettimonsters Deutschland e.V." die in der Literatur und in der Rechtsprechung entwickelten Kriterien für das Vorliegen einer Weltanschauungsgemeinschaft im Sinne des Religionsverfassungsrechts des Grundgesetzes. Zudem ist die „Kirche des Fliegenden Spaghettimonsters Deutschland e.V." als sowohl antikirchlich als auch antireligiös einzustufen, da sie nicht nur die Kirchen ablehnt, sondern generell alle Religionen für schädlich erachtet. Die mit dieser Arbeit verfolgte Frage, ob antireligiöse bzw. antikirchliche Gemeinschaften Weltanschauungsgemeinschaften im Sinne des Religionsverfassungsrechts des Grundgesetzes sein können, ist somit zu bejahen.

Indem das BVerfG in seinem Beschluss vom 11.10.2018[719] ohne weitere Begründung festgestellt hat, dass eine weltanschauliche Betätigung der „Kirche des Fliegenden Spaghettimonsters Deutschland e.V." nicht plausibel gemacht wurde, stellt es sich gegen seine eigene Rechtsprechung, der zufolge es sich bei der Religionsfreiheit um ein einheitliches Grundrecht handelt und die Glaubensfreiheit nicht nur die innere Freiheit, zu glauben oder nicht zu glauben, umfasst, sondern auch die äußere Freiheit, seinen Glauben zu manifestieren, sich zu ihm zu bekennen und ihn zu verbreiten, wozu auch das Recht des Einzelnen gehört, sein gesamtes Verhalten an den Lehren seines Glaubens auszurichten und seiner inneren Glaubensüberzeugung gemäß zu handeln.[720] Wenn eine vorgetragene

719 BVerfG, Beschl. v. 11.10.2018 – 1 BvR 1984/17 = BeckRS 2018, 33460.

720 BVerfG, Beschl. v. 16.10.1968 – 1 BvR 241/66, BVerfGE 24, 236 (245); BVerfG, Beschl. v. 19.10.1971 – 1 BvR 387/65, BVerfGE 32, 98 (106); BVerfG,

innere Überzeugung, wie in diesem Fall, mit der pauschalen Begründung abgewiesen wird, sie sei nicht plausibel gemacht worden, widerspricht dies der extensiven Auslegung der Glaubensfreiheit in der Rechtsprechung des BVerfG. Es erscheint mithin fraglich, ob das BVerfG in diesem Fall seiner Aufgabe, das staatliche Handeln in seiner Gesamtheit an den Normen des Grundgesetzes zu messen, in hinreichender Tiefe nachgekommen ist.

Das BVerfG folgt mit seinem Beschluss dem OLG Brandenburg,[721] dem zufolge der Satzung der „Kirche des Fliegenden Spaghettimonsters Deutschland e.V." nicht zu entnehmen sei, dass der Verein von einem gemeinsamen weltanschaulichen Bekenntnis im Sinne positiver Überzeugungen getragen werde. Denn im Mittelpunkt des Wirkens des Vereins stehe nicht die Erklärung der Welt oder der Existenz des Menschen, sondern die mit satirischen Mitteln geführte Auseinandersetzung mit als intolerant und dogmatisch empfundenen Anschauungen und Handlungen.[722] Weiterhin stellt das OLG Brandenburg fest:

> „Bereits in § 2 (1) Satz der Vereinssatzung werden als Zweck des Vereins nicht die Pflege und Förderung eines bestimmten weltanschaulichen Bekenntnisses seiner Mitglieder benannt. Zielsetzung des Vereins sind neben ‚Bildung und Erziehung' sowie ‚Kunst und Kultur' die Förderung von religiösen Zwecken in ihrer Gleichbehandlung mit wissenschaftlich orientieren Weltanschauungen und einem besonderen Schwerpunkt auf dem ‚evolutionären Humanismus' der ‚Giordano-Bruno-Stiftung'. Diese Zielsetzungen werden in den darauffolgenden Sätzen dahin erläutert, dass die ‚Verbreitung' einer offenen und toleranten Ethik im Sinne des evolutionären Humanismus zur öffentlichen Meinungsbildung beitragen soll. Hierzu dient die ‚Religionssatire des Fliegenden Spaghettimonsters […] als künstlerisches Mittel', ‚um in satiretypsicher Art intolerante und dogmatische Anschauungen und Handlungen zu überhöhen und zu hinterfragen'. Dass es dem klagenden Verein in erster Linie nicht um die Pflege eines bestimmten (eigenen) weltanschaulichen Lebens seiner Mitglieder geht, sondern darum, andere, insbesondere religiöse, Weltanschauungen mit satirisch-parodistischen Mitteln in Frage zu stellen, wird nicht nur dadurch hervorgehoben, dass sich der Kläger – obgleich er das ‚Fliegende Spaghettimonster' selbst als Religionssatire ausweist und die Verbreitung ‚wissenschaftlich orientierter', also gerade nicht religiöser Weltanschauungen erreichen will – als ‚Kirche' und die Hinweisschilder als ‚Gottesdiensthinweistafeln' bezeichnet, und in den ‚Acht Am Liebsten Wäre Mir's' (Anlage K 15, Bl. 44 f. d.A.), die den Vereinsmitgliedern

Beschl. v. 24.09.2003 – BVerfGE 108, 282 (297); BVerfG, Beschl. v. 01.12.2009 – 1 BvR 2858/07, BVerfGE 125, 39 (79); BVerfG, Beschl. v. 27.01.2015 – 1 BvR 471/10, BVerfGE 138, 296 (329); BVerfG, Beschl. v. 18.10.2016 – 1 BvR 354/11, KirchE 68, 220 (231).

721 OLG Brandenburg, Urt. v. 02.08.2017 – 4 U 84/16, juris.

722 OLG Brandenburg, Urt. v. 02.08.2017 – 4 U 84/16, juris Rn. 62.

> nach § 3 (1) der Satzung als Richtschnur für ihre Ethik dienen sollen, mehrfach von ‚Meine Nudelige Göttlichkeit' die Rede ist."[723]

Wie sich hier zeigt, hat das OLG Brandenburg wichtige Prüfungen ausgelassen. Denn es hat sich nur mit der vordergründigen, satirischen Ebene auseinandergesetzt, ohne dabei zu erkennen, dass diese lediglich der Mantel ist, welcher um eine ernstgemeinte Motivation gelegt wird, die alle Kriterien für eine Weltanschauung erfüllt. Vor diesem Hintergrund ist es mit Blick auf die satirische Ebene als Versäumnis zu bezeichnen, dass das Gericht sich nicht mit der Frage befasst, ob die Satire, wenn diese genutzt wird, um die eigene Weltanschauung zum Ausdruck zu bringen, im Rahmen der Weltanschauungsausübungsfreiheit zu schützen wäre.

Im Urteil des Gerichts findet weder die Tatsache Berücksichtigung, dass die „Kirche des Fliegenden Spaghettimonsters Deutschland e.V." dezidiert einen konsequenten Naturalismus vertritt und verbreitet, noch wird dem Umstand Rechnung getragen, dass es sich beim „evolutionären Humanismus" um eine Weltanschauung handelt. Stattdessen beruft sich das Gericht in seinem Urteil, es gehe der „Kirche des Fliegenden Spaghettimonsters Deutschland e.V." nicht um die Pflege eines (eigenen) weltanschaulichen Lebens, allein darauf, dass sie sich der Satire bedient, um ihren Ansichten Ausdruck zu verleihen. Der Einschub „(eigenen)" könnte dahingehend interpretiert werden, dass das Gericht zwar die Förderung und Verbreitung des „evolutionären Humanismus" der Giordano-Bruno-Stiftung anerkennt, darin aber keine eigene Weltanschauung erkennt. Wäre dies tatsächlich so gemeint gewesen, könnte aber auch dieses Argument nicht standhalten. Denn dann müsste das Gericht auch den Lehren kleinerer christlichen Kirchen und Gemeinden, die sich zwar am katholischen oder evangelischen Glauben orientieren, ohne jedoch zu einer der beiden Kirchen zu gehören, die Religionseigenschaft absprechen. In ähnlicher Weise ist es zu beurteilen, wenn das Gericht feststellt:

> „Dass die Mitglieder des klagenden Vereins ‚keine Dogmen' kennen und ‚ihre gefundenen Einstellungen und Festlegungen immer wieder an der sich ändernden Realität' überprüfen und anpassen, ‚wenn neue Erkenntnisse und Erfahrungen das erfordern', rundet das Bild, dass es dem klagenden Verein an einem Bekenntnis zu einer gemeinsamen Weltanschauung fehlt – und es ihm lediglich darauf ankommt, gegen ‚intolerante und dogmatische' (Welt)Anschauungen und Handlungen mit dem Mittel der Religionssatire vorzugehen –, ab."[724]

---

723 OLG Brandenburg, Urt. v. 02.08.2017 – 4 U 84/16, juris Rn. 63.

724 OLG Brandenburg, Urt. v. 02.08.2017 – 4 U 84/16, juris Rn. 69.

Auch hier wird deutlich, dass das Gericht sich nicht mit dem Inhalt des „evolutionären Humanismus“ auseinandergesetzt hat, sondern sein Augenmerk nur auf die Satire gelegt hat. Denn die Auffassung, es sei nötig, die eigenen Einstellungen und Festlegungen immer wieder aufs Neue zu überprüfen und an die sich ändernde Realität anzupassen, ist eines der Wesensmerkmale des „evolutionären Humanismus“. Insofern ist das Urteil, dem Verein fehle es an einem gemeinsamen Bekenntnis zu einer Weltanschauung, weil die Mitglieder sich und ihre Ansichten regelmäßig hinterfragen, schwer nachzuvollziehen. Mit demselben Argument wäre jedenfalls vorzutragen, dass es den Mitgliedern der Katholischen Kirche an einem gemeinsamen Bekenntnis zu einer Religion fehle, da diese, wie jüngst geschehen, ihre Ansichten so nachhaltig hinterfragen, dass eine Synodalversammlung weitreichende Änderungen beschließt.[725]

Diese punktuelle Fokussierung auf die Satire, die verkennt, dass es das Wesen von Satire ist, einen ernsten Hintergrund in uneigentlicher Rede zum Ausdruck zu bringen, findet sich auch in der Literatur. So sagen *von Campenhausen/de Wall* in einer Fußnote, dass es sich bei der „Kirche des Fliegenden Spaghettimonsters Deutschland e.V.“ in erster Linie um Religionskritik oder -verhöhnung, nicht jedoch um eine eigene Welterklärung handle, wie sie Religionen und Weltanschauungen zu eigen sei. Weiter führen *von Campenhausen/de Wall* aus, dass auf der Internetpräsenz der „Kirche des Fliegenden Spaghettimonsters Deutschland e.V.“ zwar die „Zehn Angebote des evolutionären Humanismus“ wiedergegeben werden, die durchaus als Ausdrucksform einer Weltanschauung bewerten werden könnten. Da diese aber mit einer ironisierenden Einführung versehen seien, werde die Möglichkeit einer ernst gemeinten, positiven Stellungnahme sogleich beseitigt.[726] Nach der hier vertretenen Auffassung und den aufgezeigten Prämissen zur Satire beseitigen Ironie und Satire die Ernsthaftigkeit aber nicht, sondern kleiden diese lediglich in ein anderes Gewand.

Zusammenfassend ist zu konstatieren, dass die „Kirche des Fliegenden Spaghettimonsters Deutschland e.V.“ alle Voraussetzungen einer Weltanschauungsgemeinschaft im Sinne des Religionsverfassungsrechts des Grundgesetzes erfüllt.

Wenn demnach antireligiöse bzw. antikirchliche Gemeinschaften eine Lehre vertreten, die eine Weltanschauung im Sinne des Religionsverfassungsrecht des Grundgesetzes darstellt und die in dieser Arbeit[727] dargestellten Kriterien

---

725 Vgl. https://www.dbk.de/presse/aktuelles/meldung/fuenfte-synodalversammlung-sendet-kirche-in-deutschland-auf-einen-dauerhaften-synodalen-weg, aufgerufen am 14.05.2023.

726 *v. Campenhausen/de Wall*, Religionsverfassungsrecht, ^{5}2022, S. 67.

727 S. 177 ff.

erfüllen, kann es sich um Weltanschauungsgemeinschaften im Sinne des Religionsverfassungsrechts des Grundgesetzes handeln.

II. Thesen

1) Art. 4 Abs. 1 und 2 GG enthält mehrere eigenständige Gewährleistungen, nämlich die Glaubensfreiheit, die Gewissensfreiheit, die Bekenntnisfreiheit und die Religionsausübungsfreiheit.
2) Die religiöse und weltanschauliche Vereinigungsfreiheit ergibt sich nicht aus Art. 4 Abs. 1 und 2 GG, sondern aus Art. 140 GG i. V. m. Art. 137 Abs. 2 WRV.
3) Es steht dem staatlichen Neutralitätsgebot nicht entgegen, Religionsgemeinschaft und Weltanschauungsgemeinschaft juristisch zu definieren.
4) Der methodologische und der ontologische Naturalismus sind Weltanschauungen im Sinne des Grundgesetzes.
5) Der „evolutionäre Humanismus" nach Schmidt-Salomon ist eine Weltanschauung im Sinne des Grundgesetzes.
6) Die „Kirche des Fliegenden Spaghettimonsters Deutschland e.V." ist eine Weltanschauungsgemeinschaft im Sinne des Religionsverfassungsrechts des Grundgesetzes.
7) Die „Kirche des Fliegenden Spaghettimonsters Deutschland e.V." ist antikirchlich und antireligiös.
8) Antikirchliche und antireligiöse Gemeinschaften können Weltanschauungsgemeinschaften im Sinne des Religionsverfassungsrechts des Grundgesetzes sein.

F. Literaturverzeichnis

Abel, Ralf B., Zeugen Jehovas keine Körperschaft des öffentlichen Rechts – Besprechung von BVerwG, Urteil vom 26.06.1997 – 7C/96, in: NJW 1997, S. 2345–2408.

Anglberger, Albert J. J. (Hrsg.), Neuer Atheismus wissenschaftlich betrachtet, Frankfurt a. M. 2010

Annuß, Georg, Das Allgemeine Gleichbehandlungsgesetz im Arbeitsrecht, in: BB 2006, S. 1629–1635.

Anschütz, Gerhard, Die Verfassung des Deutschen Reichs vom 11. August 1919 – Ein Kommentar für Wissenschaft und Praxis, 10. Aufl., Berlin.

Antes, Peter/de Wall, Heinrich (Hrsg.), Religions- und Weltanschauungsfreiheit – Verfassungsrechtliche Grundlagen und konfessionelle Perspektiven, Stuttgart 2018.

Baab, Florian, Was ist Humanismus? Geschichte des Begriffes, Gegenkonzepte, säkuläre Humanismen heute, Regensburg 2013.

Badura, Peter, Der Schutz von Religion und Weltanschauung durch das Grundgesetz – Verfassungsfragen zur Existenz und Tätigkeit der neuen „Jugendreligionen", Tübingen 1989.

Ders., Staatsrecht – Systematische Erläuterung des Grundgesetzes für die Bundesrepublik Deutschland, 7. Aufl., München 2018.

Bagheri, Talayeh, Der funktionsbestimmte Begriff der Religionsgemeinschaft. Die Voraussetzungen des Begriffs i. S. d. Art. 7 Abs. 3 S. 2 GG und deren Erfüllbarkeit durch muslimische Gemeinschaften, Berlin/Münster 2019.

Beckermann, Ansgar, Glaube, Berlin 2013.

Ders,/Schulte, Peter, Naturalismus – Entwurf eines wissenschaftlich fundierten Welt- und Menschenbilds, Paderborn 2021.

Breul, Martin/Langenfeld, Aaron/Rosenhauer, Sarah/Schiefen, Fana, Gibt es Gott wirklich? – Gründe für den Glauben: ein Streitgespräch, Freiburg u. a. 2022.

von Campenhausen, Axel, § 157 Religionsfreiheit, in: *Isensee, Josef/Kirchhof, Paul* (Hrsg.), Handbuch des Staatsrechts – Band VII: Freiheitsrechte, Heidelberg 2009.

Ders,/de Wall, Heinrich, Religionsverfassungsrecht – Eine systematische Darstellung: ein Studienbuch, 5. Aufl., München 2022.

Cancik, Hubert, Humanismus, Berlin/Boston 2016.

Chryssides, George D., Historical Dictionary of New Religious Movements, 2nd ed., Lanham, MD 2012.

Classen, Claus Dieter, Staatsrecht II – Grundrechte: ein Studienbuch, München 2019.

Creifelds, Carl/Weber, Klaus/Aichberger, Thomas, Rechtswörterbuch, 23. Aufl. 2019.

Czermak, Gerhard/Hilgendorf, Eric, Religions- und Weltanschauungsrecht – Eine Einführung, 2. Aufl., Berlin, Heidelberg 2018.

Dankmeier, Ulrich, Naturwissenschaft und Christentum im Konflikt – Die Konstruktion konkurrierender Weltanschauungen unter dem Einfluss des naturwissenschaftlichen Paradigmas durch den Deutschen Monistenbund und den Keplerbund am Beginn des 20. Jahrhunderts, Frankfurt am Main 2008.

Dawkins, Richard, Der Gotteswahn, Berlin 2011.

Däubler, Wolfgang/Hjort, Jens Peter/Schubert, Michael/Wolmerath, Martin (Hrsg.), Arbeitsrecht, Baden-Baden 2022.

Diringer, Arnd, Scientology – Verbotsmöglichkeit einer verfassungsfeindlichen Bekenntnisgemeinschaft, Frankfurt am Main 2003.

Dittmer, Jörg/Kemnitzer, Jan/Pietsch, Michael/Adolphi, Rainer/Fritz, Martin/Seiler, Stefan/Jäger, Sarah/Eyselein, Christian, Christlich-jüdisches Abendland? – Perspektiven auf Europa, Stuttgart 2020.

Dreier, Horst (Hrsg.), Grundgesetz – Kommentar. Band I: Präambel, Artikel 1–19, 3. Aufl., Tübingen 2018 (zit. *Bearbeiter*, in: Dreier (Hrsg.), Grundgesetz).

Ders., Grundgesetz – Kommentar. Band I: Präambel, Artikel 1–19, 4. Aufl., Tübingen 2023 (zit. *Bearbeiter*, in: Dreier (Hrsg.), Grundgesetz, 4. Aufl.).

Ders. (Hrsg.), Grundgesetz – Kommentar. Band III: Artikel 83–146, 3. Aufl., Tübingen 2018.

Ders., Staat ohne Gott – Religion in der säkularen Moderne, München 2018.

Dürig, Günter (Begr.), Grundgesetz – Kommentar. Band I: Art. 1–5, München 2021 (zit. *Bearbeiter*, in: Dürig/Herzog/Scholz, Grundgesetz).

Dies., (Begr.), Grundgesetz. Kommentar – Bd. VII Art. 107–146, München 2021(zit. *Bearbeiter*, in: Dürig/Hezog/Scholz, Grundgesetz).

Engel, Gerhard, Evolutionärer Humanismus als Integrationswissenschaft, in: *Groschopp, Horst* (Hrsg.), Humanismusperspektiven, Aschaffenburg 2010, S. 112–131.

Epping, Volker/Hillgruber, Christian (Hrsg.), BeckOK Grundgesetz, 50. Edition, München 2022 (zit. *Bearbeiter*, in: Epping/Hillgruber (Hrsg.), BeckOK GG).

Freud, Sigmund, Vorlesungen zur Einführung in die Psychoanalyse. Und Neue Folge, 8. Aufl., Frankfurt am Main 1969.

Friedrichs, Nils, Integration von religiöser Vielfalt durch Religion? – Der Einfluss und Stellenwert religiöser Orientierungen bei der Wahrnehmung von religiöser Vielfalt und Muslimen, Wiesbaden 2020.

Frindte, Wolfgang, Quo Vadis, Humanismus? Wir wir unsere Menschlichkeit erhalten können – Historische Kontexte, Psychologische Reflexionen, Judenfeindliche Angriffe, Heidelberg 2021.

Fromm, Erich, Zum Problem einer umfassenden philosophischen Anthropologie. In: Erich Fromm Gesamtausgabe in zwölf Bänden, Band IX, 2. S. 19–27, München 1999.

Gäb, Sebastian/Wiertz, Oliver J./Gasser, Georg/Stammer, Dennis/Honnacker, Ana/Dormandy, Katherine/Harrison, Victoria S./Bouriau, Christophe, Religion und Pluralität, Stuttgart 2020.

Geis, Max-Emanuel (Hrsg.), Staat, Kirche, Verwaltung – Festschrift für Hartmut Maurer zum 70. Geburtstag, München 2001

Gemelli Marciano, Laura, Die Vorsokratiker 3 – Band 3. Griechisch – Deutsch, 2. Aufl., Berlin/Boston 2013.

Gotthard, Axel, Der Augsburger Religionsfriede, 2. Aufl., Münster 2006.

Grabnitz, Eberhard/Hilf, Meinhard (Hrsg.), Das Recht der Europäischen Union, München 2022.

Graf, Friedrich Wilhelm/Meier, Heinrich, Politik und Religion – Zur Diagnose der Gegenwart, München 2013.

Griebel, Björn, Die Religionsgesellschaft zwischen Staatsrecht und Europarecht, Baden-Baden 2014.

Groschopp, Horst (Hrsg.), Humanismusperspektiven, Aschaffenburg 2010

Gröpl, Christoph/Windthorst, Kay/von Coelln, Christian, Grundgesetz – Studienkommentar, 5. Aufl., München 2022.

Heckel, Christian, Migration aus religiösen Gründen, in: ZAR 34 (2014), S. 157–163.

Heckel, Martin, Zur Ordnungsproblematik des Staatskirchenrechts im säkularen Kultur- und Sozialstaat, in: JZ 1994, S. 425–431.

Ders., Vom Religionskonflikt zur Ausgleichsordnung – Der Sonderweg des deutschen Staatskirchenrechts vom Augsburger Religionsfrieden 1555 bis zur Gegenwart, München 2007.

Heimann, Benjamin, Der Begriff der Religionsgesellschaft im Grundgesetz und der organisierte Islam, Göttingen 2014.

Heinig, Hans Michael, Säkularer Staat – viele Religionen. Religionspolitische Herausforderungen der Gegenwart, Freiburg im Breisgau 2018.

Hellermann, Johannes, Die sogenannte negative Seite der Freiheitsrechte, Berlin 1993.

Henderson, Bobby, The Gospel of the Flying Spaghetti Monster, London 2006.

Ders., The Gospel of the Flying Spaghetti Monster, New York 2006 (zit. *Henderson*, Gospel of the Flying Spaghetti Monster).

Ders., Das Evangelium des Fliegenden Spaghettimonsters, München 2008.

Herder, Verlag (Hrsg.), Staatslexikon: Recht – Wirtschaft – Gesellschaft. Bd. 4: Milieu – Schuldrecht, Freiburg 2020.

Hitchens, Christopher, Der Herr ist kein Hirte – Wie Religion die Welt vergiftet, 4. Aufl., München 2007.

Hoffmann, Patrick, Die Weltanschauungsfreiheit, Dissertation, Berlin 2012 (zit. *Hoffmann*, Weltanschauungsfreiheit).

Höfling, Wolfram/Augsberg, Steffen/Rixen, Stephan (Hrsg.), Berliner Kommentar zum Grundgesetz, Berlin 2000 (zit. *Bearbeiter*, in: Höfling/Augsberg/Rixen (Hrsg.), Berliner Kommentar zum GG).

Hufen, Friedhelm, Staatsrecht II – Grundrechte, 9. Aufl., München 2021.

Huxley, Julian, Der evolutionäre Humanismus – 10 Essays über d. Leitgedanken u. Probleme, München 1964.

Ipsen, Jörn, Grundrechte, 23. Aufl., München 2020.

Isak, Axel, Das Selbstverständnis der Kirchen und Religionsgemeinschaften, Berlin 1994.

Isensee, Josef, Bildersturm durch Grundrechtsinterpretation – Der Kruzifix-Beschluß des BVerfG, in: ZRP 29 (1996), S. 10–15.

Isensee, Josef/Kirchhof, Paul (Hrsg.), Handbuch des Staatsrechts – Band VII: Freiheitsrechte, 3. Aufl., Heidelberg 2009.

Jarass, Hans D./Pieroth, Bodo (Hrsg.), Grundgesetz für die Bundesrepublik Deutschland – Kommentar, 17. Aufl., München 2022 (zit. *Bearbeiter*, in: Jarass/Pieroth (Hrsg.), Kommentar zum GG).

Jurina, Josef, Der Rechtsstatus der Kirchen und Religionsgemeinschaften im Bereich ihrer eigenen Angelegenheiten, Berlin 1972.

Klein, Franz/Gersch, Eva-Maria/Jäger, Markus/Rätke, Bernd/Ratschow, Eckart/Rüsken, Reinhart/Werth, Franceska, Abgabenordnung: einschließlich Steuerstrafrecht, 15. Aufl., München 2020.

Klinkhammer, Gritt/Neumaier, Anna, Religiöse Pluralitäten – Umbrüche in der Wahrnehmung religiöser Vielfalt in Deutschland, Bielefeld 2020.

Korsch, Dietrich, Antwort auf Grundfragen christlichen Glaubens – Dogmatik als integrative Disziplin, 2. Aufl., Tübingen 2020.

Kourilo, Olga, Der konfessionelle Faktor bei der Integration und Desintegration der russischen Gesellschaft in der heutigen Zeit, in: ZRGG 52 (2000), S. 141–159.

Kreiner, Armin, Was ist neu am „Neuen Atheismus", in: Anglberger, Albert J. J. (Hrsg.), Neuer Atheismus wissenschaftlich betrachtet, Frankfurt a. M. 2010, S. 1–19.

Kutschera, Ulrich, Evolutionsbiologie, 4. Aufl., Stuttgart 2015.

Leinkauf, Thomas, Geschichte der Philosophie, Bd. 6, Die Philosophie des Humanismus und der Renaissance, München 2020.

Leonhard, Clemens, The Jewish Pesach and the Origins of the Christian Easter – Open Questions in Current Research, Berlin 2006.

Link, Christoph, Kirchliche Rechtsgeschichte – Kirche, Staat und Recht in der europäischen Geschichte von den Anfängen bis ins 21. Jahrhundert: ein Studienbuch, 3. Aufl., München 2019.

Listl, Joseph, Das Grundrecht der Religionsfreiheit in der Rechtsprechung der Gerichte der Bundesrepublik Deutschland, Berlin 1971.

Ders., Die Religionsfreiheit als Indivual- und Verbandsgrundrecht in der neueren deutschen Rechtsentwicklung und im Grundgesetz. In: Essener Gespräche zum Thema Staat und Kirche (3), Münster 1969, S. 34 -95.

Löffler, Winfried, Einführung in die Religionsphilosophie, Darmstadt 2019.

Lüddeckens, Dorothea/Walthert, Rafael, Fluide Religion – Neue religiöse Bewegungen im Wandel. Theoretische und empirische Systematisierungen, Bielefeld 2010.

von Mangoldt, Hermann/Klein, Friedrich/Starck, Christian (Hrsg.), Kommentar zum Grundgesetz, Band 1 – Präambel, Artikel 1–19, 7. Aufl., München 2018 (zit. *Bearbeiter*, in: v. Mangoldt/Klein/Starck (Hrsg.), Kommentar zum GG, Band 1).

Dies., (Hrsg.), Kommentar zum Grundgesetz, Band 3 – Artikel 83 bis 146, 7. Aufl., München 2018 (zit. *Bearbeiter*, in: v. Mangoldt/Klein/Starck (Hrsg.), Kommentar zum GG, Band 3).

Manssen, Gerrit, Staatsrecht II – Grundrechte, 19. Aufl., München 2022.

Masetti, Edith, Das (neue) Menschenbild der Renaissance, Repräsentation in der Kunst in Italien von 1350 bis 1650, Klagenfurt 2021.

Mertesdorf, Christine, Weltanschauungsgemeinschaften. Eine verfassungsrechtliche Betrachtung mit Darstellung einzelner Gemeinschaften, Frankfurt am Main u. a. 2008.

Mertin, Katja, Zwischen Anpassung und Konfrontation. Die Religiöse Rechte in der amerikanischen Politik, Wiesbaden 2004.

Miller, Fredric P./Vandome, Agnes F./McBrewster, John, Flying Spaghetti Monster – Deity, Parody Religion, Kansas Evolution Hearings, Evolution, Intelligent Design, Creator Deity, Supernatural, Atheism, Agnosticism, Russell's teapot, The Gospel of the Flying Spaghetti Monster, Beau Bassin, Mauritius 2011.

Muckel, Stefan, Religionsfreiheit für die „Church of Scientology"?, in: KuR 1999, S. 81–86.

Ders., Religiöse Freiheit und staatliche Letztentscheidung – Die verfassungsrechtlichen Garantien religiöser Freiheit unter veränderten gesellschaftlichen Verhältnissen, Berlin 1997.

Ders., Religionsfreiheit gestern, heute, morgen, Baden-Baden 2017.

Ders., Antworten des staatlichen Religionsrechts auf Herausforderungen durch den Islam, in: Groschopp, Horst (Hrsg.), Humanismusperspektiven, Aschaffenburg 2010, S. 61–78.

Ders., Religionsgemeinschaften als Körperschaften des öffentlichen Rechts – Zur aktuellen Diskussion um die Verleihung der Körperschaftsrechte, in: Der Staat 38 (1999), S. 569–593.

Ders., Staat und Kirche in Deutschland, in: Revista catalana de dret public, 2006, S. 267–293.

Ders., Wann ist eine Gemeinschaft Religionsgemeinschaft? – Überlegungen zum Begriff der Religionsgemeinschaft im Sinne von Art. 7 Abs. 3 GG unter besonderer Berücksichtigung muslimischer Dachverbände, in: Rees, Wilhelm (Hrsg.), Recht in Kirche und Staat – Joseph Listl zum 75. Geburtstag, Bd. 48, Berlin 2011, S. 715–742.

Ders./Schaub, Annkathrin, Europarechtliche Vorgaben für religiösen und weltanschaulichen Pluralismus, in: EuR (57) 2022, S. 423–521.

Ders./Traub, Thomas, Religiöse Vereine und Gesellschaften, in: Pirson, Dietrich/ Rüfner, Wolfgang u. a. (Hrsg.), Handbuch des Staatskirchenrechts der Bundesrepublik Deutschland, Berlin 2020, S. 1103–1130.

Mückl, Stefan, Art. 4 GG, in: Dolzer, R./Vogel, K. (Hrsg.), Bonner Kommentar zum Grundgesetz, Heidelberg (zit. *Mückl*, Bonner Kommentar zum GG).

Müller, Daniel Bernhard/Dittrich, Lars (Hrsg.), Linien der Rechtsprechung des Bundesverfassungsgerichts, Berlin/Boston 2022.

Müller-Glöge, Rudi/Preis, Ulrich/Schmidt, Ingrid (Hrsg.), Erfurter Kommentar zum Arbeitsrecht, 22. Aufl., München 2022 (zit. *Bearbeiter*, in: Müller-Glöge/ Preis/Schmidt (Hrsg.), Erfurter Kommentar zum Arbeitsrecht).

von Münch, Ingo von/Kunig, Philip (Hrsg.), Grundgesetz – Kommentar. Band I (Präambel bis Art. 20), 7. Aufl., München 2021.

Mynarek, Hubertus, Vom wahren Geist der Humanität – Der evolutionäre Naturalismus ist kein Humanismus: die Giordano-Bruno-Stiftung in der Kritik, Alsdorf Juli 2017.

Neumann, Jacqueline/Czermak, Gerhard/Merkel, Reinhard/Putzke, Holm (Hrsg.), Aktuelle Entwicklungen im Weltanschauungsrecht, Baden-Baden 2019

Phlipsen, Katharina, Der Begriff der Religionsgemeinschaft nach dem Grundgesetz – Das christlich geprägte Vorverständnis als Problem des Religionsverfassungsrechts, Münster 2023.

Pieroth, Bodo/Görisch, Christoph, Was ist eine Religionsgemeinschaft?, in: JuS 2002, S. 937–941.

Pinker, Steven, Aufklärung jetzt. Für Vernunft, Wissenschaft, Humanismus und Fortschritt. Eine Verteidigung. Frankfurt/Main 2015.

Pirson, Dietrich/Rüfner, Wolfgang/Germann, Michael/Muckel, Stefan (Hrsg.), Handbuch des Staatskirchenrechts der Bundesrepublik Deutschland, 3. Aufl., Berlin 2021.

Pollack, Detlef/Krech, Volkhard/Müller, Olaf/Hero, Markus (Hrsg.), Handbuch Religionssoziologie, Wiesbaden 2018.

Poscher, Ralf, Totalität – Homogenität – Zentralität – Konsistenz: Zum verfassungsrechtlichen Begriff der Religionsgemeinschaft, in: Der Staat 39 (2000), S. 49–67.

Rath, Winfried, Was ist eine Weltanschauungsgemeinschaft? Zum Fall der Kirche des Fliegenden Spaghettimonsters, in: Neumann, Jacqueline/Czermak, Gerhard/Merkel, Reinhard/Putzke, Holm (Hrsg.), Aktuelle Entwicklungen im Weltanschauungsrecht, Baden-Baden 2019, S. 103–116 (zit. Rath, Weltanschauungsrecht).

Rees, Wilhelm (Hrsg.), Recht in Kirche und Staat – Joseph Listl zum 75. Geburtstag, Bd. 48, Berlin 2011

Sachs, Michael (Hrsg.), Grundgesetz. Kommentar, 9. Aufl., München 2021.

Schinkele, Brigitte, Ist die „Kirche des Fliegenden Spaghettimonsters" eine Religionsgemeinschaft bzw. ihre „Lehre" eine Religion?, in: öarr 67 (2020), S. 1–45.

Schmidt-Salomon, Michael, Hoffnung Mensch. Eine bessere Welt ist möglich, München 2014.

Ders., Manifest des evolutionären Humanismus. Plädoyer für eine zeitgemäße Leitkultur, 2. Aufl., Aschaffenburg 2014.

Ders., Der blinde Fleck des deutschen Rechtssystems. Über die Missachtung des Gebots der weltanschaulichen Neutralität, in: Aufklärung und Kritik, 2018, S. 61–87 (zit. Schmidt-Salomon, Weltanschauungsrecht).

Schubert, Claudia (Hrsg.), Münchener Kommentar zum Bürgerlichen Gesetzbuch. Bd. 1: Allgemeiner Teil §§ 1–240, AllgPersönlR, ProstG, AGG, 9. Aufl., München 2021 (zit. *Bearbeiter*, in: Schubert (Hrsg.), MüKo BGB).

Smith, Adam, Der Wohlstand der Nationen. Eine Untersuchung seiner Natur und seiner Ursachen, München 2018.

Steinberg, Rudolf, Vom Staatskirchenrecht zu einem zeitgemäßen Religionsrecht. Religion in einer multireligiösen Gesellschaft, Baden-Baden 2021.

Stemmler, Thomas, Das „Neminem-laedere-Gebot". Zur Frage des Begriffs und der Existenz schutzbereichsimmanenter Grenzen der Freiheitsgrundrechte im Unterschied zu den so genannten verfassungsimmanenten Schranken; zugleich eine Abhandlung über die Weite des Grundrechtstatbestandes, Frankfurt am Main u. a. 2005.

Stern, Klaus, Das Staatsrecht der Bundesrepublik Deutschland, Band IV/2. Die einzelnen Grundrechte, München 2011.

Stern, Klaus/Sodan, Helge/Möstl, Markus (Hrsg.), Das Staatsrecht der Bundesrepublik Deutschland im europäischen Staatenverbund, München 2022.

Sukopp, Thomas, Naturalismus. Kritik und Verteidigung erkenntnistheoretischer Positionen, Berlin 2006.

Tiedemann, Paul, Religionsfreiheit: Menschenrecht oder Toleranzgebot? Was Religion ist und warum sie rechtlichen Schutz verdient, Berlin, Heidelberg 2012.

Towfigh, Emanuel V., Die rechtliche Verfassung von Religionsgemeinschaften. Eine Untersuchung am Beispiel der Bahai, 2. Aufl., Tübingen 2021.

Tricoire, Damien, Die Aufklärung, Köln 2023.

Trofaier-Leskovar, Valerie, Die „Kirche des Fliegenden Spaghettimonsters" Ein religionsrechtliches Verfahren wird zu einer „unendlichen Geschichte", öarr 67 (2020), S. 84–99.

Uhle, Arnd, § 29 Staatskirchenrecht, in: Stern, Klaus/Sodan, Helge/Möstl, Markus (Hrsg.), Das Staatsrecht der Bundesrepublik Deutschland im europäischen Staatenverbund, Bd. 1, 2. Aufl., München 2022 (zit. *Uhle*, Staatskirchenrecht, Bd. 1).

Unruh, Peter, Religionsverfassungsrecht, 4. Aufl., Baden-Baden 2018.

Veelken, Sebastian, Das Verbot von Religions- und Weltanschauungsgemeinschaften, Münster 1999.

Vollmer, Gerhard, Im Lichte der Evolution. Darwin in Wissenschaft und Philosophie, Stuttgart 2016.

Vosgerau, Ulrich, Freiheit des Glaubens und Systematik des Grundgesetzes. Zum Gewährleistungsgehalt schrankenvorbehaltloser Grundrechte am Beispiel der Glaubens- und Gewissensfreiheit, Berlin 2010.

Vowinkel, Bernd, Wissen statt Glauben! Das Weltbild des neuen Humanismus, Berlin/München 2018.

Wakonigg, Daniela/Rath, Winfried, Das Fliegende Spaghettimonster. Religion oder Religionsparodie?, Aschaffenburg 2017.

de Wall, Heinrich/Muckel, Stefan, Kirchenrecht. Ein Studienbuch, 6. Aufl., München 2022.

Willms, Gerald, Die wunderbare Welt der Sekten. Von Paulus bis Scientology, Göttingen 2012.

Wilms, Heinrich, Glaube und Weltanschauung - ein Abgrenzungsproblem, in: Geis, Max-Emanuel (Hrsg.), Staat, Kirche, Verwaltung. Festschrift für Hartmut Maurer zum 70. Geburtstag, München 2001, S. 493–506 (zit. *Wilms*, Staat, Kirche, Verwaltung).

Zager, Werner, Der neue Atheismus. Herausforderung für Theologie und Kirche, Darmstadt 2017.

Zander, Helmut, „Europäische" Religionsgeschichte, Religiöse Zugehörigkeit durch Entscheidung - Konsequenzen im interkulturellen Vergleich, Oldenbourg 2016.

Zillmann, Raik, Zwischen Glaube und Familie - Religiös verschiedene Ehen bei Jehovas Zeugen, Wiesbaden 2015 (zit. *Zillmann*, Glaube und Familie).

Zippelius, Reinhold/Würtenberger, Thomas, Deutsches Staatsrecht, 33. Aufl., München 2020.

Anlage 1: Interview mit Rüdiger Weida (I) vom 01.03.2021

Herr Weida, vielen Dank, dass Sie sich die Zeit nehmen, mir einige Fragen zur „Kirche des Fliegenden Spaghettimonsters Deutschland e.V.", dessen Vorstandsvorsitzender Sie waren, zu beantworten. Zunächst interessiert es mich sehr, wie die „Kirche des fliegenden Spaghettimonsters in Deutschland e.V." entstanden ist. Können Sie mir die Entwicklung skizzieren?

Wir sind entstanden um 2005. Bobby[728] ist erst im Mai 2005 aktiv geworden. Zunächst gab es fünf bis sechs einzelne Gemeinden. Deutschland hat schnell Gemeinden gegründet. Als Gemeinde galt es damals schon, wenn man einen Blog ins Internet gestellt hat. In Dresden gab es eine, in Frankfurt, in Hamburg, in der Uckermark und in Berlin und in Barnim. Von den ersten Gemeinden sind heute alle nicht mehr aktiv. Aktiv sind von diesen nur noch die Gemeinden in der Uckermark und in Berlin.

Im Laufe der Zeit hatten wir dann auch Gemeinden in Leipzig, in Köln und im Ruhrgebiet. Einige sind wieder eingegangen, weil es einen Motor braucht. Dresden gibt es nicht mehr, weil die Gründerin nach Frankfurt zog. Dort hat sie eine Gemeinde gegründet, die es aber auch nicht mehr gibt, weil sie wieder weggezogen ist. Jetzt sind noch folgende Gemeinden aktiv: Leipzig, Berlin, Uckermark, Ruhrgebiet, Köln und Osnabrück.

Die Gemeinde Uckermark war die erste, die habe ich gegründet. Etwas später kamen dann Berlin und noch etwas später Barnim. Diese drei Gemeinden haben sich im September 2006 in Templin getroffen und die „Kirche des fliegenden Spaghettimonsters Berlin-Brandenburg e.V." gegründet. Damit waren wir weltweit die erste juristische Person. Das ging bis 2011. 2011 sind wir gemeinnützig geworden. Wir sind damals davon ausgegangen, dass überall Landeskirchen gegründet werden, so wie bei der evangelischen Kirche Deutschland. Das ist aber nicht passiert. Wir wurden gebeten, Mitglieder aus anderen Bundesländern aufzunehmen. Dann haben wir uns geöffnet und heißen seitdem „Kirche des fliegenden Spaghettimonsters Deutschland e.V.".

Vorher gab es einen Versuch einer Gründung in Frankfurt am Main. In Frankfurt war damals die größte Gemeinde mit dem dortigen Gründer Smottje Niels. Mit ihm hatten wir damals vor, den „Zentralrat der Pastafari" in Deutschland zu

728 Anmerkung: Gemeint ist Bobby Henderson.

gründen. Das haben wir im Ansatz auch gemacht. Wir hatten auch schon eine Gründungsversammlung gehalten. Leider ist der Smottje Niels dann aber – vermutlich aus Krankheit – ausgestiegen und es kam nie zur Eintragung des Vereins.

Die Mitglieder kamen alle aus Unikreisen.

Es gab am Anfang auch ein sehr aktives Forum in Deutschland über die Homepage venganza.info. Darüber haben wir uns alle kennengelernt. Leider sind viele Informationen von dort nicht mehr da, nachdem es zu einem Hacker-Angriff kam.

Was macht die Gemeinden heute aus?

Das mit den Blogs ist weg. Von den aufgezählten Gemeinden hat keine mehr einen Blog. Es sind wirkliche Gemeinden vor Ort, die sich auch richtig treffen.

Sind die Gemeinden Ihrem Verein angeschlossen?

Ja, aber die Chefs der jeweiligen Gemeinden haben in dem Verein keine Funktion. Die Gemeinden bestehen gemischt aus Vereinsmitgliedern und Nicht-Vereinsmitgliedern. Die Vereinsmitglieder haben in den Gemeinden den Hut auf.

Es gibt eine Gemeinde – ich weiß gerade nicht welche –, die gar keinen Bezug zum Verein hat.

Bitte schreiben Sie sich auf: „Die Rolle der Gemeinden in Pastafaritum". Das können Sie bei Google eingeben, da finden Sie alles dazu, wie sich Gemeinden gründen können.

Der größte Teil unserer Mitglieder ist nicht in Gemeinden organisiert. Über unsere Homepage kann sich aber jeder eintragen und so andere Pastafari treffen.

Es gibt keine Hierarchie. Drei Leute, den Vorstand. Demnächst wollen wir noch Beisitzer haben, den sich der Vorstand selbst aussuchen kann, die also nicht gewählt werden. Diese unterstützen den Vorstand. Es gibt einen für die Homepage, ein anderer übernimmt den Versand. Jeder, der eintritt, erhält ein Begrüßungsschreiben mit Flyer, Anstecker etc. – das wird auch von einem der Beisitzer übernommen.

Wie müsste ich vorgehen, wenn ich eine Gemeinde gründen will?

Die Gemeinden sind keine eingetragenen Vereine. Man kann Gemeinden gründen, wie man will. Da gibt es keine Vorschrift. Das kann jeder machen, wie er will. Die einzelnen Gemeinden müssen nur entscheiden, ob sie mit uns zusammenarbeiten wollen oder nicht. Wenn sie es wollen, müssen sie sich aber auch an unsere Regeln halten. Da gibt es derzeit nur eine Gemeinde, die nicht mit uns zusammenarbeiten will.

Das „Wort zum Freitag" gibt es jeden Freitag seit 2012. In irgendeinem Blog steht etwas zu dieser Gemeinde.

Auf der Website findet man die alten Beiträge schwer. Auf dem Blog der „FSM Uckermark" findet man auch alte Beiträge: „Kirche des fliegenden Spaghettimonsters Deutschland Uckermark", dazu müssen Sie „FSM Uckermark" googlen.

Wie wird man Mitglied?

Unsere Seite ist pastafari.eu (venganza.info ist von einem Herrn Steinhaus, der ist aber schon länger inaktiv und wollte wohl nur Geld machen). Wer Mitglied werden will, muss auf die Seite gehen und den Mitgliedsantrag unter „Verein", „Mitglied werden" ausfüllen. Dann muss die Beitrittsgebühr von 5,00 € gezahlt werden und ein Jahresbeitrag (Schüler 0,00 €, Leute mit Einkommen 20,00 € im Jahr, alle anderen 10,00 €)

Alle 14 Tage gibt es dann eine Vorstandssitzung und dann wird die Aufnahme beschlossen und bekannt gemacht.

Eine Gewinnerzielungsabsicht haben Sie nicht?
Nein. Wir haben zwar 500 Mitglieder und es kommt etwas bei herum. Aber wenn wir Geld brauchen, z. B. für unsere Rechtsvertretung, machen wir einen Spendenaufruf. Das Geld kommt dann meistens auch schnell rein.

Gibt es das Buch Piraticus?
Nein, das Buch gibt es nicht. Das steht so drin im Evangelium. Es gibt keine anderen Kapitel oder Verse. Es gibt von anderen Leuten geschriebene Bücher, die gehören aber nicht zu uns. Das war einfach nur ein Bezug auf das Johannesevangelium 1,1.

Damals gab es nur den offenen Brief von Bobby Henderson, noch nicht das „Evangelium des fliegenden Spaghettimonsters". Das kam erst anderthalb Jahre später.

Daher mussten wir unsere eigenen Feststellungen treffen. Wir haben damals also selbst festgestellt, wie der Biervulkan funktioniert. Wir haben zunächst festgestellt, dass es verschiedene Krater gibt und aus jedem Krater ein anderes Getränk kommt. Später kamen wir auf die Lösung, dass der Biervulkan eine Flüssigkeit ausspeit, die sich im Mund in das verwandelt, was derjenige trinken möchte. Diese Variante haben wir erfunden, und diese hat sich in die ganze Welt verbreitet.

Auch der „Monstergruß" wurde hier erfunden, nämlich von meiner Frau. Wir lesen unsere Messen von Nudelhölzern ab. Es gibt einen Kanal auf youtube. de: „Bruder Sphagettus".

Können Sie mir etwas zur Struktur der FSM in Amerika sagen?

In den USA gibt es meines Wissens keine Organisationsform. Da bin ich mir aber nicht im Klaren. Bobby wollte mal eine gemeinnützige Organisation gründen, ein Schiff kaufen und dann von Land zu Land fahren.

Bobby hatte sich lange zurückgezogen und mischt sich erst seit ein bis zwei Jahren wieder ein. Was ich im Nachhinein als positiv empfunden habe, da sich das „Pastafaritum" positiv entwickelt hat. Wir in Deutschland gehen einen ganz anderen Weg als in den meisten anderen Ländern. Das liegt an den juristischen Begebenheiten.

In Deutschland sind Weltanschauungen den Religionen gleichgestellt. Das nutzen wir. Wir sehen uns nicht als Religion, sondern als Weltanschauungsgemeinschaft, um mit unserer Parodie auf Missstände in den Religionen hinzuweisen.

Die Österreicher wollen sich als Kirche sehen; die haben aber keine Gemeinsamkeiten entwickelt. Wir haben Riten entwickelt, die Österreicher nicht. Die Österreicher haben ihre Anerkennung als Religionsgemeinschaft nicht erreichen können, da sie keine Riten hatten. Damit fangen sie jetzt an.

Haben Sie Kenntnisse über die „Pastafarischen Humanisten Taiwan"?

Nein, ich kann nur sagen, dass in vielen anderen Ländern die einzelnen „Kirchen des Fliegenden Spaghettimonsters" als Kirchen anerkannt werden wollen, weil dort keine Weltanschauungsgemeinschaften gleichgestellt werden. In einigen Ländern sind NGOs angestrebt.

Ihre Lehren verstehen Sie und Ihre Mitglieder weiterhin als Parodie? Oder gibt es mittlerweile Strömungen von Mitgliedern, die die Lehren tatsächlich glauben?

In Deutschland ist das noch nicht erkennbar. In Neuseeland ist die FSM als Religion anerkannt; dort gibt es tatsächlich solche Strömungen. Dort hat die Chefin auch durchgesetzt, dass das Spaghettimonster keine „balls" mehr hat, weil es ja männlich war. Der Biervulkan wird teilweise abgelehnt und die Stripperfabrik sei frauenfeindlich und wurde auch abgeschafft. Das ist für mich ein Alarmzeichen, weil es der erste Schritt ist, sich als Religion zu ernst zu nehmen.

Wir haben von Anfang an darauf geachtet, keine eigenen Zeremonien zu entwickeln. Alle unsere Zeremonien sind Parodien. Wir hüten uns sehr davor, eigene zu entwickeln. Das würde dazu führen, Religion zu werden. Wir wollen Parodie bleiben.

Henderson sagte auch schon, dass er nicht sehen kann, was in 200 Jahren ist.

Wir haben auch in unserer Satzung schon klargestellt, dass wir keine Religion sind.

Henderson ist offen für alle Religionen. Man kann daher Christ und Pastafari oder Moslem und Pastafari etc. sein. Bei uns geht das nicht. Wir propagieren den „humanistischen Evolutionismus" – gegründet von Julian Huxley –, und daher kann niemand gleichzeitig Christ oder Moslem etc. und Pastafari sein.

Jemand kann zwar noch konfessionell z. B. Christ sein, aber er darf nicht mehr glauben. Wir haben auch jemanden, der lange in der Verkündung war und auch aus beruflichen Gründen noch nicht ausgetreten ist. Aber er hat den Glauben verloren. Deswegen kann er Mitglied sein. So wie konfessionslos nicht gleich ungläubig ist, ist konfessionsgebunden ja nicht gleich gläubig.

Sehen Sie innerhalb der „Pastafari" in Deutschland leichte Ansätze von Fanatismus?
Außer in dem Maße, den Atheisten für gewöhnlich haben, eher nicht. Es gab mal einen, der ein eigenes Evangelium schreiben wollte und die Bergleute als auserwähltes Volk haben wollte. Das haben wir aber von Anfang an abgelehnt. So einzelne gibt es, aber keine Strömungen.

Wie viele Mitglieder gibt es in Deutschland?
Zwischen 500 und 600. Aktuell werden alle angeschrieben, die Ihre Beiträge auf Mahnung nicht zahlen. Wer das dann nicht macht, wird ausgeschlossen. Wenn wir das nicht so machen würden, wären wir schon 2000.

Wie sieht ein Ausschluss aus?
Er wird einfach gemäß Satzung angeschrieben, dass er säumig ist, mit Androhung des Ausschlusses, und wird dann später ausgeschlossen, wenn er weiterhin nicht zahlt. Ganz formlos mit einer E-Mail. Diejenigen werden aus der Mitgliederliste ausgeschlossen und aus dem E-Verteiler; dann wird noch der Zugang zum Forum gesperrt. Das Forum ist uns wichtig, weil wir darüber auch im virtuellen Verfahren unsere Mitgliederversammlung abhalten.

Also gibt es keine weiteren Sanktionen, dass man nicht mehr mit ausgeschlossenen „Pastafari" reden darf oder diese „Ungläubige" sind oder Ähnliches?

Nein, sowas gibt es nicht. Da hätten wir auch keine Möglichkeit, da wir ja auch nicht in einem strikten geschlossenen Raum leben. Bei uns ist die Öffnung nach außen das Übliche.

Wir haben drei Mitglieder, die früher stark gläubig in Sekten waren. Da bekommt man Einblick, wie schlimm das ist. Mit einem Mädel wurde in der Pubertät sogar mal eine Teufelsaustreibung gemacht. Es ist heftig, was da heute in Deutschland abgeht. Nicht nur die Muslime, auch die evangelikalen Christen sind „krumme Hunde".

Hängt das Schild am Eingang von Templin noch?
Das ist eine spannende Frage. Die hängen ja jetzt dort, weil der Bürgermeister gesagt hat, die Schilder können dort so lange hängen, wie der Rechtsstreit andauert. Das Verfahren dauert nun nicht mehr an. Nun sollen wir die abnehmen, und heute ist der Termin gewesen, an dem ich die hätte abnehmen sollen. Derzeit läuft aber noch eine Diskussion, ob die Schilder zu touristischen Zwecken hängen bleiben dürfen. Eine entsprechende Versammlung wurde wegen Corona abgesagt. Die Entscheidung steht noch aus. Wenn diese fällt, werde ich versuchen, diese zu kippen. Wenn das nicht gelingt, sind sie eben weg. Dann wird ein neuer Antrag gestellt beim Landesbetrieb für Straßenwesen.

Orientieren Sie sich am Bund für Geistesfreiheit?
Wir harmonieren ganz gut miteinander, wir haben uns mehrfach getroffen. Wir waren auch dort zur Jahresversammlung des internationalen Bundes der Konfessionslosen und Atheisten. Wir machen noch mehr als der Bund für Geistesfreiheit.

Sie haben einen Antrag auf Gemeinnützigkeit gestellt?
Wir haben auch schonmal einen Rechtsstreit gewonnen. Das Finanzamt hatte erst Gemeinnützigkeit zuerkannt, dann später nach einem Sachbearbeiterwechsel wieder aberkannt. Es wurde geklagt am FG Frankfurt/Oder. Dieses Verfahren haben wir gewonnen. Der Richter hat das Finanzamt darauf hingewiesen, warum wir Anspruch hätten. Gewonnen haben wir aber nur wegen eines Formfehlers.

Haben Sie da ein Aktenzeichen oder die Unterlagen dieses Verfahrens?
Ich habe einen Artikel aus 2019 rausgesucht. Gemeinnützig sind wir seit April 2011. Da ungefähr muss das Verfahren gewesen sein; Ende 2010 bis Anfang 2011.

Diese sind bei dem neuen Vorsitzenden; aber ich erteile Ihnen gerne eine Vollmacht, die Akte bei dem Finanzgericht anzufordern. Derzeit bin ich Vorstandsvorsitzender.

Gibt es Literatur, die nur Mitglieder erhalten?
Nur Rundbriefe, unser „Kirchenrundbrief". Das ist auch als Parodie gemeint (ich hatte mal einen Gemeindebrief der evangelischen Gemeinde im Briefkasten). Aber die sind nicht zu veröffentlichen, weil es personelle Interna gibt.

Sie lehnen alles, was transzendental ist, ab?
Ja, wir vertreten strikt den Naturalismus. Wer evolutionärer Humanist ist, ist automatisch auch Naturalist. Wer bei uns Mitglied sein will, kann zwar Mitglied einer Kirche sein, darf sich aber nicht dazu bekennen. Das liefe dem Naturalismus

entgegen, den wir strikt verfolgen und verbreiten, z. B. in unseren Foren. Es gibt unter uns sicher auch Agnostiker, aber sicher keine Gläubigen.

Ihr Ziel ist es, den „evolutionären Humanismus" mit Religion gleichzusetzen?
Unser Ziel ist, den „evolutionären Humanismus" unter die Leute zu bringen und zu verbreiten, dass immer mehr Menschen diesen als Basis für ihre Ethik nehmen.

Ihre Ziele sind auch Förderung der Bildung und Erziehung. Wie verfolgen Sie das?
Wir versuchen an Schulen zu gehen. Ich werde im Berliner Raum gelegentlich von Schulen eingeladen. Auch schon einmal an der theologischen Fakultät der Humboldt-Universität. Wir haben ein Curriculum verfasst für Schulunterricht. Der Großteil unserer Mitglieder sind Schüler. Religionskundelehrer finden es interessant. Wir bekommen haufenweise Briefe von Schülern, die Arbeiten über das Spaghettimonster schreiben. Auf unserer Webseite gibt es eine Arbeit von Anna Blaschke.

Wir fordern nicht, dass es Lehrstühle gibt oder der „Pastafarianismus" in der Schule gefördert wird. Wir sagen, dass es wahre Gleichheit zwischen Religion und Weltanschauung nicht geben kann, indem alle die gleichen Privilegien haben. Sondern wir sagen, dass es wahre Gleichheit nur dann geben kann, wenn niemand Privilegien hat.

Mit meiner Klage hinsichtlich des Personalausweises und auch mit der Klage wegen der Hinweisschilder wollen wir nur deutlich machen, dass es Privilegien der Kirchen gibt, die eigentlich sinnlos sind. Wegen der Klage mit dem Personalausweis haben wir derzeit eine Beschwerde zum BVerfG eingereicht. Die Entscheidung steht noch aus.

Wesentlicher Bestandteil ist der Betrieb unserer Webseite; auf künstlerischem Wege „Evolutionswege braucht das Land". So einen Weg haben wir letztes Jahr der Stadt Templin (seit Anfang an Sitz des Vereins) zum 750-jährigen Bestehen geschenkt.

Also gibt es keine zusätzlichen Angebote für Bürger, sowas wie offene Tür oder Hilfe für Bürger oder sonstige Sachen, die die Kirche caritativ nennt?
Nein, in diese Richtung machen wir nichts. Wir sind rein ideell unterwegs. Wir haben auch keinen Zweckbetrieb. Wir verkaufen auch nichts, haben kein Merchandising.

Förderung von Kunst und Kultur ist auch ein Ziel von Ihnen. Gibt es da über den Evolutionsweg hinaus noch mehr?
Der Evolutionsweg fällt für mich nicht unter Kunst und Kultur, sondern unter Bildung. Was wir machen, ist Kleinkunst. Ich habe schon einmal den Hauptbahnhof München geweiht, nachdem der katholisch geweiht worden war.

Die „Nudelmesse", die ich mache, ist eine reine Kabarettnummer. Zu Studienzeiten habe ich Kabarett gemacht, da fühle ich mich schon als Satiriker. Was wir machen, ist also Kunst, Kleinkunst, Aktionskunst und Satire. Wird vom Finanzamt auch so anerkannt.

Was wir dieses Jahr ins Laufen bringen wollen: Wir wollen einen Kunstpreis ausloben. Karikatur, Video, bei dem Bund für Geistesfreiheiten und bei der Giordano-Bruno-Stiftung gibt es sowas. Bei dem Bund für Geistesfreiheiten heißt der Preis „Der freche Mario". Da wollen wir uns Tipps geben lassen und wollen einen Kunstpreis erschaffen, der das Spaghettimonster zum Thema hat.

Zur Kultur noch: Wir haben eine eigene „Pastafari-Musik" entwickelt. Wir haben eine eigene CD entwickelt, damit wir für jeden unserer Feiertage eine eigene Musik haben. Daraus ist GEMA-frei eine CD entstanden, mit dem Titel „Wir singen dem Monster ein Lied". Das ist diesmal keine Parodie.

Wie viele Mitglieder kommen jeweils zur „Nudelmesse"?
Die ist um 10 Uhr, wie die christlichen Messen am Freitag, weil das unser Feiertag ist. Es kommen zu den Messen daher in erster Linie Touristen, die teilweise extra deswegen hier hinkommen. Die Mitglieder selbst kommen nicht zur Freitagsmesse. Die machen ihre Messen in ihren Ortsgruppen in Abständen von ca. alle vier bis sechs Wochen.

Vielen Dank für Ihre Zeit!

Nachfragen, die per Facebook-Chat gestellt wurden:

09.10.2021: Im „Evangelium des Fliegenden Spaghettimonsters" parodiert Henderson die Schöpfungsgeschichte und den Sündenfall. Die Schlange aber erwähnt er nicht im Ansatz. Hierzu könnte viel parodiert werden. Wissen Sie, ob das einen bestimmten Hintergrund hat?

Auf den Gedanken, dass die Schlange fehlt, ist noch keiner von uns gekommen. Vielleicht auch deshalb, weil Bobby Henderson für uns relativ unwichtig ist; wichtig war nur seine Idee. Die haben wir so umgebaut, dass sie für uns passt. Die ersten Jahre war Bobby absolut nicht zu erreichen. Deshalb haben sich die meisten Kirchen relativ selbständig entwickelt.

Wir haben als Weltanschauungsgemeinschaft, die das „Fliegende Spaghettimonster" nur als Parodie nutzt, weltweit eine Sonderstellung. Theologische Fragen wie die mit der Schlange sind für uns also wirklich eher unwichtig.

09.01.2022: „Monsterunser", Glaubensbekenntnis und „Pastafarigruß": Sind das Erfindungen der deutschen „Kirche des Fliegenden Spaghettimonsters e.V."?

Das „Monsterunser" steht nicht im Evangelium. Auch auf Bobbys Seite ist es nicht zu finden. Nur auf einer alten deutschen Seite, auf der es damals das Forum gab, in dem wir das Glaubensbekenntnis entwickelt haben. In einem internen Forum, „Captain's Conclave", habe ich hierzu folgende Antwort bekommen:

„It's not in the Gospel, and I've seen many like this, so I'm sure there's an 'original' as such."

Deswegen wird es wohl eine deutsche Schöpfung sein, auch aus dem damaligen Forum.

Das Glaubensbekenntnis wurde gemeinsam in dem jetzt verschwundenen Forum entwickelt. Der „Monstergruß" ist eine Erfindung von Ellie Spirelli, meiner Frau. Er setzt sich aber immer mehr durch, auch international. Ebenso wie unsere „Nudelmesse", die ganz oder teilweise übernommen wurde.

10.01.2022: Bobby hat nur die ersten fünf Bibelbücher parodiert. Aus dem neuen Testament findet sich keine Parodie. Meinen Sie, dass dies Absicht war – dass er mit den Piraten offensichtlich Menschen jüdischen Glaubens meinte? Wollte er ggf. damit darstellen, dass sich die derzeitigen „großen" Kirchen falsch gegenüber Juden verhalten?

Ich bin absolut sicher, dass Bobby da keine theologischen Hintergedanken hatte. Das Buch war ein Auftragswerk des Verlages und der hat dort auch einiges reingebracht, was Bobby nicht unbedingt wollte. Aber die Piraten sind schon im Open Letter, also authentisch von Bobby.

06.02.2022: Können Sie mir etwas zum „European Council of Pastafarian Churches" sagen? Sowie zur „European Church of the Flying Spaghettimonster"?

Vor langer Zeit gab es mal den Vorschlag, eine europäische Kirche zu gründen. Letztlich waren aber alle dafür, das nicht zu tun, sondern nur eine Plattform zu schaffen, auf der die einzelnen Kirchen zusammenarbeiten können. Das hat aber auch nicht so recht funktioniert. Damals wurden die beiden Facebook-Seiten geschaffen, die nun als Relikte noch im Netz sind. Die „European Church" ist die klar besser besuchte.

Wirklich wichtig ist die Facebook-Seite „International Pastafarian Captain's Conclave". Die ist nicht öffentlich und hat nur wenige Mitglieder, nämlich die jeweiligen Führer der Landeskirchen und ggf. noch einen Stellvertreter. Dort findet auch tatsächlich Austausch statt und es werden auch gemeinsame Projekte entwickelt.

18.02.2022: Einer Ihrer Satzungszwecke lautet: „Förderung von religiösen Zwecken in ihrer Gleichbehandlung mit wissenschaftlich orientierten Weltanschauungen und einem besonderen Schwerpunkt auf dem evolutionären Humanismus der Giordano-Bruno-Stiftung." Wie kommt es zu der Formulierung „Förderung von religiösen Zwecken", wenn doch ein konsequenter Naturalismus vertreten wird und Religion das Transzendente zum Bezug hat? Ist die Formulierung unglücklich? Hat es ggf. mit der Abgabenordnung zu tun?

Das ist nach einem Gespräch mit dem Finanzamt entstanden. Die Kategorie „weltanschauliche Zwecke" gibt es bei denen wohl nicht. Im Freistellungsbescheid wird auf „kirchliche" Zwecke abgestellt und irgendwie ist in der Satzung dann „religiöse Zwecke" daraus geworden. Vielleicht sollten wir das bei der nächsten Satzungsänderung mit anpassen.

Was genau bedeutet die Förderung religiöser Zwecke in ihrer Gleichbehandlung mit wissenschaftlich orientierten Weltanschauungen? Sollen damit wissenschaftlich orientierte Weltanschauungen dieselben Rechte wie die „großen" Kirchen erhalten? Vertritt die „Kirche des Fliegenden Spaghettimonsters" nicht eher den Ansatz, dass niemand derartige Sonderrechte, wie sie die Kirchen haben, innehaben sollen?

Gleichbehandlung bedeutet ja nicht, dass wir die gleichen Rechte wollen. Wir wollen vielmehr, dass die Kirchen die gleichen Rechte wie wir bekommen: Abschaffung der KdöR und Unterstellung unter das Vereinsrecht. Motto: Kirchen als Traditionsvereine.

Also sollen die Kirchen Rechte verlieren?

Genau. Wirkliche Gleichberechtigung ist nur möglich, wenn niemand mehr Privilegien hat. Jeder ein paar Privilegien wird nie wirkliche Gleichberechtigung schaffen.

Anlage 2: Offener Brief von Bobby Henderson an das Kansas School Board

(übernommen aus dem „Evangelium des Fliegenden Spaghettimonsters", München 2008)

Ich schreibe Ihnen mit großer Besorgnis, nachdem ich von Ihrer Anhörung bezüglich der Entscheidung, ob die alternative Theorie des „Intelligent Design" neben der Evolutionstheorie gelehrt werden solle, las. Ich denke, wir können alle zustimmen, dass es wichtig für Schüler ist, verschiedene Ansichten zu hören, sodass sie sich für die Theorie entscheiden können, die ihnen am glaubwürdigsten erscheint. Allerdings bin ich besorgt, dass die Schüler ausschließlich eine Theorie des „Intelligent Design" hören werden.

Denken wir daran, dass es mehrere Theorien des „Intelligent Design" gibt. Ich und viele andere Menschen auf der Welt glauben fest daran, dass das Universum von einem fliegenden Spaghettimonster erschaffen wurde. ER war es, der alles erschuf, was wir sehen und fühlen. Wir fühlen stark, dass die überwältigenden wissenschaftlichen Befunde, die in Richtung der evolutionären Prozesse weisen, nichts als Zufälle sind, die von IHM hinterlegt wurden.

Ich schreibe Ihnen heute aus folgendem Grund: Ich beantrage formell, dass diese alternative Theorie in Ihren Schulen neben den anderen beiden Theorien unterrichtet wird. Ich gehe sogar so weit zu sagen, dass wir, falls sie meinem Antrag nicht zustimmen, rechtliche Schritte einleiten werden. Ich bin sicher, Sie verstehen, worum es geht. Wenn die Theorie des „Intelligent Design" nicht, wie vorgegeben, auf Glauben basiert, sondern auf Wissenschaft, dann müssen sie uns ebenfalls die Erlaubnis geben, unsere Theorie zu unterrichten, da diese auch auf Wissenschaft basiert und nicht auf Glauben.

Manche finden es schwer, so etwas zu glauben, also ist es vielleicht hilfreich, wenn ich Ihnen ein wenig mehr über unseren Glauben erzähle. Wir haben Befunde, dass ein fliegendes Spaghettimonster das Universum erschaffen hat. Natürlich war keiner von uns dort, um es zu sehen, aber wir haben schriftliche Berichte davon. Wir besitzen mehrere sehr lange Bänder, welche alle Details SEINER Macht erklären. Außerdem werden Sie vielleicht überrascht sein zu hören, dass wir bereits über 10 Millionen sind, Tendenz steigend. Wir sind sehr verschlossen, da viele Menschen sagen, unser Glaube basiere nicht auf bemerkenswerten und beweisbaren Befunden. Was diese

Menschen nicht verstehen, ist, dass ER die Welt erschuf, um uns denken zu lassen, dass die Erde älter ist, als sie eigentlich ist.

Ein Beispiel: Ein Wissenschaftler macht einen Test, um das Alter eines Artefakts herauszufinden. Er findet heraus, dass schätzungsweise 75 Prozent des Kohlenstoff-14 durch Elektronenemission zu Stickstoff-14 zerfallen sind und schließt daraus, dass das Artefakt ungefähr 10.000 Jahre alt sein muss, da die Halbwertszeit von Kohlenstoff-14 5.730 Jahre beträgt. Was unser Wissenschaftler jedoch nicht bemerkt ist, dass jedes Mal, wenn er eine Berechnung macht, das fliegende Spaghettimonster die Ergebnisse mit Seinem Nudeligen Anhang verändert. Wir haben zahlreiche Texte, die detailreich beschreiben, wie dies möglich ist und warum ER dies tut. ER ist selbstverständlich unsichtbar und kann mit Leichtigkeit durch normale Materie gleiten.

Ich bin sicher, Sie verstehen jetzt, wie wichtig es ist, dass Ihre Schüler in dieser alternativen Theorie unterrichtet werden. Es ist absolut notwendig, dass sie realisieren, dass beweisbare Befunde eine Willkür des fliegenden Spaghettimonsters sind. Des Weiteren ist es respektlos, unseren Glauben zu unterrichten, ohne SEINE gewählte Kleidung zu tragen, die natürlich ein Piratenoutfit ist. Ich kann der Wichtigkeit meines Anliegens nicht genug Nachdruck verleihen und leider kann ich nicht im Detail beschreiben, warum dies getan werden muss, da ich befürchte, dass dieser Brief schon zu lang geworden ist. Die kurze Erklärung ist, dass ER sonst böse wird.

Vielleicht interessiert es Sie zu wissen, dass die globale Erwärmung, Erdbeben, Hurrikans und andere Naturkatastrophen eine direkte Konsequenz der rückläufigen Zahl der Piraten seit dem Jahre 1800 sind. Zur Verdeutlichung habe ich einen Graphen der ungefähren Zahl der Piraten im Vergleich zur durchschnittlichen globalen Erwärmung in den letzten 200 Jahren angefügt. Wie Sie sehen können, gibt es eine statistisch bedeutsame reziproke Beziehung zwischen Piraten und der globalen Erwärmung.

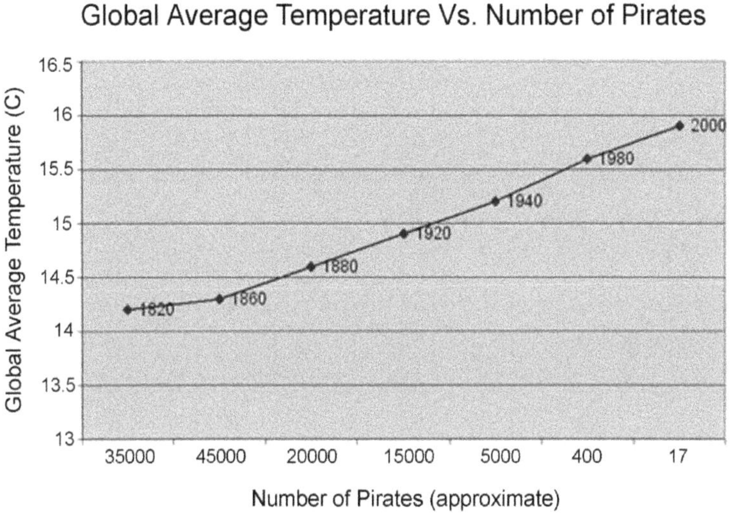

Zum Abschluss möchte ich Ihnen danken, dass Sie sich die Zeit genommen haben, um unsere Ansichten und unseren Glauben anzuhören. Ich hoffe, ich war in der Lage, Ihnen die Wichtigkeit der Unterrichtung Ihrer Schüler in dieser Theorie nahezulegen. Wir sind selbstverständlich in der Lage, die Lehrer in dieser alternativen Theorie auszubilden. Ich erwarte gespannt Ihre Antwort und hoffe sehr, dass keine rechtlichen Schritte eingeleitet werden müssen. Ich denke, wir können uns auf die Zeit freuen, wenn allen drei Theorien die gleiche Zeit in unserem wissenschaftlichen Unterricht im ganzen Land zukommt und eventuell auch auf der ganzen Welt; ein Drittel für „Intelligent Design", ein Drittel für den fliegenden Spaghettimonsterismus und ein Drittel für logische Vermutungen, basierend auf bemerkenswerten und beweisbaren Befunden.

Mit freundlichen Grüßen,
Bobby Henderson, besorgter Bürger.

P.S.: Ich habe eine künstlerische Zeichnung von IHM beigefügt, wie er einen Berg, Bäume und einen Zwerg erschafft. Erinnern Sie sich, wir alle sind seine Geschöpfe.

– übersetzt aus dem englischen Originalbrief für die deutsche FSM-Gemeinde von Sebastian Stolz (Pestarzt) –

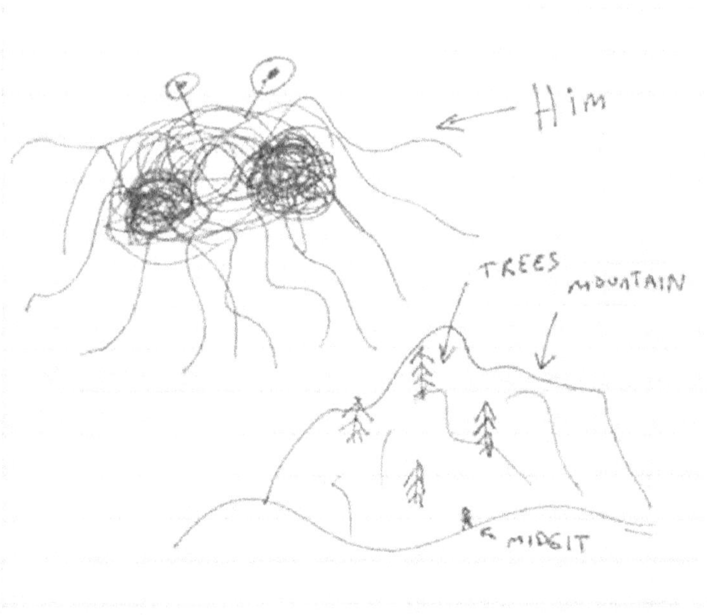
Him
TREES
MOUNTAIN
MIDGIT

Anlage 3: Freistellungsbescheid zur Körperschaftssteuer für die „Kirche des Fliegenden Spaghettimonsters Deutschland e.V."

Finanzamt Angermünde

Steuernummer 062/142/02539
(Bitte bei Rückfragen angeben)

16278 Angermünde
Jahnstr. 49

Telefon 03331 267-121
Telefax 03331 267-200

12.01.2022

Fin.amt Jahnstr 49 16278 Angermünde

*802*12*004064*
Frau
Sylke
Wienold
Berliner Straße 6
17279 Lychen

Freistellungsbescheid

für 2018 bis 2020 zur

Körperschaftsteuer

und Gewerbesteuer

12510

111102

Für
Kirche des Fliegenden Spaghettimonsters Deutschland e.V.
c/o Rüdiger Weida Schulzenfelde 9 , 17268 Templin

Feststellung

Art der Feststellung
Der Bescheid ist nach § 129 AO berichtigt.

Feststellung
Umfang der Steuerbefreiung
Die Körperschaft ist nach § 5 Abs. 1 Nr. 9 KStG von der Körperschaftsteuer befreit.
Sie ist nach § 3 Nr. 6 GewStG von der Gewerbesteuer befreit.

Hinweise zur Steuerbegünstigung
Die Körperschaft fördert im Sinne der §§ 51 ff. AO ausschließlich und unmittelbar kirchliche und folgende gemeinnützige Zwecke:
- Förderung von Kunst und Kultur (§ 52 Abs. 2 Satz 1 Nr. 5 AO)
- Förderung der Erziehung (§ 52 Abs. 2 Satz 1 Nr. 7 AO)
- Förderung der Volks- und Berufsbildung einschließlich der Studentenhilfe (§ 52 Abs. 2 Satz 1 Nr. 7 AO)

Hinweis zur Ausstellung von Zuwendungsbestätigungen
Die Körperschaft ist berechtigt, für Spenden, die ihr zur Verwendung für diese Zwecke zugewendet werden, Zuwendungsbestätigungen nach amtlich vorgeschriebenem Vordruck (§ 50 Abs. 1 EStDV) auszustellen. Die amtlichen Muster für die Ausstellung steuerlicher Zuwendungsbestätigungen stehen im Internet unter https://www.formulare-bfinv.de als ausfüllbare Formulare zur Verfügung.

Die Körperschaft ist nicht berechtigt, für Mitgliedsbeiträge Zuwendungsbestätigungen nach amtlich vorgeschriebenem Vordruck (§ 50 Abs. 1 EStDV) auszustellen, weil Zwecke i. S. des § 10b Abs. 1 Satz 8 EStG gefördert werden.

Zuwendungsbestätigungen für Spenden und ggf. Mitgliedsbeiträge dürfen nur ausgestellt werden, wenn das Datum dieses Freistellungsbescheides nicht länger als fünf Jahre zurückliegt. Die Frist ist taggenau zu berechnen (§ 63 Abs. 5 AO).

Haftung bei unrichtigen Zuwendungsbestätigungen und fehlverwendeten Zuwendungen
Wer vorsätzlich oder grob fahrlässig eine unrichtige Zuwendungsbestätigung ausstellt oder veranlasst, dass Zuwendungen nicht zu den in der Zuwendungsbestätigung angegebenen steuerbegünstigten Zwecken verwendet werden, haftet für die entgangene Steuer. Dabei wird die entgangene Einkommensteuer oder Körperschaftsteuer mit 30 %, die entgangene Gewerbesteuer pauschal mit 15% der Zuwendung angesetzt (§ 10b Abs. 4 EStG, § 9 Abs. 3 KStG, § 9 Nr. 5 GewStG).

Hinweis zum Kapitalertragsteuerabzug
Bei Kapitalerträgen, die bis zum 31.12.2025 zufließen, reicht für die Abstandnahme vom Kapitalertragsteuerabzug nach § 44a Abs. 4 und 7 Satz 1 Nr. 1 sowie Abs. 4b Satz 1 Nr. 3 und Abs. 10 Satz 1 Nr. 3 EStG die Vorlage dieses Bescheides oder die Überlassung einer amtlich beglaubigten Kopie dieses Bescheides aus. Das Gleiche gilt bis zum o. a. Zeitpunkt für die Erstattung von Kapitalertragsteuer nach § 44b Abs. 6 Satz 1 Nr. 3 EStG durch das depotführende Kredit- oder Finanzdienstleistungsinstitut.

***** Fortsetzung siehe Seite 2 *****

Finanzkasse Angermünde
Jahnstr. 49, 16278 Angermünde
Tel.: 03331 267-352

Kreditinstitut:
BBk Berlin
IBAN DE49 1000 0000 0017 0015 00 BIC MARKDEF1100

Weitere Informationen auf der letzten Seite oder im Internet unter www.finanzamt.brandenburg.de

Form.Nr. 003647 G 000353001 Rt. 05.01.2022 KSt 2020

Steuernummer 062/142/02539 Seite 2

Die Vorlage dieses Bescheides ist unzulässig, wenn die Erträge in einem wirtschaftlichen Geschäftsbetrieb anfallen, für den die Befreiung von der Körperschaftsteuer ausgeschlossen ist.

Anmerkungen
Bitte beachten Sie, dass die Inanspruchnahme der Steuerbefreiungen auch in Zukunft von der tatsächlichen Geschäftsführung abhängt, die der Nachprüfung durch das Finanzamt - ggf. im Rahmen einer Außenprüfung - unterliegt. Die tatsächliche Geschäftsführung muss auf die ausschließliche und unmittelbare Erfüllung der steuerbegünstigten Zwecke gerichtet sein und die Bestimmungen der Satzung beachten.
Dies muss auch künftig durch ordnungsmäßige Aufzeichnungen (Aufstellung der Einnahmen und Ausgaben, Tätigkeitsbericht, Vermögensübersicht mit Nachweisen über Bildung und Entwicklung der Rücklagen) nachgewiesen werden (§ 63 AO).

Erläuterungen
Hierdurch erledigt sich Ihr Einspruch/Antrag vom 03.01.2022.
Dieser Bescheid ändert den Bescheid vom 23.12.2021.

Rechtsbehelfsbelehrung
Die in diesem Bescheid enthaltenen Verwaltungsakte können mit dem Einspruch angefochten werden.
Der Einspruch ist bei dem vorbezeichneten Finanzamt oder bei der angegebenen Außenstelle schriftlich einzureichen, diesem / dieser elektronisch zu übermitteln oder dort zur Niederschrift zu erklären.
Ein Einspruch ist jedoch ausgeschlossen, soweit dieser Bescheid einen Verwaltungsakt ändert oder ersetzt, gegen den ein zulässiger Einspruch oder (nach einem zulässigen Einspruch) eine zulässige Klage, Revision oder Nichtzulassungsbeschwerde anhängig ist. In diesem Fall wird der neue Verwaltungsakt Gegenstand des Rechtsbehelfsverfahrens.
Die Frist für die Einlegung eines Einspruchs beträgt einen Monat.
Sie beginnt mit Ablauf des Tages, an dem Ihnen dieser Bescheid bekannt gegeben worden ist. Bei Zusendung durch einfachen Brief gilt die Bekanntgabe mit dem dritten Tag nach Aufgabe zur Post als bewirkt, es sei denn, dass der Bescheid zu einem späteren Zeitpunkt zugegangen ist.
Bei Einlegung des Einspruchs soll der Verwaltungsakt bezeichnet werden, gegen den sich der Einspruch richtet. Es soll angegeben werden, inwieweit der Verwaltungsakt angefochten wird. Ferner sollen die Tatsachen, die zur Begründung dienen, und die Beweismittel angeführt werden.

Datenschutzhinweis
Informationen über die Verarbeitung personenbezogener Daten in der Steuerverwaltung und über Ihre Rechte nach der Datenschutz-Grundverordnung sowie über Ihre Ansprechpartner in Datenschutzfragen entnehmen Sie bitte dem allgemeinen Informationsschreiben der Finanzverwaltung. Dieses Informationsschreiben finden Sie unter www.finanzamt.de (unter der Rubrik "Datenschutz") oder erhalten Sie bei Ihrem Finanzamt.

weitere Informationen

Servicezeiten:

Mo,Di,Do,Fr.: 8-12:00, Di: 14-18:00

FINANZAMT LAND BRANDENBURG

111102

Anlage 4: Interview mit Rüdiger Weida (II) vom 26.04.2023

Vielen Dank, Herr Weida, dass Sie sich noch einmal die Zeit nehmen, mir einige Fragen zu beantworten.

Die Literatur geht von einigen Voraussetzungen aus, damit eine Gruppe Weltanschauungsgemeinschaft sein kann. Der Jurist Poscher beschreibt das mit den Begriffen „Homogenität", „Totalität", „Zentralität" und „Konsistenz". Homogenität bedeutet dabei, dass die Mitglieder einen weltanschaulichen Konsens haben, also eine gemeinsame Grundüberzeugung. Diese kann durch die gemeinsame Ausübung der Weltanschauung zum Ausdruck gebracht werden. Haben Ihre Mitglieder eine gemeinsame Grundüberzeugung? Wie findet die gemeinsame Ausübung Ihrer Mitglieder der Weltanschauung bei Ihnen statt, abgesehen von der „Nudelmesse"?

Zur „Nudelmesse" möchte ich vorab noch etwas sagen: Die „Nudelmessen" werden mittlerweile auch gut von den Mitgliedern besucht. Viele Mitglieder kommen und wollen ihre Hochzeit noch einmal dort nachfeiern. In Saterland/Friesland gibt es mittlerweile auch eine Kapelle, in der „Nudelmessen" stattfinden. Die Mitglieder kommen dort auch regelmäßig hin.

Unsere Mitglieder vertreten und verbreiten alle den „evolutionären Humanismus". Dazu verpflichten sich die Mitglieder auch.

Nicht öffentlich, aber für diese Sache ist sehr wichtig, dass wir jetzt ein PC-Vereinsprogramm, nämlich Easyverein, haben. Dort erfolgt die automatische Verwaltung der Mitglieder (das zeigt übrigens auch, dass wir mitgliedschaftlich geprägt sind, mittlerweile haben wir ca. 700 Mitglieder). Dieses Programm hat auch ein Forum, in dem die Mitglieder kommunizieren können. Hier wird über Inhalte der Weltanschauung gesprochen, auch über die Verbreitung des „evolutionären Humanismus". Beispielsweise haben wir dort diskutiert, den „evolutionären Humanismus" als Schulfach einzuführen und wie wir dies bewerkstelligen können.

Dort wird diskutiert über unsere Weltanschauung; insbesondere werden dort auch neue Mitglieder unterrichtet und aufgeklärt. In diesem Forum wird also die Weltanschauung besprochen, diskutiert, sie wird unterrichtet. Dort, in diesem Forum, verfolgen wir unsere Weltanschauung gemeinsam.

Der Begriff der Totalität bedeutet in diesem Zusammenhang, dass sich die Vereinigung der Pflege der Weltanschauung insgesamt, also in ihrer Totalität, widmet oder nur in einzelnen (Teil-)Aspekten. Abzugrenzen von der

Weltanschauungsgemeinschaft wäre ein religiöser bzw. weltanschaulicher Verein, der sich nur auf einzelne Aufgaben beschränkt und nicht den Anspruch für sich erhebt, alle Fragen des menschlichen Daseins zu behandeln. Wie sehen Sie dies bezüglich Ihres Vereins?

Es ist gerade eisernes Prinzip bei uns, dass wir uns ausschließlich um unsere eigenen satzungsgemäßen Ziele kümmern. Wir kümmern uns nicht um Klimaerwärmung und nicht um Flüchtlingsproblematiken. Wir lehnen Zusammenarbeiten mit politischen Parteien strikt ab und verfolgen stringent nur unsere Ziele. Dadurch, dass wir den „evolutionären Humanismus" der Giordano-Bruno-Stiftung vertreten und verbreiten, wollen wir ja gerade alle Fragen des menschlichen Daseins beantworten.

Übrigens haben wir einen GöthE-Preis ab diesem Jahr ins Leben gerufen. Das ist die Abkürzung für „Götterlose humanistische Ethik". Wann immer Schüler zu diesen Themen ein Projekt durchführen, können Sie dieses einreichen. Eine Jury bewertet dies und der Gewinner bekommt einen Preis von 500,00 €. Ab nächstem Jahr soll es noch einen Kunstpreis geben, den werden wir GöthE-Kunstpreis nennen.

Wenn von Zentralität gesprochen wird, ist damit gemeint, dass die Weltanschauung nicht nur ein Zweck neben anderen Zwecken ist. Die Weltanschauung muss die zentrale Bedeutung sein, einen Fluchtpunkt der Aktivitäten darstellen. Die Weltanschauung darf nicht nur eine bloße Randerscheinung sein. Sie stellen sich sehr kritisch und ablehnend der Kirche gegenüber auf. Wie begegnen Sie dem Ansatz, dass die Kirchenkritik im Vordergrund steht und Anderes, beispielsweise der „evolutionäre Humanismus", Randerscheinung ist?

Wir haben einen ganz klaren Fluchtpunkt: Wir vertreten den „evolutionären Humanismus" und den Naturalismus. Darum geht es bei uns. Das ist unsere Weltanschauung, die im Mittelpunkt steht. Wir distanzieren uns von allen politischen Aktivitäten. Trotzdem sind wir auch weiterhin sehr ablehnend der Kirche gegenüber. Auch wenn Schmidt-Salomon da sehr viel liberaler geworden ist. Bei uns ist es weiterhin sehr eindeutig, dass wir kirchenkritisch und auch religionskritisch sind. Wir vertreten, dass Religion für die Gesellschaft schädlich ist, da diese Denkverbote ausspricht. Dies ist aber die Konsequenz aus unserer klaren Haltung für den „evolutionären Humanismus" und den Naturalismus, nicht umgekehrt.

Hier möchte ich noch einmal ansetzen. In der juristischen Literatur wird vertreten, dass Gruppen, die vor allem eine Veränderung der bestehenden politischen Verhältnisse anstreben, keine Religions- bzw. Weltanschauungsgemeinschaften sind, auch wenn sie ihre Ziele mit einer religiösen bzw. weltanschaulichen Motivation begründen.

Sie lehnen die Kirche ab und verfolgen das Ziel, die Kirchen unter das Vereinsrecht zu stellen, sodass diese sämtlichen Sonderrechte verlieren.

Ja. Das ist unser Ziel. Aber das ist nicht das Hauptziel. Unser Hauptziel ist nach wie vor die Verbreitung des „evolutionären Humanismus“. Daraus folgt natürlich auch die Gleichstellung mit den Kirchen. Jedes religiöse oder weltanschauliche Wirken in unserer Gesellschaft zieht ja in irgendeiner Form immer Politisches nach sich.

Konsistenz beschreibt, dass zwischen der weltanschaulichen Überzeugung und der Praxis der Träger ein Zusammenhang besteht. Konsistenz liegt vor, wenn die religiösen bzw. weltanschaulichen Überzeugungen für die moralische Identität verpflichtend sind. Sind Ihre Mitglieder von der Weltanschauung überzeugt? Leben Ihre Mitglieder nach ihrer Weltanschauung?

Bei uns gibt es für alle verbindliche Dinge. Das ist zum einen die Ablehnung sämtlicher Dogmen. Das praktizieren unsere Mitglieder auch, denn sie hinterfragen alles und nehmen nichts als gegeben an. Das ist gerade die praktische Ausübung unserer Weltanschauung – hier gibt es also eine Übereinstimmung von Überzeugung und Praxis.

Weiterhin ist es unsere Überzeugung, dass der Mensch zwar altruistisch ist, aber auch egoistisch, das ist in seinen Genen angelegt. Das bedeutet, dass der Mensch darauf aus ist, dass es ihm gut geht. Man kann sich nach unserer Auffassung aber nur richtig wohl fühlen, wenn es seinen Nächsten um sich selbst auch nicht schlecht geht. Wenn ich z. B. ein Eisbein esse und um mich herum drei Menschen sitzen, die nichts zum Essen haben, kann ich es nicht genießen und muss diesen Menschen etwas abgeben, damit es mir richtig wohl ist.

In diesem Sinne handeln unsere Mitglieder auch. In den „Zehn Angeboten des evolutionären Humanismus“ und in den „8 Am Liebsten Wäre Mir's“ wird ja auch konkret dazu aufgefordert, sich fair gegenüber seinen Mitmenschen zu verhalten und das Leid in der Welt zu mindern, nicht zu lügen, zu betrügen, zu stehlen und zu töten. Das ist für unsere Mitglieder verpflichtend und diese leben auch danach. Wir können nicht garantieren, dass jedes Mitglied sich vollständig daran hält. Das kann die Kirche aber auch nicht. Wir können aber mit Sicherheit sagen, dass es für unsere Mitglieder verpflichtend ist, sich an die „Zehn Angebote des evolutionären Humanismus“ und die „8 Am Liebsten Wäre Mir's“ zu halten. Wer sich damit einverstanden erklärt, erkennt die Überzeugung also auch als etwas an, wonach er verpflichtend lebt.

In meiner Arbeit untersuche ich die Frage, ob antikirchliche bzw. antireligiöse Gruppierungen Weltanschauungsgemeinschaften im Sinne des Religionsverfassungsrechts sein können. Sehen Sie sich als antikirchlich oder antireligiös an?

Das ist ja eine Frage der Definition. Wir verfolgen nicht das Ziel, die Kirchen aufzulösen. Jeder, der sich einer Kirche anschließen möchte, kann das gerne tun. Das folgt dem demokratischen Ziel, dem wir uns auch verbunden sehen. Das sagen wir aber auch nur aus demokratischen Prinzipien. Dennoch sind wir gegen das, was Kirchen machen, und wir empfinden Religion als schädlich für die Gesellschaft.

Wie ich eben bereits sagte, lehnen wir die Kirche ab und halten Religion für schädlich, da sie Denkverbote ausspricht. Insoweit sind wir antikirchlich und antireligiös. Unser Schwerpunkt liegt aber nicht darauf, nur gegen etwas zu sein. Wir sind in erster Linie für den „evolutionären Humanismus“.

Vielen Dank für Ihre Antworten!

www.ingramcontent.com/pod-product-compliance
Ingram Content Group UK Ltd.
Pitfield, Milton Keynes, MK11 3LW, UK
UKHW021936290926
8980IPUK00016B/1655

9 783631 918166